O Expresso Sócrates

Em busca de lições de vida de Filósofos Imortais

O Expresso Sócrates

Em busca de lições de vida de Filósofos Imortais

Eric Weiner

Jornalista premiado e autor
best-seller do The New York Times

Rio de Janeiro, 2021

O Expresso Sócrates - Em busca de lições de vida de filósofos imortais
Copyright © 2021 da Starlin Alta Editora e Consultoria Eireli. ISBN: 978-65-5520-215-1

Translated from original The Socrates Express. Copyright © 2020 by Eric Weiner. ISBN 9781501129018. This translation is published and sold by permission of Avid Reader Press an imprint of Simon & Schuster, Inc., Inc the owner of all rights to publish and sell the same. PORTUGUESE *language edition published by Starlin Alta Editora e Consultoria Eireli, Copyright © 2021 by Starlin Alta Editora e Consultoria Eireli.*

Todos os direitos estão reservados e protegidos por Lei. Nenhuma parte deste livro, sem autorização prévia por escrito da editora, poderá ser reproduzida ou transmitida. A violação dos Direitos Autorais é crime estabelecido na Lei nº 9.610/98 e com punição de acordo com o artigo 184 do Código Penal.

A editora não se responsabiliza pelo conteúdo da obra, formulada exclusivamente pelo(s) autor(es).

Marcas Registradas: Todos os termos mencionados e reconhecidos como Marca Registrada e/ou Comercial são de responsabilidade de seus proprietários. A editora informa não estar associada a nenhum produto e/ou fornecedor apresentado no livro.

Impresso no Brasil — 1ª Edição, 2021 — Edição revisada conforme o Acordo Ortográfico da Língua Portuguesa de 2009.

Produção Editorial	**Produtor Editorial**	**Coordenação de Eventos**	**Marketing Editorial**
Editora Alta Books	Illysabelle Trajano	Viviane Paiva	Lívia Carvalho
	Thiê Alves	eventos@altabooks.com.br	Gabriela Carvalho
Gerência Editorial			marketing@altabooks.com.br
Anderson Vieira	**Assistente Editorial**	**Assistente Comercial**	
	Thales Silva	Felipe Amorim	**Editor de Aquisição**
Gerência Comercial		vendas.corporativas@altabooks.com.br	José Rugeri
Daniele Fonseca			j.rugeri@altabooks.com.br
Equipe Editorial	**Equipe Design**	**Equipe Comercial**	
Ian Verçosa	Larissa Lima	Daiana Costa	
Luana Goulart	Marcelli Ferreira	Daniel Leal	
Maria de Lourdes Borges	Paulo Gomes	Kaique Luiz	
Raquel Porto		Tairone Oliveira	
		Thiago Brito	
Tradução	**Copidesque**	**Revisão Gramatical**	**Diagramação**
Carolina Gaio	Carlos Bacci	Gabriela Araujo	Bruno Olivoto
		Hellen Suzuki	

Publique seu livro com a Alta Books. Para mais informações envie um e-mail para autoria@altabooks.com.br

Obra disponível para venda corporativa e/ou personalizada. Para mais informações, fale com projetos@altabooks.com.br

Erratas e arquivos de apoio: No site da editora relatamos, com a devida correção, qualquer erro encontrado em nossos livros, bem como disponibilizamos arquivos de apoio se aplicáveis à obra em questão.

Acesse o site www.altabooks.com.br e procure pelo título do livro desejado para ter acesso às erratas, aos arquivos de apoio e/ou a outros conteúdos aplicáveis à obra.

Suporte Técnico: A obra é comercializada na forma em que está, sem direito a suporte técnico ou orientação pessoal/exclusiva ao leitor.

A editora não se responsabiliza pela manutenção, atualização e idioma dos sites referidos pelos autores nesta obra.

Ouvidoria: ouvidoria@altabooks.com.br

Dados Internacionais de Catalogação na Publicação (CIP) de acordo com ISBD

W423e   Weiner, Eric
          O Expresso Sócrates: Em busca de lições de vida de Filósofos Imortais / Eric Weiner ; traduzido por Carolina Gaio. - Rio de Janeiro : Alta Books, 2021.
          336 p. ; 16cm x 23cm.

          Tradução de: The Socrates Express
          Inclui bibliografia.
          ISBN: 978-65-5520-215-1

          1. Filosofia. 2. Filósofos. I. Gaio, Carolina. II. Título.

2021-1177   CDD 100
                                                             CDU 1

Elaborado por Vagner Rodolfo da Silva - CRB-8/9410

Rua Viúva Cláudio, 291 — Bairro Industrial do Jacaré
CEP: 20.970-031 — Rio de Janeiro (RJ)
Tels.: (21) 3278-8069 / 3278-8419
www.altabooks.com.br — altabooks@altabooks.com.br
www.facebook.com/altabooks — www.instagram.com/altabooks

OUTRAS OBRAS DE ERIC WEINER

A Geografia da Felicidade
Uma Viagem pelo Mundo à Procura de Deus
Onde Nascem os Gênios

Para Sharon

"Mais cedo ou mais tarde, a vida nos transforma, todos, em filósofos."

— MAURICE RISELING

"A natureza o nutriu para a ideia de construir tudo... ou tornar-se..."

— MAURICE RISCELING

Sumário

Parte Um: Alvorada

    1. Como Sair da Cama: Marco Aurélio   27
    2. Como Pensar: Sócrates   39
    3. Como Caminhar: Rousseau   63
    4. Como Ver: Thoreau   79
    5. Como Ouvir: Schopenhauer   101

Parte Dois: Zênite

    6. Como Aproveitar: Epicuro   125
    7. Como Prestar Atenção: Simone Weil   143
    8. Como Lutar: Gandhi   167
    9. Como Ser Gentil: Confúcio   195
    10. Como Apreciar as Pequenas Coisas: Sei Shonagon   207

Parte Três: Crepúsculo

    11. Como Não Se Arrepender: Nietzsche   227
    12. Como Lidar: Epiteto   245
    13. Como Envelhecer: Beauvoir   267
    14. Como Morrer: Montaigne   293

Sobre o Autor

ERIC WEINER é jornalista premiado, autor best-seller e palestrante. Como viajante e observador filosófico, ele escreve sobre a interseção entre lugares e pensamento. Entre seus livros, estão os best-sellers *A Geografia da Felicidade* e *Onde Nascem os Gênios*, bem como as memórias espirituais *Uma Viagem pelo Mundo à Procura de Deus*, que foram traduzidos para mais de vinte idiomas. Ex-correspondente estrangeiro da NPR, é colaborador regular do *Washington Post* e da *AFAR*, entre outras publicações. Vive em Washington, D.C., com sua esposa, filha e um punhado e tanto de cães e gatos nem tão domesticáveis assim.

Agradecimentos

Sócrates acreditava que a filosofia é uma atividade coletiva. Como descobri, escrever um livro sobre ela, também. Ao longo de minhas jornadas, de Nova Déli a Nova York, amigos e estranhos me deram ideias e inspiração, apoio e auxílio. Sou profundamente grato a cada um deles.

Nos estágios iniciais de minha pesquisa, os professores da Universidade de Stanford Ken Taylor e Rob Reich gentilmente me dedicaram seu tempo e sabedoria. Mais tarde, Tim LeBon encarnou os antigos estoicos durante um almoço em Nova York, e Rob Colter concordou em me matricular no Stoic Camp, nas regiões desabitadas do Wyoming. Em Concord, Massachusetts, Richard Smith, Michael Frederick e Tom Blanding compartilharam generosamente suas ideias sobre Thoreau. Moss Roberts, professor da Universidade de Nova York, me fez ter epifanias sobre Confúcio.

Mais além, em Paris, Gunter Gorhan e Catherine Monnet compartilharam comigo suas ideias filosóficas, regadas a café *au lait* e croissants. Em Atenas, tive a sorte de repartir o pão com o sábio Brady Kiesling, além de dois epicuristas de alto nível: Christos Yapijakis e Elli Pensa. Na Suíça, Roland Kaehr me ajudou a desbravar Rousseau, e Peter Villwock, Nietzsche. Em Tóquio, o grande Junko Takahashi me concedeu orientação, traduções e boa companhia.

Autores, como filósofos, precisam de um lugar para pensar e escrever. Sou grato ao Virginia Center for the Creative Arts por me disponibilizar exatamente esse lugar. Em Nova York, David e Abby Snoddy me ofereceram gentilmente um quarto particular, acompanhado de saquê e parceria.

Meus assistentes de pesquisa, Alyson Wright e Alec Siegel, foram incansáveis em sua busca, encontrando a pessoa certa no lugar certo, e desenterrando tesouros filosóficos escondidos. John Lister e Josh Horwitz leram os primeiros rascunhos deste livro e me deram sugestões das mais proveitosas.

Não menos importante foi o apoio moral que recebi de amigos e estranhos. Meu círculo informal de amigos escritores, o Writers Who Lunch, me proporcionou uma dieta regular de coragem e curry. Os amigos Stewart Gunther, Lisa Goldberg, Laura Blumenfeld e Jacki Lyden restituíram meu equilíbrio todas as vezes que os ventos da insegurança tomaram proporções de vendaval. Um agradecimento especial vai para meu editor búlgaro, e amigo, Neyko Genchev, por traduzir minuciosamente minhas palavras e atrair incontáveis leitores em seu canto do globo.

Meu agente, Sloan Harris, acreditou no projeto desde o início e nunca vacilou em me apoiar. Sou grato a ele por isso, assim como por seus sábios conselhos. Tenho uma dívida de gratidão com Ben Loehnen, meu editor da Simon & Schuster's Avid Reader Press, por sua fé em mim e em meu livro, e por conduzir seu olho clínico editorial com habilidade e atenção. Carolyn Kelly, da Avid Reader, conduziu meu manuscrito com mão firme pelas trincheiras editoriais. E agradeço ao presidente e editor da Simon & Schuster's, Jonathan Karp, por ser como é.

Um grande obrigado vai à minha filha, Sonya. Ela tolerou minhas ausências, bem como minhas muitas e tediosas perguntas filosóficas. Ela sempre sabe dançar conforme a música, mesmo quando a música não foi escolhida por ela. Ela é minha heroína e minha inspiração. Este livro é para ela, também.

A maioria dos filósofos não teve sorte no amor. Eu não poderia ter tido mais sorte. Minha esposa, Sharon, está a meu lado para o que der e vier. Ela leu as primeiras e ainda cruas páginas e, com seu amor e incentivo, arejou meus pensamentos inúmeras vezes. Eu não teria escrito este livro sem ela.

INTRODUÇÃO

Embarque

Nós temos fome. Consumimos com voracidade, mas continuamos famintos.

Às vezes, sentimos a fome como uma presença tênue; em outras, quando o mundo está de ponta-cabeça, e o medo vagueia sem controle, a fome aumenta e ameaça nos consumir.

Nessa ânsia, chegamos aos smartphones. Com o toque de um dedo, acessamos todo o conhecimento humano: do antigo Egito à física quântica. Nós devoramos, mas ainda sentimos fome. Que fome é essa que não pode ser saciada?

Não queremos o que pensamos que queremos. Pensamos que queremos informação e conhecimento. Não é isso. Nós queremos sabedoria. É diferente. A informação é um caos de fatos, o conhecimento é um caos mais organizado. A sabedoria desembaraça esses fatos, dá sentido a eles e, o principal, indica a melhor forma de usá-los. Como o músico britânico Miles Kington disse: "Conhecimento é reconhecer o tomate como uma fruta. Sabedoria é não fazer uma salada de frutas com ele." O conhecimento reconhece. A sabedoria discerne.

A diferença entre conhecimento e sabedoria não é uma gradação. Um maior conhecimento não se traduz necessariamente em maior sabedoria e, de fato, pode até nos tornar menos sábios. Podemos ter informações demais, e todas serem duvidosas.

Conhecimento é posse. Sabedoria é ação. É uma habilidade e, como tal, você pode aprendê-la. Mas requer esforço. Esperar adquirir sabedoria por acaso é como esperar que o acaso o ensine a tocar violino.

xvii

No entanto, é basicamente isso o que fazemos. Vamos tropeçando pela vida, catando migalhas de sabedoria aqui e ali. Nesse meio-tempo, ficamos confusos. Confundimos o urgente com o importante, o verborrágico com o profundo, o popular com o bom. Como diz um filósofo contemporâneo, estamos "desperdiçando nossas vidas".

Eu também tenho fome — mais do que a maioria, suspeito, devido a uma melancolia persistente, que me assombra desde que me entendo por gente. Ao longo dos anos, testei vários métodos para satisfazê-la: religião, psicoterapia, livros de autoajuda, viagens e um breve e infeliz experimento com cogumelos psicodélicos. Todos eles aplacaram a minha fome, mas não por muito tempo nem nunca a saciaram.

Então, em uma manhã de sábado, aventurei-me no submundo: meu porão. É lá onde coloco em quarentena os livros considerados impróprios para a sala de estar. Em meio a títulos como *The Gas We Pass*, um livro infantil sobre pum, e *Personal Finance For Dummies*, descobri o livro de Will Durant, de 1926, *A História da Filosofia*. Pesava consideravelmente, e, quando virei a capa, a nuvem de poeira também foi considerável. Limpei-o e comecei a lê-lo.

As palavras de Durant não provocaram revelações cósmicas nem nenhuma queda do cavalo a caminho de Damasco. Algo, porém, me prendeu à leitura. Não foram tanto as ideias no livro, mas a paixão com que foram apresentadas. Durant era claramente um homem apaixonado, mas por quem? Pelo quê?

"Filósofo", do grego *philosophos*, significa "apaixonado pela sabedoria". A definição não diz nada sobre ter sabedoria, assim como a Declaração de Independência não diz nada sobre obter felicidade. Você pode ser apaixonado por algo que não tem nem nunca terá. O que importa é a busca.

INTRODUÇÃO

Enquanto escrevo estas palavras, estou em um trem. Em algum lugar na Carolina do Norte, ou talvez na Carolina do Sul, não tenho certeza. Em um trem, é fácil perder tanto a noção de lugar quanto a do tempo.

Eu amo trens. Mais precisamente, eu amo andar de trem. Não sou um "trenático" — um fã do setor ferroviário que se emociona ao ver, digamos, uma locomotiva diesel-elétrica SD45. Estou pouco me lixando para classificações de tonelagem e bitolas. O que amo é a experiência: a sutil combinação de expansão e aconchego que só as viagens de trem proporcionam.

Há um quê de proteção no interior dos trens. O ar aquecido, a luz quente. Os trens me transportam para um estado mais feliz e originário. Um tempo anterior à marcação de ponto, à poupança, aos planos odontológicos e ao tráfego. Um tempo anterior às Kardashians.

Minha sogra está sofrendo do mal de Parkinson em estágio avançado. É uma doença cruel, que lhe rouba habilidades e memórias. Ela já se esqueceu de muita coisa. No entanto, guarda lembranças vívidas das viagens de trem, na infância, por Nova York. De Albany para Corning e Rochester, depois de volta para Albany. As imagens, os sons e os cheiros voltam como se tivessem ocorrido ontem. Há algo nos trens que permanece conosco.

Filosofia e trens combinam muito bem. Em um trem, eu consigo parar e pensar. Não consigo fazê-lo em um ônibus. Não mesmo. Suspeito que tenha algo a ver com as diferentes sensações ou, talvez, seja uma questão de associação: os ônibus me lembram de viagens de infância à escola e ao acampamento, lugares para os quais eu não queria ir. Os trens me levam aonde quero ir e o fazem na velocidade do pensamento.

Contudo, tanto na filosofia quanto nos trens, há um tom obsoleto: partes, outrora vitais, de nosso cotidiano reduzidas a anacronismos peculiares. Hoje, poucas pessoas pegam trem se puderem evitá-lo, e ninguém estuda filosofia se os pais puderem evitar. Filosofia, como andar de trem, é algo que as pessoas faziam antes de conhecê-la melhor.

Assino uma revista chamada *Philosophy Now*. Ela chega de dois em dois meses em um envelope pardo, como pornografia. Uma manchete recente dizia: "O mundo é uma ilusão?" Outra questionava: "Verdadeiro é o mesmo que verdade?" Quando leio esse tipo de coisa para minha esposa, seu ar é de desdém. Para ela, como para muitas pessoas, artigos assim concentram o que há de errado com a filosofia. Fazem perguntas despropositadas e irrespondíveis.

A tecnologia nos incita a acreditar que a filosofia não importa mais.

Quem precisa de Aristóteles quando se têm algoritmos? Como a tecnologia digital é excelente para responder às perguntas instrumentais da vida — onde acho o melhor burrito em Boise? Qual é o caminho mais rápido para o escritório? —, presumimos que também seja para as profundas. Não é. A Siri pode brilhar encontrando uma associação de burritos, mas pergunte como aproveitá-los melhor, e ela terá um branco.

Ou considere uma viagem de trem. A tecnologia e seu amo, a ciência, podem dizer a velocidade do trem, seu peso e massa, e por que o Wi-Fi a bordo fica cortando. Mas a ciência não pode lhe dizer se você deve pegar o trem para o reencontro do pessoal da faculdade ou para visitar aquele tio que sempre o aborrece, mas que agora está gravemente doente. Ela não pode lhe dizer se é eticamente aceitável puxar a orelha da criança aos berros que está chutando seu assento. A ciência não pode lhe dizer se a vista da janela é bonita ou clichê. A filosofia também não, não de forma categórica, mas pode ajudá-lo a ver o mundo sob uma ótica diferente, e isso é de uma relevância desmedida.

Na livraria próxima da minha casa, há duas seções em particular: "Filosofia" e, ao lado, "Transformação pessoal". Na Barnes & Noble da antiga Atenas, elas seriam uma. Filosofia *era* transformação pessoal. Filosofia era prática. Filosofia era terapia. Remédio para a alma.

A filosofia é terapêutica, mas não da mesma forma que uma massagem com pedras quentes. Filosofia não é fácil. Não é algo que se faz porque é legal. Não é paliativa. É menos spa e mais ginásio.

O filósofo francês Maurice Merleau-Ponty chamou a filosofia de "reflexão radical". Gosto de como ele infunde na filosofia o atrevimento e o cheiro de perigo que ela merece. Os filósofos captaram o imaginário do mundo. Eles eram heroicos. Estavam dispostos a morrer por sua fi-

INTRODUÇÃO

losofia, e alguns, como Sócrates, o fizeram. Agora, tudo o que é heroico sobre a filosofia é a luta épica por posições acadêmicas.

Hoje, a maioria das escolas não ensina filosofia. Fala *sobre* algumas filosofias. Não ensina os alunos a filosofar. A filosofia é diferente das outras matérias. Não é um corpo de conhecimento, mas uma forma de pensar — uma forma de estar no mundo. Não é um "o quê" nem um "por quê", mas um "como".

Como. Essa palavra não tem muito respeito nos nossos dias. No mundo literário, livros sobre o "como" são um embaraço — o primo bem-sucedido, mas grosseiro. Escritores sérios não os escrevem, e leitores sérios não os leem. (Pelo menos, não admitem.) A maioria de nós, porém, não perde o sono imaginando: "Qual é a essência da realidade?" ou "Por que há a existência, em vez do nada?". É uma pergunta do tipo "como" — como viver? — que nos agarra e não solta.

A filosofia, diferentemente da ciência, não apenas descreve o mundo como é, mas como *poderia ser*, abrindo nossos olhos para a possibilidade. O autor Daniel Klein disse, sobre o filósofo grego Epicuro, o que se pode dizer de todos os bons: leia-o não tanto como filosofia, mas como "lirismo transformador".

Passei os últimos anos absorvendo esse lirismo, lentamente, na velocidade do pensamento, aconchegado em um assento na janela de um trem. Peguei trens onde e quando foi possível. Viajei para os lugares onde alguns dos maiores pensadores da história pensaram. Enfrentei o Stoic Camp, em Wyoming, e a burocracia do Indian Railways, em Déli. Peguei o trem F da cidade de Nova York mais vezes do que qualquer um deveria. Essas jornadas eram minhas folgas, a chance de relaxar as pernas, e a mente, entre as ações filosóficas. Elas me davam uma suspensão, no melhor sentido da palavra.

Busque "filósofos" no Google e encontrará centenas, talvez milhares deles. Escolhi quatorze. Como? Minuciosamente. Todos são sábios, embora cada um à sua maneira. São diferentes tipos de sabedoria. Eles cobrem um vasto período — Sócrates viveu no século V a.C.; Simone de Beauvoir, no XX — e um vasto espaço: da Grécia à China, da Alemanha à Índia. Todos os quatorze estão mortos, mas bons filósofos nunca morrem de fato; eles vivem na mente dos outros. A sabedoria é portátil. Ela transcende o espaço e o tempo, e nunca fica obsoleta.

Minha lista inclui muitos europeus, mas não exclusivamente. O Ocidente não detém o monopólio da sabedoria. Alguns deles, como Nietzsche, foram notadamente prolíficos. Outros, como Sócrates e Epiteto, não escreveram uma única palavra. (Felizmente, seus alunos o fizeram.) Alguns alcançaram uma grande fama em suas vidas. Outros morreram no anonimato. Alguns você reconhece como filósofos; outros, como Gandhi, você provavelmente não considera assim. (Ele era.) Alguns nomes, como Sei Shonagon, autora e dama da corte da imperatriz japonesa Teishi, podem ser novos para você. Tudo bem. Meus critérios, antes de tudo, resumiram-se a pensadores apaixonados pela sabedoria e cuja paixão era contagiante.

Geralmente, pensamos nos filósofos como mentes descorporificadas. Não é o caso aqui. Eles eram de carne e osso e ativos. Foram andarilhos e montaram cavalos. Travaram guerras, beberam vinho e fizeram amor. E foram, como homens e mulheres, filósofos práticos. Não era o sentido da vida que lhes interessava, mas viver uma vida com sentido.

Eles não foram perfeitos. Tiveram seus tropeços. Sócrates ficava entorpecido por horas. Rousseau ostentou suas nádegas em público em mais de uma ocasião. Schopenhauer conversava com seu poodle. (Nem me deixe começar a falar de Nietzsche.) E por aí vai. A sabedoria raramente veste um terno de grife, embora nunca se saiba.

Sempre precisamos da sabedoria, mas precisamos de diferentes tipos dela, em diferentes estágios de nossas vidas. Perguntas "como" que são importantes para uma pessoa de 15 anos de idade não são relevantes para uma de 35 — ou para uma de 75. A filosofia tem algo vital a dizer sobre cada etapa.

Essas etapas, estou percebendo, passam voando. Muitos de nós nos deixamos levar, entupindo nossas mentes com o trivial e o tolo, como se tivéssemos todo o tempo do mundo. Nós não temos. *Eu* não tenho. Considero que estou na meia-idade. Minha filha adolescente, que é um ás em matemática, apontou recentemente que, a menos que eu viva até os 110 anos, tecnicamente não tenho *meia* idade.

INTRODUÇÃO

Portanto, apesar do trem lento em que viajo enquanto escrevo estas palavras, um senso de urgência impulsiona minha caneta. É a urgência de quem não quer morrer sem ter vivido. A vida não é um problema para mim, não exatamente, mas sinto a corrente apertada do tempo no meu pescoço, e ela se aperta a cada dia. Quero — não, preciso — saber o que importa e o que não importa, antes que seja tarde demais.

"Mais cedo ou mais tarde, a vida nos transforma, todos, em filósofos", disse o pensador francês Maurice Riseling.

Quando li essas palavras pela primeira vez, há vários anos, o mundo era um lugar mais feliz. Pandemias eram matéria de livros de história e de roteiros de Hollywood. Ainda assim, as palavras de Riseling me comoveram, porque, mesmo naquela época, eu já tinha uma suspeita persistente de que estava vivendo mal.

De modo impulsivo, e com uma presciência incomum, pensei: "Por que esperar?" Por que esperar até que a vida se torne um problema para mim? Por que não deixar a vida fazer de mim um filósofo hoje, agora, enquanto ainda há tempo?

PARTE UM

ALVORADA

1.

Como Sair da Cama: Marco Aurélio

7h07. Em algum lugar da Dakota do Norte. A bordo do Empire Builder, da Amtrak, deixando Chicago, a caminho de Portland, Oregon.

A luz da manhã vai, devagarinho, invadindo minha cabine. Eu gostaria de dizer que me acordou aos poucos, mas a verdade é que não dormi. Minha cabeça parece prestes a explodir. Uma dor inclemente se irradia das têmporas para o resto do meu corpo. Uma névoa espessa e tóxica nubla meu cérebro. Eu deitei, mas não descansei.

Quando se trata de dormir, existem dois tipos de pessoas. A primeira vê o sono como uma interrupção incômoda da vida, uma inconveniência. A segunda o considera um dos prazeres legítimos da vida. Estou na última categoria. Tenho poucas regras cabais, mas uma é a seguinte: não mexa com meu sono. O Amtrak fez isso, e não gostei nem um pouco.

Como a maioria dos relacionamentos, o que há entre viajar de trem e dormir é complicado. Sim, o balanço me fez dormir, mas outras sensações cinéticas — incluindo, entre outras, o Solavanco Lateral, a Sacudida Repentina e as Guinadas Ondulantes (que lembram a "Ola" nas arenas esportivas) — logo me fizeram acordar repetidamente durante a noite.

O sol me ordena sair da cama com toda a doçura de um sargento. Nossos demônios não nos assombram à noite. Eles nos atacam pela manhã. Estamos mais vulneráveis quando acordamos, pois é quando a memória de quem somos e de como chegamos aqui retorna.

Viro para o lado, me enrolando no cobertor azul-claro da Amtrak. Claro, eu poderia me levantar — realmente poderia —, mas por que me preocupar?

"Bom dia a todos!"

Cochilei, mas fui despertado, não por um Solavanco Lateral ou por uma Ola, mas por uma voz. É límpida e animada.

Quem *é* esta criatura?

"Sou a Senhorita Oliver, sua atendente do vagão-restaurante. O café já começou e está sendo servido. Mas, se quiser o serviço da Senhorita Oliver, deve sempre usar sapatos, camisas... e gentileza!"

Valha-me Deus! Não há como voltar a dormir agora. Pego a mochila e procuro um livro, tomando cuidado para tirar o cobertor. Aí está. *Meditações*. Um volume fino. Não mais que 150 páginas com margens generosas. A sobrecapa mostra a serenidade no olhar de um homem barbudo e musculoso montado em um cavalo. Seus olhos possuem o poder silencioso de alguém sem nada a provar.

Marco Aurélio, imperador romano, comandou um exército de quase meio milhão de homens e governou um império que compreendia um quinto da população mundial e se estendia da Inglaterra ao Egito, das margens do Atlântico às do Tigre. Mas Marco (vamos ficar com o primeiro nome) não era uma pessoa matutina. Ele ficava na cama, e fazia a maior parte do seu trabalho à tarde, após uma sesta. Essa rotina conflitava com a de seus colegas romanos, cuja maioria se levantava antes da alvorada. Nas ruas de Roma, crianças de olhos turvos caminhavam para a escola no amanhecer ainda escuro. Marco, graças à sua formação de elite, estudara em casa. Ele podia dormir. E o fez, por boa parte da vida.

Marco e eu não parecemos ter muito em comum. Séculos nos separam, sem mencionar um considerável diferencial de poder. Marco governava um império que cobria uma área igual à quase metade dos Estados Unidos continentais. Eu controlo uma área que cobre aproximadamente metade da minha mesa, e, verdade seja dita, até isso é uma luta. Estou sempre contendo motins de cartões de visita rebeldes, avisos de assinatura de revistas, pelos de gato, o próprio gato, sanduíches de atum de três dias atrás, bugigangas budistas, canecas, edições passadas de *Philosophy Now*, o cachorro, formulários, o gato mais uma vez e, por razões que desafiam nossa vã filosofia, já que moro a 240km do oceano mais próximo, areia.

No entanto, leio Marco, e essas diferenças se dissolvem. Somos irmãos, Marco e eu. Ele, dirigindo um império e lutando contra seus demônios; e eu, alimentando o gato e lutando contra os meus. Temos um inimigo em comum: manhãs.

As manhãs dão o tom do dia. Dias ruins decorrem de manhãs ruins. Nem sempre, mas mais para sim do que não. Sob as cobertas de uma manhã fria e cinzenta de segunda-feira, o status e os privilégios não contam. A riqueza, tão útil em outros aspectos da vida, é inútil. No máximo, a riqueza conspira com o edredom para manter você na horizontal.

As manhãs provocam emoções poderosas e conflitantes. Por um lado, cheiram a esperança. Todo amanhecer é um renascimento. Ronald Reagan não fez campanha com o slogan "Entardecer na América". Foi sua promessa de "Alvorecer na América" que o jogou na Casa Branca. Da mesma forma, grandes ideias não nos vêm ao cair da noite, mas ao raiar do dia.

Para alguns de nós, porém, as manhãs cheiram a desespero em ebulição. Se você não gosta da sua vida, é provável que não goste da manhã. Manhãs estão para uma vida infeliz como as cenas de abertura dos filmes *Se Beber, Não Case*: uma prévia do horror iminente.

As manhãs são um período de transição, e as transições nunca são fáceis. Estamos deixando um estado de consciência, o sono, e entrando em outro, de vigília. Em termos geográficos, as manhãs são as fronteiras da consciência. O Oiapoque ou Chuí da mente. Desorientadoras, com vagas sinalizações de perigo.

Os filósofos estão tão divididos quanto às manhãs como em todo o resto. Nietzsche acordava na primeira hora do dia, jogava água fria no rosto, bebia um copo de leite morno e trabalhava até as 11h. Immanuel Kant fazia Nietzsche parecer preguiçoso. Acordava às 5h, o céu de Königsberg ainda um breu, bebia uma xícara de chá aguado, fumava um cachimbo — apenas um, nunca mais que isso — e começava a trabalhar. Simone de

Beauvoir, que Deus a abençoe, não acordava antes das 10h e ficava no café espresso. Marco, infelizmente, não teve esse luxo: nasceu cerca de 1.200 anos antes da descoberta do café.

O suicídio, disse o existencialista francês Albert Camus, é o "único problema filosófico realmente sério". Vale a pena viver ou não? O resto era perfumaria metafísica. Simplificando: se não há filósofo, não há filosofia.

A proposta de Camus é lógica, mas, em minha opinião, incompleta. Após lutar com a questão sobre o suicídio e concluir que vale a pena viver (*por enquanto*; as conclusões existenciais são sempre contingentes), você se depara com uma pergunta ainda mais irritante: devo sair da cama? Este, acredito, é o único problema filosófico realmente sério. Se uma filosofia não consegue nos tirar das cobertas, de que serve?

A Grande Questão da Cama, como todas as grandes questões, na verdade, engloba muitas questões disfarçadas de uma. Vamos puxar o edredom e examiná-la. Em certo sentido, nos perguntamos se *podemos* sair da cama. A menos que esteja inválido, a resposta é: sim, você pode. Também nos perguntamos se é benéfico sair da cama e, principalmente, se *devemos*. É aí que fica complicado.

O filósofo escocês David Hume pensou muito sobre esse tipo de pergunta, embora raramente na cama. Ele dividia todas as perguntas em duas partes: um "é" e um "deveria". A parte "é" é observacional. Observamos, sem julgamento, os benefícios empíricos de sair da cama: aumento do fluxo sanguíneo, por exemplo, e potencial de obter renda.

A parte "deveria" contém um julgamento moral. Não se refere a quais são os benefícios de sair da cama, mas por que *devemos* fazê-lo. Hume achava que pulamos muito rapidamente do "é" para o "deveria". Um "dever" moral nunca decorre diretamente de um "é" factual. (É por isso que o "problema do ser-dever" também é conhecido como "guilhotina de Hume", pois ele desliga o "ser" do "dever", insistindo em que há uma lacuna entre os dois). Desviar o dinheiro de seu empregador provavelmente *é* uma atitude que levará a resultados negativos; portanto, você não *deve* fazê-lo.

Não necessariamente, diz Hume. Você não pode passar de uma declaração de fato para uma de ética. Sair da cama pode ser saudável e lucrativo, mas isso não significa que devemos "fazê-lo". Talvez não desejemos ter um melhor fluxo sanguíneo e um maior potencial de ganhar dinheiro. Talvez gostemos muito bem de ficar aqui, debaixo das cobertas. É esse incômodo "dever" que, penso, explica nossa situação embaraçosa. Achamos que temos que sair da cama e que, se não o fazemos, há algo de errado conosco.

Levantar ou não levantar? Sob as cobertas, impulsos agasalhados e no aconchego competem com o vigor de um diálogo socrático ou de um noticiário a cabo. O argumento para ficar na cama é forte. É um lugar quente e seguro; não como um útero, mas quase. A vida é boa, e ninguém menos que Aristóteles disse que a boa vida era tudo o que importava. Por outro lado, está frio *lá fora*. Coisas ruins acontecem. Guerras. Pandemias. Música chiclete.

Ao que parece, ficar na cama tem larga vantagem. No entanto, nada na filosofia é estanque. Sempre há um "mas". Sistemas filosóficos inteiros, superestruturas cognitivas, obeliscos imponentes de pensamento foram construídos sobre este único monossílabo: mas.

Mas a vida lá fora acena. Nosso tempo neste planeta é pouco. Queremos realmente gastá-lo deitados? Claro que não. A força vital, pulsando em nossas veias cansadas, é poderosa o suficiente para arrancar da cama um homem de meia-idade, um pouco acima do peso, mas não obeso. Não é?

Essa conversa, de alguma forma, pode estar ocorrendo sob as cobertas, desde que haja cobertas e pessoas a se esconderem sob elas. Fizemos avanços significativos desde o tempo dos romanos, mas a Grande Questão da Cama permanece, essencialmente, inalterada. Ninguém está imune. Presidente ou lavrador, chef célebre ou barista do Starbucks, imperador romano ou escritor neurótico, todos estamos sujeitos às mesmas leis da inércia. Estamos todos em repouso, esperando uma força externa agir sobre nós.

Fecho os olhos e Marco se materializa, tão real quanto o copo descartável de isopor na beira da minha cama minúscula. Posso imaginá-lo abrigado em sua barraca particular no acampamento romano ao longo do rio Gran, um afluente do Danúbio. Imagino que o dia esteja frio e úmido, e seu ânimo não é dos melhores. A guerra não está indo bem. As tribos germânicas emboscaram as linhas de suprimentos romanas. O moral entre as tropas é baixo, e quem pode culpá-los? Mais de 50 mil soldados romanos foram mortos.

Sem dúvida, Marco sentiu falta de Roma. Particularmente de sua esposa, Faustina, amorosa, ainda que nem sempre fiel. A década anterior não fora fácil, marcada pelas irritantes tribos germânicas e por uma revolta do ardiloso Cassio, abortada. Depois, havia os filhos. Faustina pariu, pelo menos, treze. Menos da metade sobreviveu à infância.

Marco era uma raridade: um rei-filósofo. O que levou o homem mais poderoso do mundo a estudar filosofia? Como imperador, ele poderia ou não estudá-la, a seu bel-prazer. Por que dedicar um tempo da agenda lotada para ler os clássicos e refletir sobre as vicissitudes da vida?

Os primeiros anos de Marco dão uma pista. Ele teve o tipo mais raro de infância: a feliz. Apaixonado por livros, preferia ler a ir ao circo. Essa tendência o colocou em uma minoria distinta de alunos romanos.

Mais tarde, apaixonado pelo modo de vida grego, dormia no chão duro, coberto apenas com um *pallium*, uma manta surrada típica dos filósofos, até que sua mãe o repreendeu e insistiu que desistisse dessa "bobagem" e dormisse em uma cama decente.

Os romanos viam a filosofia grega da mesma maneira que a maioria de nós vê a ópera: como algo digno e bonito, a que deveríamos ir com mais frequência, mas que é difícil de usufruir; e, além disso, quem tem tempo? Os romanos gostavam mais da ideia da filosofia do que da filosofia em si. Isso tornou Marco um filósofo duvidoso. Mesmo como imperador, as pessoas riam às suas costas.

Marco se tornou imperador por acidente. Ele nunca desejou o cargo. Seu antecessor, Adriano, foi responsável por eventos que levaram Marco a ser coroado imperador, em 161 a.C. Ele estava com 40 anos.

Marco teve um período de calmaria. Durou seis meses. Então veio uma inundação mortal, a praga e as invasões. Fora as guerras, Marco tinha relativamente pouco sangue nas mãos. Foi a prova viva de que o poder absoluto nem sempre corrompe por inteiro. Marco costumava proferir sentenças brandas para desertores e outros infratores da lei. Quando o império enfrentou uma crise financeira, leiloou itens imperiais — mantos, taças, estátuas e pinturas —, em vez de aumentar os impostos. E, em um ato que considero particularmente tocante, decretou que todos os artistas que andavam na corda bamba, geralmente meninos, deveriam colocar colchões grossos e macios por baixo.

Marco demonstrava uma grande coragem na guerra, mas, como diz o biógrafo Frank McLynn, seu feito mais corajoso foram "os constantes esforços para conter seu pessimismo natural". Eu me identifico. Também luto contra as forças da negatividade, sempre planejando me recrutar. Para nós, aspirantes a otimistas, um copo meio vazio é melhor do que nenhum copo ou um que se partiu em cem lascas e perfurou uma artéria. É tudo uma questão de perspectiva.

Marco tinha problemas para dormir. Ele sofria de dores indeterminadas no peito e no estômago. Seu médico, um homem arrogante, mas talentoso, chamado Galen, havia lhe prescrito teriaga (possivelmente, com ópio) para ajudá-lo a dormir.

Marco, como eu, aspirava ser uma pessoa matutina. Uma grande lacuna, no entanto, separa quem realmente é matutino de quem quer ser. Deitado aqui, agora, sentindo o balanço suave do trem, o cobertor da Amtrak quente, penso que essa lacuna é intransponível.

Você pensa que nada poderia ser mais fácil. Coloque um pé no chão, depois, o outro. Levante-se. Mas não consigo chegar à vertical. Nem mesmo à diagonal. O que há de errado comigo? Ajude-me, Marco.

———

Meditações é diferente de qualquer livro que já li. Na verdade, nem é um livro. É um conclame. Um compêndio de lembretes e conversas revigorantes. Bilhetes romanos de geladeira. O que Marco Aurélio mais temia não era a morte, mas o esquecimento. Ele se lembra, o tempo todo, de viver plenamente. Marco não tinha intenção de publicar suas notas.

Elas foram feitas para uso pessoal. Você não lê Marco: mais exatamente, você o bisbilhota, escuta-o sorrateiramente.

Eu gosto do que ouço. Gosto da honestidade de Marco. Gosto de como ele se desnuda nas páginas, expondo seus medos e vulnerabilidades. Nelas, o então homem mais poderoso do mundo confessa insônia e ataques de pânico e, na melhor das hipóteses, um desempenho desleixado como amante. ("Ele deposita seu esperma e se vai", é assim que descreve a cópula.) Marco nunca perdeu de vista o preceito estoico de que toda a filosofia começa com a consciência de nossas fraquezas.

Marco não constrói um grande sistema filosófico a ser atacado por gerações de pós-graduandos. Essa é a filosofia como terapia, na qual Marco desempenha o papel de terapeuta e o de paciente. *Meditações* é, como observa o tradutor Gregory Hays, "um livro de autoajuda, no sentido mais básico".

Vez após vez, Marco se exorta a parar de pensar e a agir. Pare de descrever um bom homem. Seja um. A diferença entre filosofar e falar sobre filosofia é a diferença entre beber o vinho e falar sobre ele. Um único gole de um bom Pinot Noir lhe diz mais sobre uma safra do que anos de estudos rigorosos de enologia.

As ideias de Marco não se materializaram, simplesmente. Nenhum filósofo faz isso. Ele era um estoico, mas não exclusivamente. Bebeu de outras fontes: Heráclito, Sócrates, Platão, dos cínicos e dos epicuristas. Marco, como todos os grandes filósofos, era um carniceiro da sabedoria. O que importava era o valor de uma ideia, não a fonte.

Ler *Meditações* é testemunhar um ato de filosofia em tempo real. Marco transmite seus pensamentos ao vivo, sem censura. É assistir a "alguém em processo de treinamento para se tornar um ser humano", como coloca o classicista Pierre Hadot.

Várias entradas de Meditações começam assim: "Quando você tiver problemas para sair da cama..." Enquanto leio, mais adiante, me ocorre que grande parte do livro é um tratado secreto sobre a Grande Questão da Cama. Não apenas sobre como sair da cama, mas sobre *por que se preocupar?* A pergunta de Camus repousava no conforto de um edredom. Marco se espreme entre pontos de vista opostos, se debatendo.

"Do que tenho que reclamar, se farei aquilo que nasci para fazer — as coisas que me trouxeram ao mundo?"

"Ou foi para *isso* que fui criado? Encolher-me debaixo dos cobertores e ficar aquecido?"

"Mas é confortável aqui."

"Então você nasceu para se sentir 'confortável'? Em vez de fazer as coisas e experimentá-las?"

Vai e volta. É o Hamlet das cobertas. Ele sabe que há grandes feitos a serem conquistados, grandes pensamentos a serem pensados.

Se ele conseguisse sair da cama.

"Booooom diiiiaaaaa, passageiros. Não adianta se esconder, estou vendo vocês. O café ainda está sendo servido!"

Senhorita Oliver está de volta, mais animada do que nunca.

É isso. Agora, estou pensando seriamente em sair da cama. A qualquer minuto. Examino meu copo de café de isopor e percebo pitadas da sabedoria da Amtrak: "Mude sua forma de ver o mundo", e, do outro lado, "Sinta o sabor de um mundo melhor". Não é exatamente erudito, convenhamos, mas essa simplicidade pueril é encantadora.

Sonya, minha filha de 13 anos, gosta tanto de dormir quanto eu. "Eu me identifico como um ser humano preguiçoso", anunciou um dia. Tentar arrancá-la da cama nas manhãs de segunda a sexta exige uma tropa não vista desde a Normandia. No entanto, nos fins de semana e nos dias de neve, ela ganha vida sem ajuda. Quando perguntei sobre essa discrepância, explicou, filosoficamente: "É a atividade que tira você da cama, não o despertador."

Ela está certa. Quando luto para sair da cama, não é a cama que é minha inimiga, nem mesmo o mundo lá fora. São minhas projeções. Deitado, debaixo das cobertas, imagino um mundo hostil determinado a me atacar. Assim como Marco. É verdade que seu mundo apresentava bárbaros beligerantes, pragas e revoltas no palácio. Mas obstáculos são relativos. A mesa bagunçada de um é a invasão de brutamontes de outro.

O maior obstáculo, talvez, sejam as outras pessoas. Marco não vai tão longe quanto o filósofo francês Jean-Paul Sartre, autor da famosa declaração: "O inferno são os outros", mas se aproxima. "Quando você acordar, diga a si mesmo: As pessoas com quem lidará hoje serão intrometidas, ingratas, arrogantes, invejosas e mal-humoradas." Pouco mudou desde os dias de Marco.

Marco sugeriu lidar com pessoas difíceis tirando-lhes o poder que têm. Revogue a licença delas sobre sua vida. Elas não podem machucá-lo, pois "nada que se passa na mente de outra pessoa pode fazê-lo". Claro. Por que me importo com o que os outros pensam, quando o pensamento, por definição, ocorre somente dentro das mentes *delas*, não da minha?

Sempre suspeitei que, no âmago da minha incapacidade de sair da cama, exista uma insidiosa autoaversão, algo que não consigo reconhecer completamente. Marco, mais corajoso que eu, o fez. "Você não se ama o suficiente", diz ele, e parece à beira da autocompaixão quando, uma ou duas páginas depois, ataca novamente: "Chega dessa lamentação miserável, vida de gado..." Você poderia ser bom hoje. Mas escolheu fazê-lo amanhã. Ele guarda as farpas mais afiadas para seu egoísmo declarado. "Quando me deito na cama, como faço agora, penso apenas em mim." Permanecer sob as cobertas é, em última análise, um ato egoísta.

Essa percepção fazia Marco se mexer. Ele tinha o dever de sair da cama. "Dever", não "obrigação". Há uma diferença. O dever vem de dentro; a obrigação, de fora. Quando agimos por um senso de dever, o fazemos voluntariamente para chegarmos, e levarmos outros, mais alto. Quando agimos por obrigação, o objetivo é nos proteger, e somente a nós mesmos, das repercussões.

Marco entendia essa distinção; mas, com frequência, precisava se lembrar dela. "Ao amanhecer, quando for difícil sair da cama, diga a si mesmo: 'Tenho que ir trabalhar — como ser humano.'" Não como estoico ou imperador, ou mesmo um romano, mas como ser humano.

"Olá, caros passageiros! Senhorita Oliver aqui. Eu disse que o vagão do café está aberto? Estou ansiosa para conhecer todos vocês!"

É isso. Estou saindo da cama.

Tiro a manta da Amtrak, que oferece pouca resistência. Fico de pé. O que, me pergunto, foi toda essa ladainha lamentável e cruel de reflexões sobre mim mesmo? Isso não foi nada.

Estou prestes a comemorar minha pequena, mas decisiva, vitória sobre a gravidade, quando um Solavanco Lateral — ou, talvez, uma Sacudida Repentina, não tenho certeza — me derruba, e volto para a cama.

É esta a parte inconveniente da Grande Questão da Cama. Não basta respondê-la uma vez. É como ir à academia ou a parentalidade. Requer esforços repetidos e regulares.

"Olá, senhoras e senhores. Senhorita Oliver de novo!"

Puxo as cobertas, decidido. Mais cinco minutos, digo a mim mesmo. Só mais cinco minutinhos.

2.

Como Pensar: Sócrates

10h47. A bordo do trem n° 1311, deixando Kiato, a caminho de Atenas.

Linha de pensamento. Uma expressão descartável e clichê, mas boa. Cada um de nossos pensamentos está conectado aos próximos, como vagões em um trem de carga. Eles dependem um do outro para o impulso seguinte. Todo pensamento, seja sobre sundaes ou fusão nuclear, é impulsionado pelo anterior e puxado pelo próximo.

Sentimentos também viajam em trens. Minhas crises periódicas de melancolia parecem vir do nada, mas, quando paro e investigo sua origem, descubro uma causalidade oculta. Minha tristeza foi desencadeada por um pensamento ou sentimento anterior, desencadeado por um anterior, desencadeado por algo que minha mãe disse em 1982. Sentimentos, como pensamentos, nunca surgem do nada. Sempre há uma locomotiva puxando-os.

Peço um bolo e café, e minha linha de pensamento se apazigua. Penso e não sinto nada. Não estou entorpecido, não exatamente. Não sinto felicidade, nem tristeza, nem nada do vasto espectro entre ambas. Estou vazio, em um sentido bom. Embalado pelo balanço suave do trem, tão diferente do Amtrak, saboreando meu café, não apenas o sabor, mas também o modo como a caneca, quente e pesada, se aninha nas minhas mãos, minhas ansiedades tiram férias. Observo os telhados vermelhos e o mar azul jônico deslizando como se eles, não eu, estivessem se movendo. Olho pela janela, para nada em particular, e me questiono.

Questionar-se. Uma palavra simples, mas que contém as sementes de toda a filosofia e muito mais. Todas as grandes descobertas e epifanias pessoais começaram com este verbo reflexivo: questionar-se.

Raramente, uma ou duas vezes na vida, com sorte, você se depara com uma frase tão inesperada, que faz tanto sentido, que o tira dos eixos. Encontrei esta frase escondida em um livrinho peculiar, *O Coração da Filosofia*, de Jacob Needleman. Digo peculiar porque, na época, eu não sabia que a filosofia tem coração. Achava que tudo se resumia à cabeça.

Aqui está a frase: "Nossa cultura geralmente resolve seus problemas sem viver suas perguntas."

Larguei o livro e revirei as palavras em minha mente. Eu sabia que elas continham uma verdade importante, mas não sabia qual. Fiquei confuso. Como alguém vive perguntas? E o que há de errado em resolver problemas?

Semanas depois, me vi sentado em frente ao homem que escreveu aquela frase profunda e desconcertante. Jacob Needleman é professor de filosofia da Universidade Estadual de São Francisco. A idade diminuiu seu andar. Sua voz ficou rouca, sua pele, fina como papel crepom, mas sua mente permanece ágil. Jacob pensa antes de falar e, diferentemente da maioria dos professores de filosofia, usa palavras prosaicas. Palavras como "pergunta" e "viver". A maneira como as combina, no entanto, é tudo, menos prosaica.

Enquanto nos sentamos em seu deck com vista para as colinas de Oakland, tomando chá Earl Grey e água com infusão de limão, pergunto a Needleman, utilizando várias palavras cujo sentido é: Você está "variando"? Nós fazemos perguntas. Às vezes, propomos perguntas. Podemos lutar com perguntas. Nós não as *vivemos*. Nem mesmo na Califórnia.

Needleman permanece calado. Por muito tempo. Por tanto tempo que temo que tenha cochilado. Finalmente, ele se mexe e fala com uma voz tão baixa que preciso me aproximar mais para ouvir.

"É raro, mas possível. Sócrates viveu perguntas."

Claro. O inescrutável e fatal Sócrates. Santo padroeiro da filosofia. Rei das Perguntas. Sócrates não inventou as perguntas, mas alterou a maneira de as fazermos e, por sua vez, as respostas que produzem. Você pensa e age de maneira diferente por causa de Sócrates, mesmo que não saiba nada sobre ele.

Sócrates não é um homem fácil de se conhecer. Empoleirado tão alto no pedestal que erguemos para ele, mal é visível. Apenas um pontinho. Uma ideia, e confusa.

Isso é uma vergonha. Sócrates não era um pontinho. Não era uma ideia. Ele era um homem. Um homem que respirava, caminhava, defecava, fazia amor, assoava o nariz, bebia vinho e contava piadas.

Um homem feio, também. O homem mais feio de Atenas, dizia-se. Seu nariz era largo e achatado; os lábios, cheios e grossos; a barriga, grande. Ele era careca. Tinha olhos de crocodilo, amplamente espaçados, que o dotavam de uma boa visão periférica. Sócrates podia ou não saber mais do que os outros atenienses (ele insistia que não sabia de nada), mas, definitivamente, viu mais do que todos eles.

Sócrates comia pouco, raramente tomava banho e sempre usava as mesmas roupas surradas. Andava descalço por toda parte, mesmo no auge do inverno, e com uma marcha estranha, em algum lugar entre desleixo e presunção. Podia passar dias sem dormir, beber sem ficar bêbado. Ele ouvia vozes — bem, só uma. Ele a chamou de *daemon*. "Isso começou quando eu era criança", explicou durante seu julgamento por acusações de impiedade e corrupção da juventude de Atenas. "É uma voz que, sempre que fala, me afasta de algo que estou prestes a fazer, mas nunca me incentiva a fazer nada."

Olhadas em conjunto, a aparência peculiar e as idiossincrasias de Sócrates o tornavam de outro mundo. "Ele parece ter chegado à 'grande conversação' da humanidade como um forasteiro, como se fosse de outro planeta", diz o filósofo contemporâneo Peter Kreeft.

Isso se aplica, acredito, a todos os filósofos. Eles possuem uma alteridade que beira ao alheamento. Até Marco, imperador romano, parecia deslocado. Diógenes, um dos fundadores do cinismo, foi a epítome da excentricidade. Vivia em um barril, se masturbava em público e, em geral, traumatizava os cidadãos de bem da antiga Atenas.

Essa alteridade, talvez até o show público de masturbação, faz sentido. A filosofia tem tudo a ver com questionar pressupostos, balançar o barco. Comandantes raramente balançam os próprios barcos. Eles têm muito a perder. Os filósofos, não. Eles são forasteiros. Alienígenas.

Sócrates era adepto da "Sabedoria Disparatada". Encontrada em tradições tão distintas quanto o budismo tibetano e o cristianismo, a Sabedoria Disparatada se vale da premissa de que o caminho para a sabedoria é tortuoso. Precisamos do zigue antes do zague.

A Sabedoria Disparatada acarreta desprezar as normas sociais e se arriscar ao ostracismo ou, pior, abalar o entendimento dos outros. A terapia de choque original. Ninguém gosta de ficar chocado, e tendemos a tachar os adeptos da Sabedoria Disparatada mais de loucos do que de sábios. Eis como Alcibíades, aluno de Sócrates, o descreveu: "Ele falava de burros de carga e ferreiros, sapateiros e curtidores, e parecia sempre se repetir, então, para aqueles que não estavam acostumados com seu estilo e que não pegavam as coisas rápido, era difícil não considerá-lo como alguém sem noção." No entanto, Alcibíades conclui, dedique um tempo para ouvir Sócrates com atenção e perceberá que se trata de tudo, menos bobagem. "Aquelas palavras", falou, "eram quase a fala de um deus".

———

Enquanto serve outra xícara de Earl Grey, Jacob Needleman me conta sobre a primeira pergunta que viveu. Ele lembra claramente. Jacob tinha 11 anos. Ele e seu amigo Elias Barkhordian estavam sentados em um muro baixo de pedra na vizinhança em que moravam, na Filadélfia, como faziam quase todo dia, mesmo quando o muro estava coberto de gelo e neve. Um ano mais velho que Jacob, Elias era alto para sua idade, "com um rosto grande e redondo, e olhos escuros vivazes". Os dois gostavam de discutir densas questões científicas sobre tudo, desde o movimento dos elétrons até a natureza dos sonhos, que intrigavam o jovem Jacob. Mas, nesse dia em particular, Elias fez uma pergunta que acabou com ele: "Quem criou Deus?"

Jacob se lembra de ter encarado a "testa grande e lisa de Elias como se tentasse ver dentro de seu cérebro" e percebido que ele "quando fez essa pergunta, não estava apenas desafiando a mim, mas a todo o Universo. Isso fez surgir um extraordinário sentimento de liberdade. E me lembro de dizer para mim mesmo: *este é meu melhor amigo*".

Jacob Needleman ficou impressionado com a inesperada alegria de fazer e viver grandes perguntas.

A história de Sócrates faz paralelo com a de Jacob. O cenário, é claro, é diferente — as ruas principais de Atenas, não da Filadélfia —, mas a trajetória é semelhante. Houve uma mudança de direção e, de novo, um amigo fora responsável por ela. No caso de Sócrates, um jovem chamado Chaerephon. Um dia, Chaerephon visitou o Oráculo de Delfos e lhe fez uma pergunta: há em Atenas algum homem mais sábio que Sócrates?

"Não", veio a resposta. "Não há nenhum."

Quando Chaerephon transmitiu as palavras do oráculo a Sócrates, ele ficou confuso. Ninguém mais sábio que ele? Como era possível? Ele era filho de um mero cortador de pedra, que não sabia de nada. Como oráculos, no entanto, nunca erram, Sócrates decidiu investigar. Abordou atenienses reverenciados, de poetas a generais, e logo descobriu que aqueles homens não eram tão sábios quanto pensavam que eram. O general não sabia dizer o que é coragem; o poeta, definir lirismo. Em todos os lugares a que ia, encontrava pessoas que "não sabiam das coisas que não sabiam".

Talvez o oráculo estivesse certo, concluiu Sócrates. Talvez ele possuísse um tipo de sabedoria, a de saber o que ele não sabia. Para Sócrates, o pior tipo de ignorância era a que se disfarçava de conhecimento. Era melhor uma ignorância vasta e sincera do que um conhecimento estreito e duvidoso.

É a inserção dessa ignorância inocente, dessa "admirável nova ingenuidade", como coloca o filósofo Karl Jaspers, a maior contribuição de Sócrates à investigação humana, que ainda hoje impulsiona a filosofia.

Sócrates não foi o primeiro filósofo. Muitos vieram antes dele: Pitágoras, Parmênides, Demócrito e Thales, para citar alguns. Esses homens voltaram o olhar para os céus. Esforçaram-se para explicar o cosmos, desbravar os mistérios do mundo natural. Os resultados foram uma miscelânea.

Thales, brilhante em muitos aspectos, estava convencido de que toda a matéria do Universo consistia em água. Como Sócrates, esses filósofos fizeram perguntas, mas eram principalmente "o quê" e "por quê". Do que tudo é feito? Por que as estrelas desaparecem durante o dia?

Esse tipo de pergunta não interessava a Sócrates. Eram irrespondíveis, pensava, e, no final, irrelevantes. O Universo pode ser fascinante, mas não dialoga, e dialogar era o que ele mais desejava.

"Toda pergunta é um clamor para entender o mundo", disse o cosmólogo Carl Sagan. Sócrates concordaria até certo ponto. Toda pergunta é um clamor para *nos* entendermos. Sócrates estava interessado em questões "como". Como posso levar uma vida mais feliz e significativa? Como posso praticar a justiça? Como posso me conhecer?

Sócrates não conseguia entender por que seus colegas atenienses não estavam mais interessados nesse tipo de perguntas dado seu desejo de melhorar, seja uma maneira melhor de fazer estátuas ou de praticar a democracia. Os atenienses, ao que parecia a Sócrates, trabalhavam incansavelmente para melhorar tudo — exceto eles mesmos. Isso precisava mudar, pensava, e fez disso sua missão de vida.

Isso marcou uma grande mudança na filosofia. Ela já não era mais uma especulação confusa sobre o cosmos. Tratava da vida, *da sua vida* e de como tirar o máximo proveito dela. É algo prático. Indispensável. Como o político e filósofo romano Cícero disse: "Sócrates foi o primeiro a fazer a filosofia descer dos céus, a localizá-la nas cidades e a introduzi-la nos lares."

Sócrates não se comportava da maneira que pensamos que é típica dos filósofos. Não demonstrava interesse em acumular discípulos. (Quando seus alunos perguntavam sobre outros filósofos, Sócrates os encaminhava de bom grado.) Não se dedicou a transmitir nenhum corpo de conhecimento, nem teorias ou doutrinas. Não publicou volumes densos. Na verdade, nunca escreveu uma única palavra. Conhecemos Sócrates graças a um punhado de fontes antigas, principalmente seu aluno Platão.

Não existe uma "doutrina socrática", apenas pensamento socrático. Sócrates era todo meio, nada de fins. Lembramo-nos do insurgente de Atenas não pelo que ele sabia, mas pela forma como sabia. Ele se importava mais com o método do que com o conhecimento em si. O conhecimento não envelhece bem. Métodos, sim.

Os estudiosos empregam muitos termos sofisticados para descrever o método de Sócrates: a dialética, o *elenchus*, o raciocínio indutivo. Prefiro um termo mais simples: a fala. Sei que não parece sofisticado e provavelmente não vai me surpreender com o Prêmio Nobel, mas é verdade. Sócrates conversava com as pessoas. "Gênio bisbilhoteiro", como o filósofo contemporâneo Robert Solomon o chama. Eu adoro. Ele traz a filosofia à Terra e a eleva ao mesmo tempo.

Observar a vida exige distância. Precisamos nos afastar de nós mesmos para nos vermos com mais clareza. A melhor maneira de alcançarmos essa perspectiva é por meio da conversa. Para Sócrates, filosofia e conversa eram praticamente sinônimos.

Sócrates conversava com todo tipo de gente: políticos, generais, artesãos, tanto quanto com mulheres, escravos e crianças. Também falava sobre todo tipo de assunto, mas só se fosse importante. Sócrates não era muito de bate-papo. Sabia que a vida era curta, e não estava disposto a perder um segundo de seu tempo com trivialidades. "Estamos pensando em como viver a melhor vida possível", falou, exasperado, para um sofista chamado Górgias. "Que pergunta pode ser mais séria do que essa para uma pessoa que tem um pingo de noção?"

Por mais que gostasse de diálogos, acho, Sócrates os entendia simplesmente como um instrumento. A genialidade bisbilhoteira tinha um objetivo: conhecer a si mesmo. Conversando com outras pessoas, aprendeu a conversar consigo mesmo.

A filosofia pode ser a arte de fazer perguntas, mas o que é uma pergunta? Ah, agora temos uma que Sócrates adoraria! Pegue uma palavra que todo mundo conhece e *pensa* que sabe, e examine-a, investigue-a e a cutuque de vários ângulos. Acenda nela uma luz brilhante e implacável.

Cerca de 24 séculos se passaram desde que o filósofo descalço de Atenas percorria as sinuosas e sujas ruas da cidade e fazia perguntas. Desde então, fizemos muito progresso: encanamento, leite de amêndoa, banda larga. Tivemos mais de 2 mil anos para aprimorar nossas definições. Também somos bons nisso, a julgar por quase meio milhão de entradas no *Terceiro Novo Dicionário Internacional da Webster*. Não precisamos sujar os dedos com páginas, impressas ou digitais. Sempre podemos recorrer à nossa fiel escudeira: Siri.

"Olá, Siri."

"Oi, Eric."

"Eu tenho uma pergunta."

"Peça e receberá."

"O que é uma pergunta?"

"Pergunta interessante, Eric."

Então, silêncio. Nada. Chacoalho meu telefone. Nada ainda. A Siri entende que estou trapaceando com o algoritmo dela, e não resulta em nada. Uso uma abordagem mais literal.

"Siri, qual é a definição de pergunta?"

"Uma frase formulada ou expressada a fim de obter informações."

Isso é preciso, suponho, mas lamentavelmente incompleto. Sócrates não ficaria satisfeito. Ele era um defensor das definições. Acharia essa resposta ao mesmo tempo ampla e reducionista. De acordo com ela: *Você viu minhas chaves?* e *Qual é o sentido da vida?* são equivalentes. Ambas visam obter informações de algum tipo — e são difíceis de responder, pelo menos em casa —, mas as informações que buscam diferem tanto que as diferenciam. Quanto mais ampla for a pergunta, menos interessados estamos em uma resposta que só forneça informações. *O que é o amor? Por que o mal existe?* Quando fazemos essas perguntas, não desejamos informações, mas algo maior: sentido.

As perguntas não são de mão única, elas se movem em (pelo menos) duas direções. Buscam sentido e o transmitem, também. Fazer a pergunta certa a um amigo na hora certa é um ato de compaixão, de amor. Com frequência, porém, as usamos como armas, disparando-as contra as pessoas — *Quem você pensa que é?*, e, para nós mesmos, *Por que não faço nada certo?* Nós as usamos como desculpa — *Que diferença fará?* — e, mais tarde, como justificativa — *O que mais eu poderia ter feito?* Perguntas, não os olhos, são as verdadeiras janelas da alma. Como disse Voltaire, o melhor juiz de uma pessoa não são as respostas que dá, mas as perguntas que faz.

A resposta da Siri não captou a magia inerente a todas as boas perguntas, do tipo que Sócrates tinha em mente quando disse: "Toda a filosofia começa com o pensamento." Pensar, acreditava, não é algo inato, como cabelos loiros e sardas. Pensar é uma habilidade que todos somos capazes de aprender. Ele estava determinado a nos mostrar como.

"Pensar" [wonder, no original] é uma palavra maravilhosa. É impossível dizê-la em voz alta sem sorrir. Vem do inglês arcaico *wundor*, que significa "coisa maravilhosa, milagre, objeto de espanto". Em um nível, pensar é buscar informações, à moda da Siri. *Onde encontro um chocolate amargo?* Em outro nível, é suspender a investigação, pelo menos momentaneamente, e simplesmente contemplar: *Como é o bom chocolate belga, com sal marinho e amêndoas, que explode meu cérebro e coração?*

Quando questionamos, somos constrangidos pelo assunto tratado. Quaisquer perguntas que se desviem são consideradas supérfluas e, portanto, desencorajadas. Pense em um advogado repreendido pelo juiz por desviar-se de linhas "imateriais" ou em uma estudante do ensino médio repreendida pelo professor por se afastar do assunto.

Questionar-se é algo aberto, expansivo. É o que nos torna humanos. Isso é verdade desde que o primeiro homem das cavernas se perguntou o que aconteceria se esfregasse duas pedras ou jogasse uma grande pedra em sua cabeça. Você nunca sabe até tentar, e nunca tenta até se questionar.

Frequentemente, confundimos questionar com curiosidade. Sim, ambos fornecem antídotos úteis para a apatia, mas de maneiras diferentes. Questionar-se é pessoal de uma maneira que a curiosidade não é. Você pode ser curioso desapaixonadamente. Você pode perguntar desapaixonadamente. Mas não pode questionar-se desapaixonadamente. A curiosidade é reativa, sempre ameaçando perseguir o próximo objeto brilhante que aparece à vista. O questionamento, não. Ele permanece.

Questionar-se é a curiosidade reclinada, pés para cima, bebida na mão. O questionamento nunca perseguiu um objeto brilhante. Nunca matou um gato.

Questionar-se leva tempo. Como uma boa refeição ou um bom sexo, não pode ser feito às pressas. É por isso que Sócrates nunca apressava suas conversas. Perseverava mesmo quando os interlocutores ficavam cansados e exasperados.

Sócrates foi como um precursor da terapia. Tendia a responder a uma pergunta com outra pergunta. Diferentemente de um terapeuta, Sócrates não cobrava por hora (não cobrava um único dracma por suas sessões) e nunca pronunciava as palavras: "Lamento que nosso tempo tenha acabado." Ele sempre tinha mais tempo.

Mesmo sozinho, Sócrates gostava de ficar parado, um amigo relata em *O Banquete*. "Ele às vezes para e fica onde quer que esteja." Outro amigo conta um episódio ainda mais incomum que ocorreu quando os dois serviram juntos na batalha de Potideia.

> Certa vez, ao amanhecer, ele [Sócrates] começou a pensar em algo e ficou no mesmo lugar, refletindo, e, por não ter encontrado solução, não saiu, mas ficou lá, pensando. Era meio-dia, e as pessoas perceberam, comentando entre elas que Sócrates estava ali desde o amanhecer pensando em alguma coisa. Finalmente, alguns dos ionianos, quando a noite chegou, levaram suas roupas de cama para dormir ao ar fresco e ver se ele ficaria ali a noite toda. Ele ficou parado até o amanhecer e o sol desabrochar, então, fez uma oração ao Sol e saiu.

A boa filosofia é lenta. Ludwig Wittgenstein chamou sua profissão de "cura lenta" e sugeriu que todos os filósofos se cumprimentassem com um: "Não se apresse!" Acho uma boa ideia, não apenas para os filósofos, mas para todos nós. Em vez de: "Tenha um bom-dia" ou de expressões igualmente vazias, poderíamos nos cumprimentar com: "Não tenha pressa" ou "Vá mais devagar". Pronuncie esses imperativos com bastante frequência, e conseguiremos desacelerar.

Em algum nível, acredito, já reconhecemos os benefícios cognitivos da desaceleração. Quando algo nos faz parar e pensar, dizemos que "nos dá uma pausa". Uma pausa não é um erro ou uma falha. Uma pausa não é uma gagueira ou uma interrupção. Não é um vazio, mas um tipo de matéria latente. A semente do pensamento. Toda pausa amadurece com a possibilidade do conhecimento e do questionamento.

Raramente questionamos o óbvio. Sócrates achava essa postura um erro. Quanto mais óbvio algo parece, mais urgente é a necessidade de ser questionado.

Entendo que quero ser um bom pai. É tão evidente que dificilmente requer afirmação.

Não tão rápido, diria Sócrates. *O que você quer dizer com "pai"? Você está falando em termos estritamente biológicos?*

"Bem não. Na verdade, minha filha é adotada."

Ah, então "pai" é algo além da biologia?

"Sim, certamente."

O que define um pai, então?

"Alguém, um homem, que cuida de uma criança pequena."

Então, se eu passear com sua filha, digamos, em Delfos por algumas horas, serei o pai dela?

"Não, claro que não, Sócrates. Ser pai implica muito mais do que isso."

O que, então, difere um adulto masculino que cuida de uma criança de um adulto masculino digno do título de "pai"?

"Amor. É isso que faz do pai um pai."

Muito bom. Gosto dessa resposta. Obviamente, precisamos definir "amor", mas vamos deixar para outra hora. Agora, você diz que quer ser um "bom" pai.

"Sim, eu quero, muito mesmo."

O que você quer dizer com bom?

Bem, confesso que não tenho ideia. Apenas as noções mais vagas — imagens gerais e caricatas — vêm à mente: sundaes, recitais, treinos de futebol, deveres de casa, passeios na faculdade, piadas quando ela estiver desanimada, ou mesmo que não esteja, festas do pijama, ser o yin do yang de minha esposa. Um bom protetor, principalmente.

São belas imagens, diria Sócrates, mas o que acrescentam? Você não sabe o que quer dizer quando diz "bom pai", sabe? E, como uma cereja do bolo filosófico, Sócrates sugeriria que até que eu soubesse, de fato, o que quero dizer com "bom pai", não poderia me tornar um. Eu estava perseguindo um fantasma.

Para Sócrates, todos os erros, como a parentalidade nociva, não são cometidos por maldade, mas por ignorância. Se entendêssemos a ramificação de nossos erros, não apenas para nossos filhos, mas para nós mesmos, não os cometeríamos. Uma compreensão genuína de uma virtude específica leva a um comportamento virtuoso. Automaticamente. Saber — realmente saber — o que significa ser um bom pai é ser um.

Aquele era O Dia de Levar o Filho ao Trabalho. Sempre temo esse dia. Outros pais levam os filhos a escritórios solenes e sérios, com salas de reunião e telefones por todo canto. Meu escritório (um deles) é um restaurante local chamado Tastee. A comida não é grande coisa, mas as mesas são grandes; as garçonetes, amigáveis; e o café, infinito. Este ano, pela primeira vez, minha filha quis ir comigo.

Abordar uma pessoa de 13 anos é um mistério que os grandes filósofos ainda precisam resolver. Se uma árvore cai na floresta, e seus amigos não compartilham no Snapchat, ela não caiu. Sonya não demonstrava interesse no meu trabalho, na filosofia, em nada, ao que parece, além do seu mundo. Eu suspeitava que a única razão para ter concordado em ir trabalhar comigo naquela manhã foi para poder faltar à escola.

Enquanto pegávamos nosso café da manhã — omelete saudável para mim, panquecas de chocolate para ela —, vi o grande abismo que é a paternidade. Eu me senti inadequado; pior, invisível. O que Sócrates faria?

Ele faria perguntas, é claro. Eu estava lutando com uma pergunta em particular, uma espécie de metaquestão. Isto é verdade: não existe pergunta estúpida? Perguntei à minha filha, cuja resposta foi um movimento quase imperceptível da sobrancelha esquerda, que significava: *registrei sua pergunta, pai, e a considero indigna de resposta, então voltarei às minhas panquecas e ao Snapchat.*

Persisti, como Sócrates. "Existe pergunta estúpida?", repeti, mais alto.

Ela levantou a cabeça da tela e pensou por um tempo. Pelo menos, imaginei que estivesse pensando. Então, para minha surpresa, ela falou.

"Sim", disse. "Uma pergunta estúpida é aquela da qual você já conhece a resposta." E com isso voltou para suas panquecas, seu telefone e seu cenário adolescente.

Não foi a primeira nem a última vez que me surpreendeu. Ela estava certa. A menos que você seja um promotor, fazer uma pergunta da qual já sabe a resposta é realmente estúpido. Fazemos isso com mais frequência do que você imagina, de várias maneiras. Podemos fazer uma pergunta para mostrar nosso conhecimento ou obter informações que reforçam uma convicção inabalável e não examinada que já possuímos.

Para Sócrates, nada disso se qualificava como questão séria. Uma pergunta séria entra em águas desconhecidas. Uma pergunta séria traz riscos, como acertar um tiro em um quarto escuro. Você não sabe o que encontrará quando a sala se iluminar — monstros ou milagres —, mas, seja como for, está no jogo. É por isso que perguntas sérias não são feitas de maneira confiante, mas desajeitada, hesitante, com todo o embaraço desengonçado de um adolescente.

Para Sócrates, nada era mais importante ou corajoso.

O professor Jacob Needleman me serve outro copo de água com infusão de limão, com as mãos lentas, mas firmes. Os cubos de gelo tilintam quando atingem o copo. A luz da Califórnia fica mais suave, e as cores, mais ricas, à medida que o sol se põe.

Pergunto a Needleman mais sobre ele mesmo. Ele respira fundo e seu peito chia; em seguida, me leva para a Filadélfia de sua juventude, nos anos 1940. Elias e ele continuaram suas discussões filosóficas no muro de pedra, embora com uma frequência cada vez menor. Um dia, quando Jacob telefonou para a casa de Elias, sua mãe respondeu, com uma voz peculiar, que ele estava descansando. Jacob sabia que algo estava errado bem antes de ouvir a palavra "leucemia". Ele se lembra de uma das últimas perguntas que vivenciou com Elias. "Eu me pergunto o que acontece com uma pessoa quando adormece", perguntou Jacob ao amigo. "Para onde vai?"

Pela primeira vez, Elias não teve resposta. Morreu pouco antes de seu aniversário de 14 anos.

A morte, especialmente a antinatural e precoce, tem uma maneira de focar a mente. As perguntas inundaram Jacob. Por que Elias e não ele? O que devemos fazer com esse pouco tempo alocado? Ele não recebeu respostas satisfatórias de seus pais, professores ou rabino. Então se voltou para Sócrates e para a filosofia.

"Por que a filosofia?", pergunto.

"Por que se ama alguma coisa? Você é chamado. Chamado pelas perguntas derradeiras. Quem somos? O que somos? Por que estamos aqui? Os seres humanos precisam de sentido. Então, sim, é um chamado."

Os pais de Jacob não ficaram emocionados com o chamado dele. "Como filho mais velho, era obrigado por Deus a ser médico", diz. Jacob se tornou doutor, mas não médico. Doutorou-se em filosofia. Ainda se lembra da primeira vez que foi apresentado socialmente como "Dr. Needleman" na presença de sua mãe. Ela interrompeu para destacar: "Ele não é o tipo de doutor que cura as pessoas, sabe?"

Needleman passou o resto da vida provando que ela estava errada. Acumulou elogios e promoções acadêmicas, sempre ansioso para alcançar um público maior. Ele não conseguia entender por que essas "perguntas derradeiras" recebiam tão pouca atenção. "Nossa cultura não tem lugar para que elas sejam honradas como perguntas. Nossas instituições e padrões sociais são dedicados à solução de problemas ou ao prazer", afirma Needleman.

Ele faz uma pausa, deixando suas palavras vagarem no ar suave da Califórnia. Ele está certo, percebo. Resolver um problema antes de vivê-lo é como tentar cozinhar uma refeição sem comprar mantimentos. No entanto, muitas vezes, buscamos a solução mais rápida ou o prazer mais conveniente. Tudo para evitar confrontar nossa ignorância.

Meus olhos vagam pelas colinas de Oakland, um marrom empoeirado nessa época do ano. Meus ouvidos registram o tocar agradável de um sino dos ventos próximo, misturando-se a uma presença sem palavras que preenche o espaço e conecta a mim e Jacob Needleman.

Sócrates desconfiava da palavra escrita. Ela jaz sem vida na página e viaja em apenas uma direção, do autor para o leitor. Você não pode falar com um livro, nem mesmo com um bom livro.

É por isso que decido não ler os diálogos de Platão, mas ouvi-los. Baixo os áudios. Não sei ao certo qual é a palavra grega antiga para "megabyte", só sei que são muitos.

Os diálogos se tornaram a trilha sonora da minha vida. Ouço enquanto ando de trem e levo minha filha para o futebol. Ouço quando bato pernas por aí. Cozinho e bebo Sócrates. Acordo e durmo Sócrates.

Os diálogos mostram Sócrates e os interlocutores lutando com o significado de, digamos, justiça, coragem ou amor. Não são tratados isolados. São conversas completas, às vezes controversas, e, para minha surpresa, engraçadas. "Uma sabedoria cheia de truques", disse Nietzsche.

Uma conversa com Sócrates era muitas vezes irritante e perturbadora, como atesta um personagem de *O Banquete*, Nicias: "Qualquer pessoa que esteja perto de Sócrates e entre em uma conversa com ele é suscetível de ser levada a uma discussão, e qualquer que seja o assunto que ele comece, será continuamente conduzido por ele, até que finalmente ache que precisa de um relato de sua vida presente e passada, e, quando a pessoa estiver enredada, Sócrates a prenderá até que seja completa e plenamente sugada."

Outro interlocutor reclamou que Sócrates o reduziu a uma "massa de desamparo" e compara o filósofo a um "peixe torpedo" (também conhecido como raia elétrica), porque entorpece a mente das pessoas.

Conversar com Sócrates era frustrante, assim como é frustrante conversar com uma criança curiosa de 5 anos.

Podemos tomar sorvete no jantar?
Não.
Por quê?
Porque sorvete não é bom para você.

Por quê?
Porque contém açúcar.
Por que o açúcar faz mal?
Porque é armazenado nas células adiposas do seu corpo.
Por quê?
Porque simplesmente é! Agora vá para o seu quarto!

As perguntas das crianças não nos incomodam por serem bobas, mas porque somos incapazes de respondê-las adequadamente. As crianças, como Sócrates, desmascaram nossa ignorância e, embora isso seja benéfico em longo prazo, em curto prazo, é irritante. "Se você não incomoda ninguém, você não é um filósofo", diz Peter Kreeft.

Ler isso me animou e motivou. Estou convencido, e essa certeza me vem de várias fontes, de que sou irritante. Ao extremo. Há outras semelhanças com Sócrates. A condição de forasteiro. A pança. A mente vagante, pensante. O amor por conversar.

Quanto à persistência, porém, nos separamos. Tendo a evitar conflitos, reais e imaginários. Sócrates, não. Ele demonstrava uma grande coragem. Lutando no cerco de Potideia, em 432 a.C., com notável força e resistência, salvou a vida de seu amigo Alcibíades.

Na arena da filosofia, Sócrates também era implacável. Era um ouvinte severo, exigindo que as pessoas respondessem não apenas por suas crenças, mas por suas vidas. Você não podia sair de um debate com Sócrates. Ele via através das máscaras dos falsos intelectuais que volta e meia surgiam. *Olhe para você, um general que não sabe o que é coragem. Um padre que não sabe dizer o que é piedade. Um pai que desconhece o amor.*

O objetivo não era humilhar, mas esclarecer, facilitar uma espécie de fotossíntese intelectual. O Sócrates jardineiro. Ele adorava nada mais do que "plantar um quebra-cabeça na mente e vê-lo crescer".

Essa semeadura de quebra-cabeças era complicada. Ninguém gosta de ter sua ignorância exposta, especialmente de maneira pública, e muitos dos diálogos ficavam acalorados. "Não entendo você, Sócrates, então gostaria que perguntasse a alguém que entendeu", disse um de seus companheiros irritados no diálogo *Górgias*. "Você é um tirano, Sócrates. Desejo que encerre esse argumento ou faça com que outra pessoa discuta com você." Às vezes, mais do que palavras fortes eram trocadas. "Alguns homens esmurravam [Sócrates] e arrancavam seus cabelos", relata o biógrafo do século III Diógenes Laércio.

Sócrates irritava os outros por um bom motivo: via mais. Sócrates optometrista. As pessoas andam por aí com prescrições para óculos defeituosos.

Naturalmente, esse lapso afeta como as pessoas veem e o que veem. Entendiam sua visão distorcida da realidade como se fosse a única. Pior, nem sabiam que usavam óculos. Elas tropeçavam durante o dia, esbarrando em móveis, em pessoas, o tempo todo culpando a ambos. Sócrates achava isso tolo e inútil.

O Sol ficou vermelho brilhante, e uma sensação sombria pairou no ar. Jacob Needleman e eu conversávamos há horas, mas nenhum de nós se cansava do gênio bisbilhoteiro, e nos voltamos para as falsas crenças.

Needleman sugere que o filósofo é o segurança fortão da Boate das Ideias.

"Um filósofo dá sua opinião: 'Você é minha opinião. Como chegou aqui? Você não me perguntou. Eu não o avaliei. No entanto, acredito em você. Você está tomando conta da minha vida.'"

Penso em minhas opiniões e em como povoam minha mente. Como todos os colonizadores astutos, me levam a acreditar que as convidei. Será que fiz isso? Ou elas apareceram sem aviso, ideias alheias que se vestiram com minhas roupas?

Volto a essa noção intrigante e sedutora de "viver perguntas". O que Jacob quer dizer?

Ele explica que distingue o questionamento comum do "questionamento profundo". Perguntas comuns patinam pela superfície, como Siri. O questionamento profundo é lento e imersivo.

"Se realmente vivo uma pergunta, deixo-a me assombrar, então esse estado de profundo questionamento é transformador em si mesmo."

"Viver a pergunta?"

"Sim, viver a pergunta. Tenha isso em mente muitas vezes. Viver uma pergunta. Não apenas tentar solucioná-la. Frequentemente, pulamos para a solução."

Isso parece bom, me faz querer passar o resto dos meus dias vivendo perguntas, mas e as respostas? Onde se encaixam? Este é o rap da filosofia: tudo se resume a diálogos, perguntas sem fim e sem respostas. O trem que está sempre partindo, nunca chegando.

Não é verdade, diz Needleman. A filosofia está definitivamente interessada no destino, mas a jornada não pode ser apressada. É a única maneira de garantir que se chegue não apenas a respostas inteligentes, mas a "respostas do coração". As do outro tipo, as respostas da cabeça, não são só menos satisfatórias, mas, em última instância, menos verdadeiras.

Chegar às respostas do coração exige não apenas paciência, mas também vontade de conversar com sua ignorância. Ficar com a dúvida, o mistério, em vez de se apressar para resolver o problema, marca outro item de sua lista interminável de tarefas. Isso demanda tempo e coragem. Outros zombarão de você. Deixe-os para lá, diz Jacob Needleman, e Sócrates também. O ridículo é o preço da sabedoria.

Faz algum tempo, eu conversava com minha amiga Jennifer. Para esclarecer: eu estava falando, ela, ouvindo meu rol habitual de preocupações.

Sofro de um problema de distribuição, falei. Tenho o suficiente de qualquer atributo, mas sua distribuição é desigual. Cabelo, por exemplo. Tenho muito no peito e nas narinas, mas não o suficiente na cabeça.

O sucesso, porém, é algo ainda mais problemático. Não é um problema de distribuição, expliquei, mas uma escassez genuína. "Não sou", disse a ela, "suficientemente bem-sucedido".

Jennifer fez uma pausa do jeito que as pessoas fazem quando estão prestes a dizer algo profundo ou estão planejando uma estratégia de fuga. Felizmente, a dela foi do primeiro tipo.

"Como é o sucesso?", questionou.

"Como é o sucesso?", devolvi.

"Sim, como é o sucesso?"

Normalmente, quando você repete a pergunta de alguém, ele se sente na obrigação de elaborá-la, para conectar os pontos para você. Jennifer, não. Minha pergunta ricocheteou e me atingiu na cabeça. Como é o sucesso? Isso nunca tinha me ocorrido. Sempre pensei no sucesso em termos quantitativos, não estéticos.

A forma como estruturamos uma pergunta é importante. Jennifer poderia ter perguntado: "Por que você quer ter sucesso?" ou "Quanto sucesso é suficiente?". Eu teria descartado essas perguntas, golpeando-as como os mosquitos nos circulando em seu deck, em Nova Jersey. Por que eu quero ter sucesso? Apenas quero — não é o que todo mundo quer? *Quanto sucesso é suficiente?* Mais do que tenho hoje.

Jennifer, no entanto, não me fez essas perguntas. Ela me perguntou como era o sucesso. Implícito, em sua pergunta, estava o caráter pessoal. Como é o sucesso *para mim*? Eu saberia se o tivesse?

Fiquei lá, atordoado, como se um peixe torpedo tivesse picado meu cérebro. Uma boa pergunta faz isso. Ela o agarra e não solta. Uma boa pergunta reformula o problema para que você o veja sob uma ótica totalmente nova. Uma boa pergunta solicita não apenas uma busca por respostas, mas uma reavaliação da própria busca. Uma boa pergunta não suscita uma resposta inteligente, mas nenhuma resposta. Desde os tempos antigos, muito antes de Sócrates, os sábios indianos praticavam *brahmodya*, uma competição em que se pretendia articular a verdade absoluta. O concurso sempre terminava no silêncio. Como explica a autora Karen Armstrong: "O momento da percepção chegava quando percebiam a inadequação de suas palavras e, assim, intuíam o inefável."

O silêncio não é um hábito que tenho. Palavras são como oxigênio para mim. No entanto, silenciei a pergunta de Jennifer em minha mente e a olhei sob diferentes ângulos. Uma boa pergunta gera mais perguntas, e, com certeza, a única feita por Jennifer provocou dezenas das minhas. Eu já não estava mais conversando com ela, mas comigo mesmo.

Era exatamente isso o que Sócrates queria induzir: um estado de autointerrogação implacável, questionando não apenas o que sabemos, mas quem somos, na esperança de provocar uma mudança radical de perspectiva.

O romance de Tolstoi, *A Morte de Ivan Ilitch*, contém uma das minhas passagens favoritas na literatura, talvez por ser inesperadamente redentora, e também envolve um trem. O protagonista é um funcionário bem-sucedido do governo. Está em fase terminal, tomado por medo e arrependimento. No final da história, o pavor se eleva, substituído por uma nova perspectiva "como a sensação que às vezes experimentamos em uma carruagem quando pensamos que estamos retrocedendo, enquanto avançamos e, de repente, se toma consciência da direção real".

Analisando minha conversa com Jennifer, percebo que, como Ivan, de repente intuí minha direção real. Foi a experiência mais socrática que já tive. Não aconteceu nas ruas poeirentas da antiga Atenas, mas no deck da minha amiga, em Montclair, Nova Jersey. Não importa. A sabedoria genuína não se limita por lugar e hora. É portátil.

Agora, sempre que quero conquistar algo, qualquer coisa, paro e pergunto: como é o sucesso? Para ser sincero, ainda não respondi a essa pergunta, e talvez nunca o faça. Tudo bem. Mudei a prescrição dos meus óculos e vejo com mais clareza.

As portas se abrem. Entro em um vagão elegante do metrô, brilhante e metálico. Na linguagem grega moderna, embarco em uma *metaforá*. Derivado da raiz antiga *metamorphoo*, transformar de dentro para fora, originou "metáfora". Hoje, os gregos usam *metaforá* para indicar viagens em transporte público. Sempre que alguém pega um ônibus, metrô ou bonde para trabalhar, encontrar amigos ou buscar as roupas está, de certa forma, pegando uma metáfora e se envolvendo em um ato transformador. Eu amo a Grécia. Lá, tudo existe em dois níveis ou mais. Até uma viagem de metrô oferece a promessa da autorrenovação.

COMO PENSAR

Além de o metrô de Atenas rodar suavemente, há uma lição de história a cada viagem. Quando estava em construção, os trabalhadores desenterraram artefatos antigos da idade de ouro da cidade. Os arqueólogos removeram alguns ("arqueologia de resgate", como se chama), mas outros foram incorporados às estações, de modo que hoje os locais chamam o metrô de "museu cortado por um trem".

Fui à Grécia, a terra das metáforas, para andar por onde Sócrates andava, respirar o ar que respirava. Fui lembrar que Sócrates não era uma ideia, mas um homem, de carne e osso. Sócrates pensava, mas não em qualquer lugar. Foi ali, em Atenas, uma cidade que ele amava como nenhuma outra.

Desembarco na estação Ágora e ando. A ágora, ou mercado, era o lugar favorito de Sócrates. Era um lugar cheio e fedorento, repleto de ambulantes, ladrões e toda sorte de gente. Sócrates adorava. A ágora era sua sala de aula e seu palco.

Os arqueólogos começaram a escavar o local relativamente tarde, em 1931, décadas depois de outras grandes escavações, incluindo as de Pompeia e Olímpia. Compensaram o tempo perdido, como atestam os milhares de artefatos: fragmentos de cerâmica, inscrições, esculturas, moedas e outros tesouros antigos.

Hoje, o sítio, espalhado por uns 80.000m², é na maior parte entulho, mas as ruínas do antigo mercado são suficientes para que eu, com um pouco de imaginação, visualize a cena. Vejo ambulantes vendendo seus produtos, tudo, de especiarias a clepsidras; réus aguardando julgamento; jovens perambulando, como deve ser. Captando tudo, está Sócrates, com os pés descalços, os olhos de crocodilo girando loucamente, à espreita de companheiros filósofos. Sócrates praticava a filosofia de varejo. Não esperava que as pessoas o procurassem. Ele ia até elas.

"A vida não examinada não vale a pena ser vivida", disse Sócrates. Quando ouvi isso pela primeira vez, adolescente, suspirei. A vida já é difícil o suficiente. Você quer que eu a examine também? A vida examinada. Não ligo para o termo. Para iniciantes, contém a raiz "exame", que desperta lembranças de lápis 2B e mãos frias de médicos. Parece muito trabalho. Nós podemos fazer melhor. Portanto, com todo o respeito, ofereço dois corolários à vida examinada de Sócrates.

Corolário Número Um: a vida examinada que não produz resultados práticos não vale a pena ser vivida. Contemplar o umbigo tem seus prazeres, mas é muito mais gratificante ver resultados, um umbigo melhor. *Eudaimonia*, como os gregos chamavam. Muitas vezes, traduzida como "felicidade", a palavra significa algo maior: uma vida próspera e significativa. Considere, como sugere o filósofo contemporâneo Robert Solomon, duas pessoas. Uma tem uma teoria elaborada sobre a generosidade, enquanto a outra, não. "A generosidade simplesmente flui dela, sem nem pensar, como a água flui de uma fonte." A segunda pessoa claramente leva uma vida exemplar e significativa.

Corolário Número Dois: a vida não examinada pode não valer a pena ser vivida, mas também não é a superexaminada. "Pergunte a si mesmo se você é feliz e deixe de ser", disse o filósofo britânico John Stuart Mill, articulando o Paradoxo do Prazer (também conhecido como Paradoxo do Hedonismo). Quanto mais tentamos aproveitar a felicidade, mais ela nos escapa. A felicidade é um subproduto, nunca um objetivo. É o fruto inesperado de uma vida bem vivida.

Bem, então Sócrates estava errado sobre essa tolice de vida não examinada?

Ou me esqueci de alguma coisa?

Meu instinto é responder logo a essas perguntas, para riscá-las da minha lista de tarefas e seguir em frente. Contenho esse impulso. Em vez disso, deixo-as pairarem no ar suave da Grécia, sem resposta, mas sem serem examinadas. Então, levo uma metáfora de volta para o hotel.

Sócrates foi um fracasso. Sei que isso soa mal, mas é a verdade. Muitos dos diálogos não terminam com um grande e inovador avanço digno de Zeus, mas com um impasse. A filosofia produz mais problemas do que resolve. Esta é sua natureza.

Sócrates não publicou nada e pereceu, executado por colegas atenienses. Novamente, seus supostos crimes foram impiedade e corrupção da juventude, mas, na verdade, ele foi morto por fazer muitas perguntas impertinentes. Foi o primeiro mártir da filosofia.

Após ser julgado, seu destino selado, ele se reuniu com alguns de seus seguidores. Eles estavam com o coração partido, mas não Sócrates; permaneceu otimista e com certa indiferença até o fim. "Mas eis a hora de partir: eu para morte, vós para a vida. Quem de nós segue o melhor rumo ninguém o sabe, exceto os deuses", disse ele.

Estas são excelentes últimas palavras e, de fato, ideais para terminar uma biografia de Sócrates. Há apenas um problema. Não foram as últimas palavras do filósofo. Platão, em um diálogo chamado *Fédon*, conta o que aconteceu nos minutos finais de Sócrates.

"Críton", diz Sócrates, falando com o amigo. "Devemos um galo a Asclépio; faça essa oferta para ele, não esqueça."

"Isso deve ser feito", respondeu Críton. "Mas você tem mais alguma coisa a dizer?" Não houve resposta. Sócrates estava morto.

O que fazer com esse desfecho enigmático? Durante séculos, os estudiosos ponderaram sobre essa questão. Alguns interpretam sombriamente as últimas palavras de Sócrates. Na época, os galos eram usados para fins medicinais, então talvez Sócrates quisesse dizer que a vida é uma doença que devemos curar. Ou talvez fosse sua maneira de nos chamar de volta à Terra, mesmo quando ele subiu ao céu. Talvez estivesse nos lembrando, ao lidarmos com as grandes questões da vida, de não esquecermos as pequenas coisas. Não negligencie suas obrigações como cidadão e amigo. Seja uma pessoa de honra. Se deve a alguém um galo, dê-lhe um galo.

Há uma possibilidade mais simples e menos profunda: a cicuta havia começado a surtir efeito, e um Sócrates confuso murmurava bobagens. Ninguém sabe ao certo e, provavelmente, nunca se saberá.

Eis que eu sei: é deliciosamente apropriado que o rei das perguntas tenha partido em uma nuvem delas, deixando-nos coçando a cabeça, pensando. Sócrates não resistiu a plantar mais um quebra-cabeça em nossas mentes. Mais uma pergunta a ser vivida.

3.

Como Caminhar: Rousseau

14h42. A bordo das ferrovias federais suíças, trem n° 9, deixando Basileia, a caminho de Neuchâtel.

Olho pela janela e vejo os campos suíços se descortinarem em câmera lenta. Pelo menos, é minha impressão. A velocidade é relativa. Viagens de trem, turvadas pela névoa rósea da nostalgia, representam um retorno a um tempo mais simples e analógico. Pego o trem para mudar o ritmo da minha vida, para me lembrar de como é andar ao léu, despreocupado.

Nem sempre foi assim. Nas primeiras viagens de trem, no século XIX, as pessoas reagiam com um mal-estar que beirava o terror. "Eu me senti como um projétil", disse um dos primeiros passageiros. "Como um pacote humano", disse outro. A velocidade — maior do que os seres humanos conheciam em terra — transformou a veneranda paisagem em um borrão ímpio. Em uma carta de 22 de agosto de 1837, Victor Hugo descreveu o que via pela sua janela do trem: "As flores ao lado da estrada não são mais flores, mas manchas, ou melhor, estrias de vermelho e branco... tudo se torna uma listra; os campos de cereais são grandes sustos de cabelos amarelos; campos de alfafa, longas tranças verdes. De tempos em tempos, uma sombra, uma forma, um espectro aparece e desaparece atrás da janela, fugaz como um relâmpago." O trem de Hugo viajava a cerca de 24km por hora. A velocidade é relativa.

O crítico de arte John Ruskin, uma das principais vozes que condena essa forma de transporte, concebeu uma máxima que ainda se aplica: "Todas as viagens são monótonas na exata proporção de sua rapidez."

O EXPRESSO SÓCRATES

Enquanto meu trem suíço desliza (algo típico desse tipo de trem) pela paisagem, silencioso, pergunto-me o que Ruskin acharia das viagens aéreas. Nada de bom, tenho certeza.

O transporte traça seu próprio arco evolutivo, uma sobrevivência do mais rápido que apaga os antecedentes à medida que avança. Estamos nos movendo rápido demais para fazer uma pausa e perguntar como exatamente chegamos aqui, amarrados a um tubo de alumínio atravessando o espaço a uma velocidade tão rápida que não borra o cenário, o oblitera. Essa aceleração não aconteceu, é claro, da mesma forma que a dos nossos cérebros grandes e polegares opositores. Antes do avião, estava o trem; antes do trem, o treinador de cavalos; e, antes do treinador, a sela. Precisamos ir mais longe, porém, lá para o começo.

No princípio, eram os pés.

Jean-Jacques Rousseau foi um homem de multidões: filósofo, romancista, compositor, ensaísta, botânico, autodidata, fugitivo, teórico político, masoquista. Acima de tudo, foi um andarilho. Caminhava com frequência, e sozinho. Sim, um passeio com um amigo tem seus prazeres, assim como ir a bares, mas, no fundo, a caminhada é um ato pessoal. Andamos sozinhos, por nós mesmos. A liberdade é a essência de uma caminhada. A liberdade de partir e voltar quando desejarmos, vagar, como Robert Louis Stevenson disse: "Siga este ou aquele caminho, conforme a loucura o levar."

Rousseau seguiu sua loucura. Ela o levou pela Europa, de Veneza a Paris, Turim a Lyon e além. Rousseau foi uma das primeiras almas verdadeiramente sem raízes, o que hoje chamaríamos de nômade urbano. Em casa, em qualquer lugar e em lugar nenhum.

Durante a maior parte da história da humanidade, caminhar não era opcional. Se você queria chegar a algum lugar, tinha que andar. Hoje, é uma escolha. Rousseau não tinha tantas opções quanto nós — a viagem de trem não existia —, mas havia algumas. Uma extensa rede de serviços de transporte cruzava a Europa. Ele detestava viajar de carruagem e caminhava sempre que podia. "Nunca pensei tanto, existi tanto, vivi tanto, fui tanto eu mesmo [...] como nas viagens que fiz sozinho e a pé", afirmou. Caminhar salvou a vida de Rousseau. E também o matou.

Rousseau cresceu em Genebra, filho de um relojoeiro irascível chamado Isaac. Sua mãe morreu logo após seu nascimento, um trauma que o assombrava. O jovem Rousseau se juntava regularmente a amigos para explorar o campo. "Sempre fui mais longe do que qualquer um deles, sem pensar na volta, a menos que outros pensassem nisso para mim", lembra em suas memórias, *Confissões*.

Em uma agradável tarde de primavera, em 1728, Rousseau deu um passeio que mudou o rumo de sua vida. Tinha 16 anos, era aprendiz de gravador, um trabalho que desprezava, e se sentia "inquieto, desconectado de tudo e de mim mesmo". Um típico adolescente. Ele se aventurou fora da cidade. Estava ficando tarde. Sabia que tinha que voltar antes que os portões da cidade se fechassem, à noite. Rousseau já havia perdido dois toques de recolher e fora espancado pelo empregador. Temia o que poderia acontecer dessa vez.

Ele correu freneticamente, mas não adiantou. Estava muito atrasado. Dormindo do lado de fora das muralhas da cidade naquela noite, prometeu nunca mais voltar a Genebra. A partir daquele dia, levou uma vida nômade, viajando incessantemente, quase sempre a pé.

Rousseau morou em muitas cidades, mas não era uma pessoa urbana. Ele descreve seu primeiro encontro com Paris, uma cidade que a maioria associa à beleza e ao romance, assim: "Não vi nada além de ruas sujas e fedorentas, casas feias e escuras, um ar de miséria e pobreza, mendigos, carreteiros, alfaiates, vendedores de beberagens de ervas e chapéus velhos." Havia também os parisienses, "cansativos" e sempre dando "testemunhos estúpidos". Não, nada urbano.

Também não era uma pessoa do povo. Rousseau era introvertido. "Um amigo difícil, um amante decepcionante e um funcionário impraticável", diz o autor Leo Damrosch na excelente biografia de Rousseau.

Caminhar lhe permitia escapar dos olhares alheios. Ele era tímido. Tinha uma miopia severa, era insone como Marco e sofria de um problema urinário crônico (chegou a ser diagnosticado com próstata aumentada), o que o fazia ir ao banheiro com frequência. Isso o fazia evitar o contato social sempre que possível. Ao longo de sua vida, achava que as pessoas o observavam. Provavelmente, não ajudou sua peculiar compulsão por expor o traseiro para estranhos. Rousseau era um masoquista declarado, que desfrutava de uma boa surra, como a que recebeu como estudante delinquente. "Encontrei na dor, até na vergonha, um quê de sensualidade que me deixou querendo mais", escreve em suas memórias, uma das primeiras a conter detalhes pessoais e obscenos.

Caminhar era uma combinação óbvia com a filosofia de Rousseau. Ele defendeu um retorno à natureza, e o que é mais natural do que caminhar? Natural, isto é, para a maioria de nós.

Eu não sou Rousseau. Não sou filho da natureza — nem mesmo um primo distante. Não acampo nem nada do tipo. Meu carro não tem um adesivo de para-choque que diz: "Prefiro pescar." O mesmo vale para caça, exploração de cavernas, caiaque, mergulho, escalada e observação de pássaros. Não tenho botas de trilha ou de andar no gelo. Não tenho saco de dormir. Tenho várias mochilas, mas são modelos elegantes com nomes como "edição citadina" e "renegado urbano".

A Mãe Natureza é uma pedra no sapato. Ela me lembra constantemente da minha maior incompetência. Não sei armar nem desarmar uma barraca, nem fazer nada que envolva uma. Não sei navegar me guiando por estrelas, Sol ou qualquer corpo celeste. Minha incompetência se estende além do mundo natural. Não sei trocar o filtro de ar do carro, conversar com minha filha adolescente, aliviar o sofrimento de um pai idoso, fazer um cachorro se acalmar nem ficar quieto com meus pensamentos por mais de cinco segundos sem explodir a cabeça.

Achava que sabia andar, mas, lendo Rousseau, questiono até essa habilidade básica. Sim, posso colocar um pé na frente do outro, repetindo o gesto até o necessário, mas isso é só locomoção bípede. Não é andar. Pode-se dizer muito sobre uma pessoa pela forma como caminha. O Pentágono desenvolveu um radar avançado que identifica até 95% do jeito de andar, algo tão distintivo quanto impressões digitais e assinatura.

Todo mundo tem um jeito particular de andar.

Eu tenho vários, e, como meu humor, eles oscilam. Às vezes, estou à toda, como um entusiasta da Black Friday; às vezes, decrépito como um elefante fora de forma que acabou de sair de uma churrascaria rodízio. Não ande atrás de mim. Não é fácil me seguir.

Acordo em Neuchâtel, uma cidade que Rousseau não gostava, e pego o trem para uma pequena cidade chamada Môtiers, com a qual ele se importava ainda menos. "O lugar mais vil e venenoso que se pode habitar", lembra Rousseau. Aparentemente, o sentimento era mútuo.

A casa que Rousseau desprezava, na cidade que desprezava, é agora um pequeno museu, provando que não há nada em que muito tempo e um pouco de curadoria não deem jeito. Uma placa marca o período em que Rousseau viveu ali: 10 de julho de 1762 a 8 de setembro de 1765. Preciso, mas incompleto. Não capta a animosidade deletéria entre Rousseau e os locais de Môtiers, furiosos com seus escritos.

Lá, encontro as primeiras edições dos dois livros que provocaram essa raiva: *Emílio* e *O Contrato Social*. Também vejo um retrato de Rousseau usando um caftan, uma túnica esvoaçante popular no Oriente Médio. Era confortável, mas peculiar. Irritava os locais, como suas caminhadas diárias, que se tornaram motivo de chacota. Um dia, aquela animosidade fervente transbordou. Moradores, incentivados por uma autoridade local, atiraram pedras na casa de Rousseau. Ele, um homem que muitas vezes interpretava mal os sinais sociais, acertou esse. Fugiu de Môtiers, para nunca mais voltar. Fiz o mesmo.

Naquela noite, em Neuchâtel, me instalei em uma *crêperie*, pedi uma taça de Chardonnay, que esperava ornar com o romantismo inicial, e recuperei as memórias de Rousseau da minha mochila. Mergulhei nelas. Você não observa Rousseau. Mergulha de cabeça ou nada.

O que chama minha atenção e a segura é a linguagem. Clara, acessível, não o típico livro de filosofia todo rebuscado. Bom, tomando outro gole do meu Chardonnay, acho que combina muito bem.

Logo percebo que a clareza é acompanhada por outra coisa. Rousseau é — como digo educadamente? — um personagem de novela mexicana. Suas palavras são tão apaixonadas que dá para sentir as lágrimas nas páginas. Rousseau chora, regular e copiosamente. É propenso a ataques de êxtase. É conhecido por desmaiar. Está sempre se abandonando à "melancolia mais doce" ou à "fatalidade da sorte" ou, minha favorita, à "vida indolente e solitária". Seu órgão preferido, o coração, está ocupado. É "abertura", "inflamação", "agitação". Principalmente, pulsação. Bate com "impaciência", "alegria" ou, em mais de uma ocasião, "com violência".

Normalmente, acho esse tipo de escrita inflamada um tédio, mas não a de Rousseau. As palavras, embora exageradas, são livres de artifícios. Rousseau não está fingindo.

A filosofia de Rousseau pode ser resumida em quatro palavras: natureza boa, sociedade má. Ele acreditava na "bondade natural do homem". Em *A Origem da Desigualdade*, pinta uma imagem do homem em seu estado natural, "vagando pelas florestas, sem uma ocupação de ordem econômica, sem fala, sem domicílio, sem carência e sem vínculos, sem necessidade de semelhantes, sem desejo de prejudicá-los". Ninguém nasce mau, mesquinho, vingativo, paranoico. A sociedade faz isso. O "bom selvagem" de Rousseau vive a cada momento sem arrependimentos sobre o passado nem preocupações com o futuro.

Muito do que consideramos inerente à natureza humana é hábito socialmente construído, acredita Rousseau. Estamos convencidos de que nosso amor por brie defumado ou Instagram é natural, quando é cultural. Afinal, na década de 1970, as pessoas pensavam que carpetes e gravatas tão largas quanto uma pista eram "naturais". Somente agora os reconhecemos pelas abominações que são. Mesmo algo tão "natural" quanto o cenário é propenso à influência cultural. Durante a maior parte da história da Europa, as pessoas consideravam as montanhas como algo bárbaro; nenhuma pessoa sã viajaria voluntariamente para uma. Somente no século XVIII elas se tornaram objeto de admiração. A boa notícia, diz Rousseau, é que podemos mudar esses hábitos sociais, desde que os reconheçamos pelo que são: artifícios sociais descartáveis como um velho jeans boca sino.

O Bom Selvagem de Rousseau sente um forte tipo de amor-próprio, que Rousseau chama de *amour-de-soi*. Essa emoção saudável difere da variedade mais egoísta, que chama de *amour-propre*. O primeiro deriva da natureza humana, o segundo, da sociedade. *Amour-de-soi* é a alegria que você sente ao cantar no chuveiro. *Amour-propre* é a alegria que sente ao cantar no Radio City Music Hall. Você pode cantar mal no chuveiro, mas o prazer é só seu, independentemente da opinião dos outros, e, portanto, argumenta Rousseau, mais autêntico.

Então você entende por que Rousseau caminhava. Caminhar não demanda as armadilhas da civilização: animal domesticado, carruagem, estrada. O andarilho é livre, sem ônus. *Amour-de-soi* puro.

Às vezes, uma simples caminhada muda tudo. Isso aconteceu com Rousseau em uma tarde do verão de 1749. Ele estava em seu percurso habitual de 10km de Paris a Vincennes para visitar o filósofo e amigo Denis Diderot, preso por escritos considerados blasfemos. Era um dia especialmente quente, e a estrada estava empoeirada. Rousseau parou para descansar. Sentado à sombra, folheando ociosamente uma edição do *Mercure de France,* viu um prêmio oferecido pela Academia de Dijon ao melhor ensaio que discutisse "se a renovação das ciências e das artes contribui para purificar a moral".

Rousseau sentiu até vertigem, desorientado "como um bêbado". Na hora, ele se lembra: "Vi um universo diferente e me tornei outro homem." Seu ensaio ganhou o primeiro prêmio, o que fez sua carreira decolar.

Rousseau teria a mesma epifania sentado em seu escritório ou andando de carruagem? Talvez, mas a caminhada preparara sua imaginação. A mente prospera a 5km por hora, a velocidade de uma caminhada moderada. Livre das trivialidades do escritório, da tirania das expectativas, a mente vagueia, e quando ela vagueia coisas inesperadas e maravilhosas acontecem. Nem sempre, mas com mais frequência do que se imagina. Caminhar equilibra estímulo e repouso, esforço e ócio.

Quando andamos, fazemos algo e não fazemos nada ao mesmo tempo. Em um nível, nossa mente se engaja, concentrando-se no terreno à frente, atenta aos arredores. No entanto, nenhum desses pensamentos ocupa muito do cérebro. Sobra espaço para divagar e estar aberto ao que é inusual.

Não é de admirar que tantos filósofos caminhassem. Sócrates, é claro, gostava de passear na ágora. Nietzsche se embrenhava em passeios espirituais de duas horas nos Alpes suíços, convencido de que "todos os grandes pensamentos são concebidos ao caminhar". Thomas Hobbes tinha uma bengala personalizada com um tinteiro portátil afixado para que pudesse registrar seus pensamentos enquanto caminhava. Thoreau fazia caminhadas de quatro horas pelo campo de Concord, seus bolsos transbordando de nozes, sementes, flores, pontas de flechas indianas e outros tesouros. Immanuel Kant mantinha uma rotina de caminhadas altamente disciplinada. Todos os dias, almoçava às 12h45 e caminhava por uma hora — exatamente — no mesmo bulevar de Königsberg, Prússia (atual Rússia). A rotina de Kant era tão inabalável que o povo de Königsberg assistia a suas perambulações.

Bons andarilhos, todos eles. Nenhum, porém, se compara a Rousseau. Andava regularmente 30km por dia. Certa feita, caminhou 500km, de Genebra a Paris. Levou duas semanas.

Para Rousseau, andar era como respirar. "Mal consigo pensar quando fico parado; meu corpo tem que estar em movimento para ativar minha mente." Enquanto caminhava, anotava pensamentos, geniais e simples, nas cartas de baralho que sempre carregava consigo. Rousseau não foi o primeiro filósofo a fazer caminhadas, mas foi o primeiro a filosofar tão extensivamente sobre elas.

O filósofo andarilho invalida um dos maiores mitos da área: que ela é uma busca mental, apartada do corpo. Desde o momento eureka de Arquimedes no banho e da esgrima magistral de Descartes, até as escapadas sexuais de Sartre, a filosofia tem uma corrente corporal correndo por ela. Não há filósofos nem filosofias desencarnadas. "Há mais sabedoria em seu corpo do que em toda a sua filosofia", disse Nietzsche.

Considere uma emoção como a raiva. Quando você está indignado, onde ela reside? Em sua mente, sim, mas também em seu corpo, como explica o filósofo francês Maurice Merleau-Ponty: "Eu não conseguiria imaginar a malícia e a crueldade que meu oponente demonstra separadas de seus gestos, fala e corpo. Nada disso acontece em um reino de outro mundo, em um santuário localizado além do corpo do homem furioso. Da mesma forma, quando filosofamos, fazemos isso não apenas com nossas mentes, mas também com nossos corpos.

―――

De volta à *crêperie*, mergulho novamente. Mesmo vinho, Rousseau diferente: seu trabalho final e inacabado, *Os Devaneios do Caminhante Solitário*. É um volume estranho, mas cativante, "um livro que é e não é sobre caminhar", como Rebeca Solnit aponta em sua história da caminhada. Então, novamente, caminhar, em si, é e não é caminhar.

Devaneios é meu favorito entre os escritos de Rousseau. Pulsa com a clareza moral e a sabedoria fermentada de um homem que, tendo sido expulso, apedrejado e ridicularizado, já não se importa. Não se trata de Rousseau, o do contra; Rousseau, o confessor; ou de Rousseau, o reformador. É o Rousseau em repouso.

O livro é organizado em uma série de dez caminhadas, ou devaneios. Em cada um, Rousseau embarca em um percurso, mas que é apenas o veículo, por assim dizer, para o verdadeiro assunto: a memória. Como recuperamos os momentos agradáveis da vida e eles têm um sabor tão doce ou mais na segunda garfada?

Na quinta caminhada, Rousseau lembra sua vida na pequena ilha de Saint-Pierre, seu refúgio dos detratores de Môtiers. Era o paraíso dele. "O momento mais feliz da minha vida", lembra.

Li essas palavras e quase cuspi meu Chardonnay. Rousseau, conhecedor das próprias patologias, não era exatamente propenso a surtos de felicidade. Quero ver essa ilha por mim mesmo.

Ando em direção à estação de trem. Não é uma caminhada rousseauriana. Apressado demais, digo para mim mesmo. Muito estúpido. *Foco, cacete*, digo em voz alta, surpreendendo os transeuntes suíços.

Na estação pequena, mas movimentada, de Neuchâtel, embarco em um expresso regional com destino à ilha feliz de Rousseau. Parte com pontualidade, claro. Os trens suíços fazem jus à reputação de pontualidade excepcional, mas sua eficiência fria parece estar em desacordo com a vida confusa e emotiva do maior filósofo do país.

É uma viagem curta, poucas paradas, mas decido dar uma olhadinha em *Devaneios*. "Tudo está em constante fluxo nesta Terra", escreve Rousseau, ecoando o ditado do filósofo grego Heráclito: "Tudo flui." O rio em que pisamos nunca é o mesmo, nem nós somos.

O trem desliza tão suavemente pelos trilhos que, não fosse a mudança de cenário, eu juraria que não estávamos nos movendo. E o movimento, Rousseau me diz, é vital. Deve ser de um certo tipo, porém. "Se o movimento é irregular ou violento, nos desperta de nossos sonhos."

A menção de Rousseau ao movimento violento me lembra minha jornada de Amtrak pelos EUA, na companhia do insone filósofo-imperador Marco. Em algum lugar da Dakota do Norte, entediado com o cenário monótono, eu precisava fazer alguma coisa, *qualquer coisa*.

Nos trilhos abrutalhados da Amtrak, as atividades de rotina são repletas de dificuldades. Barbear-se, por exemplo. (Minha única tentativa me deixou um caos sangrento.) Caminhar, também. Eu vacilava e claudicava como um bêbado em alto-mar. Isso fazia sentido em uma perspectiva evolutiva. Nós, humanos, viemos do mar, fato refletido na etimologia da palavra inglesa *walk* [andar e/ou caminhar, em português]. No século XI, significava "rolar, lançar", como as ondas do mar. Só no século XIII *walking* ["caminhar"] chegou à terra, enxugou-se e adquiriu seu significado contemporâneo. As palavras evoluem.

Eu não. Tentando caminhar, voltei ao século XI. Nos corredores, quase rolando por eles, eu era lançado para cá e para lá. Mergulhei em bagagens. Abalroei estranhos.

"Você precisa ir no mesmo embalo do trem", disse uma mulher mais velha, testemunhando minha incompetência.

Ela estava certa. Eu estava lutando contra o trem. Precisava dançar com ele. Deixá-lo conduzir. Demorei, mas peguei o jeito. O segredo, aprendi, é relaxar. O trem se inclinava para a esquerda e para a direita, e eu fazia o mesmo. Sem resistência. Por fim, cheguei a meu destino, o vagão-restaurante, tão feliz como se tivesse escalado uma montanha.

Há cerca de 6 milhões de anos, os primeiros hominídeos reorganizaram suas articulações, endireitaram o corpo e passaram a andar sob dois pés. A nova postura, ereta, proporcionou-lhes muitos benefícios inesperados. Liberou as mãos para a fabricação de ferramentas, para apontar, acariciar, gesticular, cumprimentar, ofender, tirar meleca do nariz e roer as unhas. Caminhar é mais do que caminhar, sempre foi.

Caminhar pode ser natural, mas não significa que é fácil. Joseph Amato, em sua história enciclopédica da caminhada, *On Foot*, descreve a fisiologia de um único passo. "Mais da metade do tempo é gasto no movimento dos pés. Quando alguém atinge o chão, com uma perna após a outra, todo o peso do corpo é jogado contra o solo, até ser transferido para o dedão do pé, quando se gira os quadris e se redireciona a planta dos pés e as pernas." Tudo isso acontece automaticamente, claro. Pense na biomecânica e você acabará dando de cara no chão, como quase fiz depois de ler essa passagem.

Andamos com dois pés, mas o fazemos em um esqueleto projetado para quatro. Essa desconexão entre a anatomia antiga e o uso moderno mantém os podólogos ativos. Pés chatos, inchados, bolhas, joanetes e dedo em malho são apenas alguns dos preços que pagamos por nossa existência bípede. Rousseau sofreu de calos dolorosos a maior parte de sua vida. Ele andava sobre os calcanhares, de modo desafiador.

Rousseau era um andarilho dedicado, mas não heroico. Andava devagar, devido aos calos, e não conseguia "pular uma vala". Ele não carregava mochilas pesadas nem outros acessórios. Não afastava ladrões nem cães selvagens. Não resgatava pessoas em perigo, donzelas ou análogos. Apenas andava, sem julgamento ou expectativa. Quando andamos assim, a experiência se aproxima do sagrado.

O trem chega a uma pequena estação a uma curta viagem de ônibus de Saint-Pierre. É uma ilha cheia de surpresas. Para começar, não é mais uma ilha. Desde a época de Rousseau, uma pequena ponte terrestre se formou, conectando-a ao continente. Tudo flui.

Entro na ilha que não é mais uma ilha e vejo por que Rousseau gostava tanto dela. É idílica de uma forma despretensiosa; exuberante, mas não ostensiva; verde, mas não *excessivamente*. De quase todos os pontos de observação, vê-se o Lago Bienne. Essa visão é a melhor da natureza, o que o poeta Philip Larkin chamou de "terra séria".

Imagino Rousseau fazendo caminhadas longas e sem rumo por aqui, acompanhadas por seu amado cachorro, Sultan, ou talvez coletando amostras de plantas. Encontro a travessia que corta Saint-Pierre e caminho. Um pé na frente do outro, digo para mim mesmo, como fiz a vida toda, só que melhor. Traduzo "melhor" para "mais rápido" e adoto um trote ridículo. Percebo isso e compenso ralentando a marcha. Por que não consigo um meio-termo? O que há de errado comigo?

Para minha surpresa, é o filósofo-imperador Marco que responde. *Reaja às adversidades, reais ou imaginárias, não com autocomiseração ou desespero, mas simplesmente começando de novo.* Vista dessa forma, a vida não parece mais uma narrativa que deu errado ou um final duvidoso. Nada disso é real. Não há finais. Só uma cadeia infinita de inícios.

Então, eu começo. Um pé na frente do outro. Boa. Agora de novo.

Sigo a trilha, parando ocasionalmente para olhar o lago ou as nuvens ralas. Acabo encontrando a pequena sala na qual Rousseau morava. É um espaço simples, com uma cama com dossel, uma área de estar espartana e, em um canto, um alçapão de madeira no qual ele se isolava quando fãs ou inimigos o localizavam.

Seu herbário também está aqui: plantas secas e prensadas, caules longos e delicados, congelados no tempo. Uma placa menciona a "personalidade contraditória" de Rousseau, um eufemismo, se é possível.

Há algo visivelmente ausente: livros. Tão apressada foi a fuga de Rousseau de Môtiers, que não teve tempo de levar sua considerável biblioteca. Em *Devaneios*, ele chama essa escassez de material de leitura de "uma das minhas maiores alegrias". Essa observação parece muito peculiar para um homem que passou a vida inteira lendo e escrevendo livros. Em outro momento, Rousseau descreve que caminhar até um ponto isolado à beira do lago e ouvir o fluxo e refluxo da água "batendo nos ouvidos e nos olhos [...] bastou para me tornar agradavelmente consciente de minha existência sem me preocupar com o pensamento".

Ok, primeiro ele parou de ler; então, de pensar. Ele estava desistindo — ou tinha um plano?

Rousseau, como Sócrates, era uma espécie de antifilósofo. Não tinha paciência para "lógicas inúteis e vazias" nem "sutilezas metafísicas irrelevantes". Ele era um pensador, mas sem exageros. Rousseau sabia que seu órgão favorito, o coração, possuía sua própria inteligência, uma que não acessamos com a testa franzida e a mandíbula apertada, mas com as pernas relaxadas e os braços oscilantes.

As pessoas se exibem e se vangloriam na frente dos outros, mas raramente sozinhas. São gestos sociais. Caminhar, a forma mais lenta de viajar, é o caminho mais rápido para nos conhecermos. Não podemos voltar para um paraíso perdido que provavelmente nunca existiu. Mas podemos andar. Podemos caminhar até o trabalho. Levar nossa filha à escola. Caminhar sozinhos sem rumo, em uma tarde de outono fresca e arejada.

Caminhamos para esquecer. O chefe irritadiço, a briga com o cônjuge, as contas a pagar, o alerta de seu Subaru indicando que a pressão dos pneus está baixa ou o carro, pegando fogo. Caminhamos para esquecer, mesmo que momentaneamente, um mundo que é "demais para nós", como define William Wordsworth, outro bom andarilho.

Também andamos para nos esquecermos de nós mesmos. Sei o que faço. Os 7kg excessivos resistentes a todas as dietas da Terra; os pelos nasais insistentes; o defeito de uma década, que, por razões particulares, decidiu se autorrealizar na coroa da minha careca, espalhando-se como uma mancha de tinta . Tudo esquecido quando caminho.

Lembro-me de assistir uma vez às Olimpíadas de Verão na TV e ter me interessado por caminhadas competitivas. Dedicados jovens atletas caminhando rumo ao ouro. Parece um disparate. Caminhar não é esporte. "Caminhada competitiva" faz tanto sentido quanto "meditação competitiva". Em nossa Era do Acessório, caminhar é uma das poucas atividades não adornadas ainda disponíveis, que, como destaca a autora Rebecca Solnit, permanece "essencialmente igual desde sempre".

Caminhar é democrático. Salvo uma deficiência, qualquer um pode andar. O andarilho rico não tem vantagem sobre o pobre. Rousseau, apesar de seu sucesso literário, sempre se considerava "o filho de um trabalhador", o que hoje chamamos de "peão de fábrica". Pessoas assim não andavam em carruagens sofisticadas. Elas caminhavam.

Elas andavam como faço agora: atentamente, um passo de cada vez, saboreando a robustez e a elasticidade da terra séria.

No final de outubro de 1776, Rousseau deambulava por uma estreita rua parisiense, a caminho de casa, após uma longa caminhada, quando, como relembra o biógrafo Leo Damrosch, "a carruagem de um nobre foi em sua direção, ladeada por um enorme e galopante dogue alemão. Não conseguiu se esquivar a tempo, o cachorro o derrubou, e ele caiu com força na rua de paralelepípedos, inconsciente e sangrando profusamente". Com toda probabilidade, sofreu uma concussão e danos neurológicos. Nunca se recuperou completamente. Menos de dois anos depois, Jean-Jacques Rousseau voltou de sua caminhada matinal, caiu e morreu.

Ao que tudo indica, morreu realizado. No final de sua vida, sua caminhada assumiu um caráter mais suave e otimista. Ainda há vestígios da autopiedade habitual ("Aqui estou, sozinho na terra") e da paranoia ("O teto acima da minha cabeça tem olhos; as paredes ao meu redor, ouvidos"), mas era a necessidade. Ele não andava mais para fugir, encontrar ou apresentar um argumento filosófico. Simplesmente andava.

O legado de Rousseau é vasto. Inclui cartões da Hallmark, produções sensacionalistas de Hollywood, emojis de coração e memórias reveladoras. Se você já disse: "Preciso dar uma chorada", agradeça a Rousseau. Se já disse: "Use sua imaginação", foi rousseauriano. Se, no calor de uma discussão, pronunciou as palavras: "Não me importo se não faz sentido, é como *me sinto*", Rousseau é seu ícone. Se já respondeu ao desgosto com uma caminhada longa e irritada, Rousseau. Se seu cônjuge já o arrastou em uma caminhada de 10km em um dia úmido e frio, porque "será bom para você", pode agradecer ou xingar Rousseau. Por causa dele, temos pensamentos e sentimentos diferentes, bem como pensamos neles de forma diferente.

Se Descartes é o filósofo da mente da era moderna, Rousseau é o do coração. Elevou as paixões e tornou os sentimentos aceitáveis, não a par da razão, mas próximo. Isso não foi fácil. Em sua época, a Era da Razão, a imaginação era suspeita. Dois séculos depois, o racionalista Albert Einstein declarou: "A imaginação é mais importante que o conhecimento."

É tentador considerar Rousseau um ludita que abraça árvores e que gostaria de nos ver caçando e nos reunindo e brigando pela boa rocha, ao redor do fogo. Não era isso que ele tinha em mente. Rousseau não defendia um retorno às cavernas, mas um realinhamento com a natureza. Uma caverna melhor. Previu questões ambientais décadas antes da Revolução Industrial e séculos antes das estradas expressas da Califórnia.

O naturalismo de Rousseau nunca foi prescritivo. Foi um experimento mental. E se, argumentou Rousseau, removêssemos as camadas artificiais criadas pela sociedade, como tantas outras coisas, e revelássemos um eu autêntico? Escondido sob os modos formais de um executivo de seguros nos espreita um agitador, e dentro de cada funcionário administrativo, um alpinista ansioso para se libertar.

Saio do antigo quarto de Rousseau na ilha que não é mais uma ilha e protejo meus olhos do sol. Tenho uma escolha: correr para pegar o táxi barco de volta à cidade ou caminhar. Decido andar.

Eu ando sozinho. Caminho com um propósito. Deixei minha mente vagar, mas não para muito longe. Estou ficando bom nisso. *Não, isso é orgulho. Silencie essa voz. Conecte-se com a terra. Isso é melhor.*

Encontro um ritmo. Sinto meu entorno — os pássaros cantando, o barulho do cascalho no chão. Ando, e ando um pouco mais. Minhas pernas doem. Meus pés ficam machucados. Ainda assim, eu ando. Dói, e é bom.

Já progredi bem. Quantos passos, me pergunto. Torço o punho e verifico meu Fitbit quando paro. Inspiro profundamente, com avidez, como um mergulhador chegando à superfície.

Em algum lugar ao longo do caminho, sinto uma sutil, mas definitiva mudança na minha... o quê? Consciência? Não, em meu coração. As expectativas que surgiram em minha mente — de "captar" Rousseau, de progredir em minhas investigações filosóficas — desaparecem. Eu caminho, mas não parece que sou eu quem caminha. Sou todo verbo, sem sujeito.

O teólogo judeu Abraham Heschel descreveu o sábado como o "santuário do tempo". Caminhar é o santuário do movimento. A paz que experimentamos com cada passo se resigna e difunde. Serenidade portátil.

A dor evapora. A cada passo me sinto menos sobrecarregado, mais animado, como se alguém tivesse inflado meus sapatos. Sinto a severidade da terra e sua leveza, também. Um passo. Outro passo.

Enquanto o sol se põe, percebo uma presença peculiar, como se meus pés tocassem uma criatura grande e benevolente. Não dá para definir essa presença, mas eu sei, com uma certeza inédita, que é antiga, reverberando há muito tempo, antes das palavras.

4.

Como Ver: Thoreau

11h12. A bordo do Acela, da Amtrak, trem nº 2158, deixando Washington, D.C., a caminho de Boston.

Estou sentado no Vagão Tranquilo, opção da Amtrak para nós, Pessoas Tranquilas. Nós nos olhamos com aprovação; claro, silenciosamente. Somos aliados em uma guerra não declarada, entrincheirados em nossa Dunkirk privada, recebendo fogo inimigo, com chances não muito boas, mas ainda assim nos mantendo firmes. O Vagão Tranquilo é a civilização no ápice, um baluarte contra a estridência bárbara ao redor.

É uma tentativa fútil, a julgar pela branda reprimenda do condutor a alguns passageiros rebeldes que violam a "paz de biblioteca" da Amtrak. Em nossos corações, nós, Pessoas Tranquilas, sabemos que a batalha já está perdida. Além disso, qualquer tranquilidade que prevalece é um fenômeno exterior. Em nossas cabeças, o nível de decibéis está muito acima do normal. Este é o problema com vidas de desespero tranquilo. Só estão tranquilas por fora.

Nada disso importa. Não agora, quando tenho uma minibiblioteca, meus tranquilizantes blocos de notas e canetas, ambos analógicos. De repente, o trem dá um tranco, e minha caneta, uma beleza japonesa de aço inoxidável, união de estética sublime e perfeição ergonômica, se vai.

Procuro sob os assentos, ao redor, neles. Fico de quatro e cutuco o mecanismo surpreendentemente complexo do assento. A última contorção atrai uns olhares de canto de olho, mas nenhuma reprimenda, porque fui cuidadoso para conduzir essas manobras dentro dos níveis prescritos de decibéis.

O EXPRESSO SÓCRATES

> Não encontro minha caneta. Estranhamente, não me importo. O movimento ritmado do trem — não exatamente balançando, mais como uma gangorra enferrujada — acalma minha mente enquanto o cenário flutua: nuvens brancas gordinhas salpicadas pelo céu do fim da primavera, o largo Rio Susquehanna, as elegantes Connecticut e Rhode Island, cidades à beira-mar. Vejo tudo isso. Ou, pelo menos, penso que sim. Leia filosofia por um tempo suficiente e logo você não estará certo de nada.

Alguns nascem Thoreau, outros chegam a Thoreau. A maioria é obrigada a engoli-lo.

A mim, forçaram Henry David Thoreau goela abaixo no nono ano. Eu não o entendia — nem conseguiria, se quisesse. Como disse, não sou um camponês. Minha vida não é um modelo de simplicidade. E, embora tenha tendência à reclusão, prefiro ficar recluso em um quarto de hotel, não em uma pequena cabana sem encanamento ou sem um Wi-Fi decente. Logo exilei *Walden* na Sibéria do cérebro, onde se juntou a *Moby Dick*, *Os Irmãos Karamazov* e cálculo integral.

Algumas semanas antes de minha jornada a Concord, esbarrei com um artigo sobre Thoreau no *New Yorker*. O título era Pond Scum ["Escória do Lago", em tradução livre] e, como se imagina, pouco fez para reabilitar o Eremita de Concord na minha mente. A autora, Kathryn Schulz, começa pintando a imagem de um excêntrico misantropo de coração frio. Daí em diante, continua batendo duro. Mas, conforme o comboio chega à estação, como nos dias de Thoreau, decido manter a mente aberta. Se aprendi algo nas minhas investigações filosóficas, é que primeiras impressões estão geralmente incorretas. Dúvida é essencial. E é o veículo que nos transporta de uma certeza à outra. Lentamente, fazendo todas as paradas locais.

Chego a Concord com um plano. Intitular este capítulo "Como Viver Sozinho: Thoreau", "Como Viver de Forma Simples: Thoreau" ou, dadas as hipocrisias reveladas em "Pond Scum", "Como Fingir Viver de Forma Simples e Solitária Enquanto Foge para a Casa da Mãe para pegar Cookies Caseiros: Thoreau". Seu experimento de isolamento não foi tão isolado assim.

Entro na biblioteca pública de Concord e vejo que não é uma biblioteca típica de cidadezinhas. Como seria? Concord não é uma cidadezinha típica. "O maior lugarzinho da América", como o romancista Henry James a chamou, teve um papel fundamental na Guerra de Independência dos EUA — o tiro que ecoou no mundo foi ouvido primeiro aqui — e, depois disso, o movimento Transcendentalista que deu origem, entre outros, a Henry David Thoreau. Thoreau nasceu em Concord e, exceto pela temporada em Harvard e uma breve (e infeliz) em Nova York, passou toda a vida aqui. Thoreau amava Concord. Amigos tentaram convencê-lo a ver Paris, mas ele recusou. Mesmo quando foi ao Maine e ao Canadá, levou Concord com ele. "Carrego o chão de Concord em minhas botas e em meu chapéu — não sou feito do barro de Concord?"

A biblioteca de Concord, como todas as boas bibliotecas, proporciona recantos de leitura. Entro em um chamado "gruta transcendentalista". Os gigantes do movimento, congelados em mármore, olham para mim. Ali estão Emerson, Alcott e, claro, Thoreau. O busto é do Thoreau já mais velho, com barba e uma aparência de coruja. É um rosto bondoso. Ou seria uma máscara, escondendo um sombrio lago interior de escória?

Os livros favoritos de Thoreau, à vista, nos oferecem algumas pistas. Como Marco, era um carniceiro da sabedoria. "Não me importo nem um pouco com a forma como desenvolvo minhas ideias, tampouco com o que as inspira", escreveu. Thoreau leu os antigos gregos e romanos, mas também experimentou coisas mais exóticas: *Os Analectos*, de Confúcio, o *Bhagavad Gita*. Explorador extraordinário, foi um dos primeiros filósofos ocidentais a minerar fontes indianas e chinesas. Boa filosofia, como uma boa lâmpada, ilumina a sala. Onde a lâmpada foi manufaturada, quanto custou, seu número de watts, quantos anos tem, a ciência por trás — nada importa, conquanto ilumine a sala. Ilumine *sua* sala.

Thoreau se voltou ao oriente pelo motivo mais comum: crise pessoal. O ano era 1837. Acabara de ser demitido da escola em que dava aula, em Concord, por ter se recusado a castigar fisicamente seus alunos, conforme o costume. Estava quebrado e sem rumo. Então, esbarrou em um livro de mil páginas, com um título pertinente: *A Historical and Descriptive Account of British India*. Thoreau trabalhou arduamente em sua leitura e encontrou algo importante. Essas ideias, a um só tempo estranhas e familiares, lentamente adentraram sua mente. "Em certa extensão e em raros momentos, até eu sou um yogi", escreveu a um amigo.

Thoreau, acredito, era menos yogi e mais *sannyasi*. Na tradição hindu, *sannyasi* é alguém que, tendo dispensado todas as obrigações familiares, renuncia a todos os bens materiais e se recolhe na floresta para levar uma vida puramente espiritual.

Viro em um canto e quase esbarro em Leslie Wilson, curadora de coleções especiais. É alta e está bem arrumada, com olhos alertas que parecem buscar algo. Gosto dela. De como viveu com Thoreau por décadas, e não se cansou dele. Gosto de como sua admiração não virou bajulação.

Leslie diz lidar a todo momento com as perguntas dos muitos "peregrinos, tietes e excêntricos" que enxameiam o Lago Walden todos os dias, e comenta que a capacidade deles de perceber a ironia de aglomerar um templo da solidão aparentemente se perdeu. Não há nada de especial no Walden, me diz. "É um pântano entupido de mosquitos". Ela alonga o "pântano", deixando as palavras vagarem em sua língua, saboreando a deliciosa blasfêmia. "Aqui não há nada de mágico."

Acreditar em outra coisa é se perder do cerne de Thoreau. Lugares são especiais na medida em que o tornamos. Não venha a Walden, Thoreau diria às suas tietes do século XXI. Encontre seu próprio Walden. Melhor ainda: *façam* seu próprio Walden.

Leslie desaparece em direção a uma prateleira próxima, de onde retira um pedaço de papel plastificado. É o manuscrito autógrafo do ensaio "Caminhando", de Thoreau. A escrita é expansiva, com certo ar selvagem. Thoreau adorava essa palavra. "No selvagem, há preservação do mundo", disse. É geralmente citado equivocadamente, no sentido de sertão, lugar ermo, inóspito [*wildness* vs. *wilderness*], mas não foi o que ele quis dizer. O sertão está por aí, lá fora. O selvagem mora na gente. É forte e determinado.

Examino o manuscrito mais detidamente e noto as revisões.

Thoreau, por exemplo, mudou "no começo da tarde" para "no começo de uma tarde de *verão*". Uma pequena mudança, mas, para Thoreau, o pequeno importava, não porque fosse fastidioso, apesar de ser, mas porque nos detalhes ele encontrava, se não a Deus, certamente uma fonte de beleza.

Levanto o assunto do "Pond Scum" com Leslie, utilizando minhas habilidades diplomáticas reservadas para mencionar auditores fiscais e verrugas genitais. Sim, ela leu. Todo mundo em Concord leu. O artigo foi injusto, mas não impreciso, diz. Thoreau "não era um cara fácil de se aproximar", me diz, no clássico eufemismo da Nova Inglaterra.

Henry David Thoreau, o herói de *Walden*, ícone amado da história norte-americana, apóstolo do ambientalismo, gigante das letras, era um babaca. Todo mundo que o conhecia dizia isso. Thoreau tinha "uma cabeça dura, uma dureza inflexível na mente", disse Nathaniel Hawthorne. Outros foram menos bondosos. "Thoreau foi o mais infantil, inconsciente e desavergonhado egoísta que já encontrei entre os homens", disse Henry James pai, o pai de Henry James, o romancista, e de William James, o filósofo.

As mais duras críticas se centram na suposta hipocrisia de Thoreau. Lá estava ele fingindo viver sozinho na selva, autossuficiente, enquanto fugia para casa da mãe para comer torta e ter suas roupas lavadas.

É verdade. Thoreau não era tão isolado em Walden quanto todos acreditavam. Fazia caminhadas regulares de meia hora pela cidade, não só pela comida caseira da mãe, mas para ir aos Correios ou à cafeteria. Então *Walden* foi um blefe? Todos os alunos do nono ano de toda a nação norte-americana foram enganados? Acho que não. Thoreau nunca disse ter cortado todos os laços com a sociedade. Não esconde suas incursões à cidade ou os visitantes que recebia em sua cabana. (*Walden* tem um capítulo chamado "Visitantes".) Como um estudante de Thoreau me diz, *Walden* não é um livro sobre um homem vivendo na floresta. É um livro sobre um homem vivendo.

Já sobre a significativa excentricidade de Thoreau, ele é culpado. Mas isso não diminui o valor de sua sabedoria. Se excentricidade desqualificasse um pensador, toda a filosofia caberia em um panfleto.

Conto a Leslie sobre minha visão prática da filosofia e pergunto de quais questões do tipo "Como...?" ela acha que Thoreau trata. Espero o já batido "Como Viver Sozinho?" ou "Como Viver de Forma Simples".

"Como ver", diz ela, sem hesitação.

"Como ver?"

Sim, diz ela. Todo o resto — a vida simples, a solidão, o naturalismo — estava a serviço de algo maior: a visão. Thoreau nos ensina como ver.

Eu não esperava por essa. Vou investigar, asseguro-lhe. "Que bom", ela me diz. "Você leu Thoreau?"

Ah, sim, digo. Não apenas *Walden*, claro, mas ensaios e até seu obscuro primeiro livro, *Uma Semana nos Rios Concord e Merrimack*.

"Nada mau", diz, como se exaltasse um bebê que aprendeu a ler George, o Curioso. "Mas, para entender Thoreau, precisa ler os diários."

Prometi a ela que leria. Só depois descobri no que havia me metido.

Todos que vieram a conhecer Thoreau comentaram sobre sua aparência. Alguns destacavam seu nariz, proeminente e romano, "uma espécie de interrogação para o Universo"; outros, sua boca "rude e meio rústica"; ou suas mãos "fortes e habilidosas". Outros, seus sentidos sinistramente agudos, como o ouvido aguçado ("ele ouvia o mais baixo e distante dos sons") e o olfato ("nenhum cão de caça farejaria melhor").

Mas os olhos de Thoreau impactavam mais. Não havia duas pessoas que enxergassem os mesmos olhos. "Olhos azuis sérios e fortes", disse um dos moradores de Concord. "Olhos penetrantes, como os de uma coruja", lembra outro. "Olhos enormes [...] que me assustaram terrivelmente a princípio", conta um terceiro.

A visão de Thoreau era lendária. Em um relance, estimava a altura de uma árvore ou o peso de uma cabra. Conseguia pegar exatamente uma dúzia de lápis de um bolo deles. Tinha o dom para pegar pontas de flechas indígenas enterradas. "Ali está uma", dizia, levantando-a com os pés.

Quando se fala de sentidos, é comum que se veja uma cisão entre os filósofos. Uma escola, conhecida como Racionalistas, não confia nos sentidos. Apenas nosso intelecto e seu conhecimento inato pode nos levar para fora da caverna e para a luz. O racionalista Descartes disse em uma passagem famosa: *Cogito, ergo sum*. "Penso, logo existo." Outra escola, os Empiristas, acreditam que nossos sentidos merecem crédito e que só por meio deles compreendemos o mundo.

Thoreau se recusou a ficar preso em tais nós epistemológicos. Confiáveis ou não, nossos sentidos são tudo o que temos, disse, então por que não usá-los da melhor maneira que pudermos? Um *"outsider in"* da filosofia, ou seja, adotava um ponto de vista de "fora para dentro".

Thoreau é considerado um Transcendentalista, um membro de um movimento filosófico que se resume em três palavras: fé no invisível. Thoreau, porém, possuía uma fé ainda maior nas coisas visíveis. Estava menos interessado na natureza da realidade do que na realidade da natureza. Havia um mundo para além do que os olhos viam? Provavelmente, mas o que os olhos veem já é miraculoso o suficiente, então comecemos aí. Thoreau valorizava mais a visão que o conhecimento. Conhecimento é sempre provisório, imperfeito. A certeza de hoje é o absurdo de amanhã. "Quem pode dizer o que *é*? Só pode dizer *como vê*."

―――――

Como exatamente nós vemos? Muitos cedemos ao modelo fotográfico de ver. Acreditamos que nossos olhos capturam imagens do mundo como uma câmera e as retransmite ao cérebro. Nossos olhos "fotografam", digamos, a caneca de café à nossa frente.

É um modelo bacana. E também um modelo errado. Ver se relaciona menos com a fotografia e mais com a linguagem. Não vemos passivamente o mundo, mas conversamos com ele. *O que é isso? Parece uma caneca de café, você diz? Deixe-me ver meu banco de dados para lhe dar uma resposta. Sim, é uma caneca.* Não vemos a caneca em nossa frente. Dizemos a nós mesmos que ela está lá. A caneca de café envia ondas eletromagnéticas, e nada mais, para nossos olhos e cérebro. Desses dados puros, criamos informação e, depois, sentido — neste caso, que o objeto à nossa frente se chama "caneca de café".

Às vezes, criamos sentido rápido demais. Talvez o que pareça uma caneca de café seja outra coisa. Ávidos para definir objetos e pessoas, nos arriscamos a ficar cegos quanto a seu caráter único. Thoreau se defendia contra essa tendência. "Não me apresse a detectar uma *lei universal*", dizia. "Deixe-me ver mais claramente os casos particulares." Protele definir o que vê, e verá mais.

Thoreau deixava o processo mais lento. Alongava a distancia entre hipótese e conclusão, entre ver e visto. Repetidas vezes, se lembrava desse demorar. "Precisamos olhar por bastante tempo antes de podermos ver", disse.

Ver é subjetivo. A visão distanciada "de lugar nenhum" não era uma visão que interessava a Thoreau. Para algo ser realmente visto, precisa ser visto em algum lugar e por alguém. "Sua observação, para ser interessante, isto é, significativa, precisa ser *subjetiva*", escreveu.

É impossível *não* definir a beleza em termos pessoais. Um pôr do sol vermelho-sangue. Um céu preto apinhado de estrelas. Vereditos pessoais, todos eles. Como o filósofo Roger Scruton disse: "O mundo que abre espaço para essas coisas abre espaço para você."

Para Thoreau, ver e sentir estão conectados. Não se pode ver algo que não se sente. Como ele se sentia determinava não apenas como, mas o que via. Ver não era apenas emotivo, mas interativo. Quando ele via, digamos, uma rosa, se correspondia com ela e, em certo sentido, colaborava com ela. Sei que soa estranho, um pouco insano. Muitos artistas, no entanto, descrevem um fenômeno similar. Quando olham um objeto, sentem que ele está olhando-os. Eles não podem estar, todos, doidos.

Leia os diários. As palavras de Leslie Wilson grudam como uma música chiclete. Thoreau manteve um diário a maior parte de sua vida adulta, cerca de 2 milhões de palavras distribuídas em quatorze volumes.

Quando junto minha coragem e inicio o primeiro deles, estou cheio de angústia e retorno às aulas de inglês de nono ano. Conforme leio, a angústia cede, é substituída por alívio e, por fim, se torna prazer. Em seus diários, Thoreau tem uma vivacidade que não está presente em *Walden*. Esse Thoreau é o mais honesto e vulnerável que pode ser. "Não conheci e posso nem conhecer um homem pior que eu", escreveu em dado momento.

Tendemos a pensar em Thoreau como — dá para dizer diplomaticamente? — um covarde. Ler seus diários mudou isso para mim. As páginas revelam um Thoreau viril. Filósofo e herói de filmes de ação. Ele anda, patina, nada, prova maçãs fermentadas, corta lenha, limpa lagos, inspeciona lotes, rema rio acima, constrói casas, toca flauta, faz malabares, atira (era especialista em tiro) e, pelo menos uma vez, encara uma marmota. Ele fez todas essas atividades para ver melhor. "É necessário pôr a mão na massa para criar um olho que vê", disse.

Thoreau não tinha medo de sujar as mãos ou qualquer parte do corpo. Em uma das anotações, descreve como imergiu até o queixo em um pântano, sentindo a lama fria na pele, abraçando a escória.

Conforme eu mergulho mais profundamente nos diários, escuto ecos de Marco e suas *Meditações*. Como Marco, Thoreau conversa consigo. Nós, os leitores, só bisbilhotamos. Escuto Sócrates também. Eles não são duplos óbvios, esses dois. Séculos os separam. Thoreau escreveu mais de 2 milhões de palavras, Sócrates, nenhuma. E, ainda assim, são irmãos de filosofia.

Como Sócrates, Thoreau viveu uma vida examinada, conduzida com uma "autoanálise sem medo". Como Sócrates, basculou entre uma velocidade formidável e total imobilidade. Andava 7km em um dia, mas podia, como um vizinho se lembra: "Se sentar sem se mover por horas, e deixar os ratos passarem por cima dele e comerem o queijo de sua mão."

Tanto Sócrates quanto Thoreau fizeram várias perguntas impertinentes, que irritavam as pessoas. Ambos eram um pé no saco das respectivas eras. Irritantes úteis. Ambos pagaram o preço. Atenas sentenciou Sócrates à morte. Concord criticou duramente os escritos de Thoreau.

Como Sócrates, Thoreau acreditava que toda a filosofia começava pela admiração. Expressa essa ideia várias vezes, de várias formas, mas minha favorita é este trecho simples de *Walden*: "A realidade é fabulosa." Amo o jeito como Thoreau parece menos um filósofo e mais um adolescente boquiaberto. Talvez eles não sejam tão diferentes.

———

Hoje, a poeira de Concord na qual Thoreau escrevia tão apaixonadamente foi aspirada das ruas. A Concord do século XX é uma cidade bonitinha da Nova Inglaterra, com lojas de vinhos selecionados, boas cafeterias e, em dias de primavera, ciclistas coloridos pedalando suas bicicletas caras. O tipo de cidade na qual Thoreau, com sua roupa surrada e juba rebelde, atrairia olhares curiosos, embora discretos. Uma coisa, ao menos, tenho que reconhecer em Concord: ela honra sua história. Tudo é discreto, a marca da Nova Inglaterra. Até a rede de farmácias Rite Aid e o Starbucks têm uma arquitetura de bom gosto, adequada à época.

O filho mais famoso da cidade tem o que lhe é de direito, claro. Há uma Rua Thoreau, uma Escola Thoreau e até academia, o Thoreau Club. Não há um Parque de Águas Thoreau ou um Museu de Cera Thoreau.

Dia 20 de junho é o solstício de verão. Um bom dia, penso, para contemplar a arte de ver. Se somos de fato filhos da luz, então nesse dia é nosso aniversário.

Acordo cedo... para quê? Ser Thoreau? Não. Isso não é possível nem recomendável. Mas acho que, observando como era seu cotidiano, posso, por um momento, ver por intermédio dos olhos dele.

Thoreau, diferentemente de Marco, era uma pessoa diurna. Gostava desses primeiros momentos de consciência, esse "espaço entre sonho e pensamento", e de citar essa passagem de um texto indiano antigo, os *Vedas*: "Todas as inteligências acordam com a manhã."

Após tomar banho no lago, ao alvorecer, Thoreau mergulhava em seu "trabalho matinal", ler e escrever. Podia aprimorar uma anotação em seu diário, ou um capítulo. A sensação física da mão se movendo na página era, para Thoreau, o yogi acidental, um tipo de meditação.

COMO VER

Bloco de notas e caneta em mãos, dedico meu trabalho matinal a algumas questões enervantes sobre Thoreau. O que ele viu no ver? Como conseguiu ver tanto? Olho para essas questões por muito tempo. Elas me olham de volta, mudas. Estamos em um impasse. Então faço o que Thoreau fez quando sua musa fugiu. Guardo as notas e calço os tênis.

Todo dia, normalmente pela tarde, Thoreau caminhava pelos campos de Concord. Como Rousseau, não conseguia pensar claramente a menos que suas pernas estivessem se movendo. Enquanto Rousseau embarcava em devaneios, Thoreau deambulava. (Ele amava essa palavra.) Ele deambulava para mover o vilarejo e retornar a seus sentidos.

Thoreau não precisava de um destino quando deambulava, mas eu, sim. Em um flagrante ato de desobediência civil, decido ignorar o aviso de Leslie Wilson sobre visitar aquele pântano tumultuado, também conhecido como Lago Walden. Desdobro o pequeno mapa da trilha que leva de Concord ao lago. São pouco mais de 3km. A cabana de Thoreau na floresta era mais uma cabana nos arredores de uma pequena e vibrante cidade. Dou uma folga a ele. Um livro chamado *Walden, ou a Vida nos Bosques* não tem apelo comercial.

Enchendo minha mochila, um lustroso modelo que Thoreau jamais possuiria, decido fazer algo completamente estranho. Guardo meu smartphone na gaveta da mesa e saio sem ele.

Bastam poucos minutos e os sintomas da abstinência se manifestam — pele úmida, coração acelerado. Não é que me sinto nu sem o telefone. Nu é tranquilo. Sinto como se tivesse partido em minha caminhada sem meu fígado ou outro órgão vital. Ainda assim, aguento firme.

Entendo por que Thoreau gostava de deambular aqui. O ar é suave e agradável, em repouso. O chão parece de pelúcia. Lembro o que o amigo de Thoreau, John Weiss, disse dele: "Ele andava como se muita especulação ocorresse entre ele e a terra." Não tanta especulação quanto entre mim e a terra — conversa fiada, na verdade —, mas encontro meu caminho. Estou determinado a canalizar a perspicácia visual de Thoreau.

O que vejo primeiro é um borrão se aproximando rápido. O borrão usa uma bandana jeans e fones brancos. Braços balançando, pernas com os músculos vibrando, é a figura da eficiência. Ela não está deambulando.

Chego a um corpo d'água chamado Lago Fairyland e me sento em um banco próximo. Olho, mas não vejo. "Não vá ao objeto; deixe ele vir a você", diz Thoreau, naquele seu jeito sub-reptício. "Escória do lago", resmungo. Não está funcionando. Não vejo nada, mas ouço tudo: o barulho de um avião lá em cima, o som sibilante de um carro em uma rua próxima. Sons do século XXI. Devo meu senso agudo de escuta aos meus anos de correspondente da RPN, a rádio pública nacional. Ali aprendi a ouvir o que os outros podem não ouvir. Tudo tem um som. Mesmo uma sala que parece silenciosa, se ouvirmos com atenção suficiente. "O tom da sala", os engenheiros de áudio chamam. Eu me pergunto: Agudez sensorial é transferível? Posso converter meu ouvido perspicaz em um olho perspicaz? As vibrações fantasmas, emanando de onde meu telefone deveria estar, se dissiparam. Torno-me consciente da calmaria. Experimento um momento do que creio ser comumente chamado de "paz".

E aí os mosquitos atacam. Alguns vêm diretamente a mim. Outros, mais agressivos, me bombardeiam com seus corpos. São chatos. Escapo e sigo minha caminhada. Contemplo a insensibilidade de Thoreau às distrações quando tropeço em uma placa de madeira e quase caio. Foi por pouco. Paro e me ajeito. Esforço-me para ver, de forma clara e honesta, o que a natureza oferece. Para minha surpresa, funciona. Noto um pintarroxo pulando em um fio de telefone. Bom, acho que é um pintarroxo. Pode ser um papafigo, um pipilo ou sabe Deus que espécie. Importa?

Thoreau não necessariamente pensava que sim e sabia muito sobre pássaros. Conhecimento sobre o suposto pintarroxo pode ampliar o prazer de vê-lo, mas também diminuir. Um ornitologista pode saber o raciocínio biológico por trás das plumas coloridas do pavão, mas pode também não apreciar sua beleza. "Começo a ver objetos apenas quando desisto de entendê-los", diz Thoreau. Olhos cansados pouco veem.

Thoreau cultivou uma "inocência do olho". Nunca perdeu o senso de admiração infantil. Não conseguia passar por uma frutinha silvestre sem pegá-la. "Ele é um garoto e será um velho garoto", disse Ralph Waldo Emerson sobre o amigo. Como Sócrates, Thoreau valorizava a ignorância consciente de si mesma e sugeria, meio como piada, a formação, por ele, da Sociedade para a Difusão da Ignorância Útil.

Os seres humanos já vêm criando beleza há mais tempo do que a explicando. Homero não sabia nada de teoria literária. Os artistas desconhecidos que adornaram as cavernas de Lascaux 17 mil anos atrás não passariam em uma prova de história da arte. Melhor ver a beleza do que entendê-la. Os mosquitos se dispersaram, felizmente, e os ávidos corredores se foram. O pássaro, no entanto, ainda está pulando no fio, e não mostra nenhum sinal de se cansar. *Que bom para ele*, penso, mas o Lago Walden espera. Decido ir adiante.

Após alguns passos, dou uma parada. Por que a pressa? É minha hipótese do mecanismo visual em curso. Meu cérebro postula que uma criatura — possivelmente um pintarroxo — está pulando em um fio de telefone. Em uma fração de segundo, meu cérebro aceita essa suposição e escreve um parecer: *Pássaro, provavelmente um pintarroxo, fazendo algo fofo e típico. Sim, a natureza. Sou mais um John Muir. Podemos ir agora?*

Eu me forço a me demorar, como Thoreau fazia. "Você precisa andar, às vezes, completamente livre — sem tentar espreitar ou ser inquisitivo —, sem determinar ver as coisas." Thoreau facilmente passaria uma hora vendo uma tartaruga pintada colocar seus ovos na área umidificada ou a chama de uma vela tremulando ao vento. Uma vez, passou um dia inteiro vendo uma mãe pato ensinando seus filhos a respeito do rio, mais tarde divertindo as crianças com suas histórias sobre patos. Mas, o que as crianças acham incrível, os adultos geralmente acham peculiar. Um fazendeiro chamado Murray se lembra de ter visto Thoreau parado, olhando para um lago.

> Parei e olhei para ele, e falei "Da-a-vid Henry, o que você tá fazendo?" Ele não virou sua cabeça nem olhou pra mim. Continuou olhando pro rio e disse, como se estivesse pensando nas estrelas do paraíso: "Senhor Murray, estou estudando os hábitos da rã-touro!" E lá aquele estúpido idiota continuou de pé — um dia inteiro — *estudando* os hábitos da *rã-touro*!"

Não é fácil ver lentamente, como Thoreau. A visão é o sentido mais rápido, muito mais do que, digamos, o paladar. Não existe um equivalente visual de "degustação". (Podemos dizer que nossos olhos "se demoraram" em um objeto, mas falta o aspecto sensorial de "degustar".)

Sou um observador preguiçoso. Espero o objeto do meu olhar fazer todo o trabalho. *Impressione-me, cenário. Seja bonito, cacete!* Quando o objeto — os Alpes ou um Monet — inevitavelmente não corresponde às minhas expectativas irreais, eu o culpo, não a mim. Thoreau pensava o contrário. A pessoa que está sintonizada à beleza a encontrará em um lixão enquanto "aquele que encontra defeitos os encontrará no paraíso".

———

Chego a uma clareira na floresta: o lugar da cabana de Thoreau em Walden. Uma cerca de ferro forjado circunda o local, marcado por uma pilha de pedras. (A cabana já se foi faz tempo.) Os dizeres me informam: "Abaixo destas pedras está a fundação da cabana de Thoreau: 1845–1847."

O lugar do maior experimento de solidão voluntária está, naturalmente, entupido: uma mulher apertando um copo do Starbucks bem largo e gritando no celular, um grupo de turistas chineses manejando como artilharia as lentes longas de suas câmeras antes de fazer fotos das pedras. Estão interferindo na minha solidão, no meu momento *à la* Thoreau. Quero que saiam, mas eles não saem.

Isso é injusto, eu sei. Eles têm tanto direito de estarem aqui quanto eu. É como o trânsito. Quando estamos presos nele, reclamamos sobre "esse trânsito" ignorando o fato de que somos ele, parte do problema.

Um casal de meia-idade olha os marcadores de pedra. Noto que o homem, em particular, está em transe. Resmunga algo sobre o quanto admira Thoreau.

"O que você vai fazer", pergunta a esposa, provocando. "Vai viver na floresta?"

O homem, repreendido, cala-se. Não, ele não vai viver na floresta. Vai dirigir sua minivan até em casa, retirar as malas e retornar à sua vida de desespero silencioso.

Este é o problema com Thoreau. O que fez não foi prático. Não podemos jogar tudo para o alto e viver na floresta, nem mesmo se a casa da mamãe estiver próxima para que ela cozinhe para a gente. Temos contas a pagar, recitais a frequentar e chamadas para conferência a participar. Novamente, Thoreau nunca nos sugeriu que fizéssemos como ele. *Walden* foi um chamado à razão, não uma prescrição.

Deambulo um pouco mais adiante e noto outra inscrição. Essas palavras, de Walden, talvez sejam as mais famosas de Thoreau: "Fui para a floresta porque quis viver deliberadamente, para encarar frente a frente alguns fatos essenciais da vida, e ver se não podia aprender o que tinha a ensinar para que, quando eu morresse, não descobrisse que não vivi."

Gosto, mas faria uma pequena edição. Mudaria "viver" deliberadamente por "ver" deliberadamente. Não acho que Thoreau objetaria. Ver era o objetivo do experimento. Todo o resto — a solidão, a simplicidade — eram meios para esse fim.

Thoreau via demais. Isso o exauria. "Tenho o hábito de atenção tão excessiva que meus sentidos não descansam, mas sofrem de uma tensão constante", escreve em seu diário.

Pensamos em nossos sentidos como antenas, escaneando o ambiente e retirando informações. Mas eles são como filtros, peneirando toda a mistura de ruído atrás de alguns sinais relevantes, daí por que o fluxo de dados sensórios nos sobrecarrega. Somos construídos para, como Thoreau define: "Receber nossa porção do infinito", nenhuma gota a mais.

Ver é deliberado. É uma escolha, mesmo que não percebamos. Ver propriamente, diz Thoreau, requer "uma intenção separada do olho". É questão de ângulo. Ninguém mexia com eles melhor do que Thoreau. Mude sua perspectiva, e não apenas como, mas *o que* vê. "Do ponto de vista certo, toda tempestade e toda gota d'água nela é um arco-íris."

Thoreau observa o Lago Walden de todo ponto de vista concebível: de cima da colina, das margens, de um marco na superfície, e debaixo d'água. Ele via a mesma cena na luz do dia e no luar, no verão e no inverno.

Thoreau raramente encarava algo diretamente. Olhava com o canto do olho. Tem uma base fisiológica pra isso. Na luz fraca, detectamos melhor os objetos se os olhamos de lado. Thoreau pode ou não ter sabido disso por meio dos estudos. Mas sabia por empiria.

Determinado a sair da rotina visual, alterava a perspectiva. Às vezes, apenas uma pequenina mudança "da espessura de um cabelo, de nossa rotina ou caminho habituais" revelava novos mundos. Em um dezembro frio em 1855, viu um pintarroxo-de-bico-grosso "ao sul, de forma incomum para o inverno", porque tomou um caminho diferente.

Às vezes, dava passos mais drásticos. Ele se dobrava e olhava através de suas pernas, se admirando com o mundo invertido. (Thoreau adorava inverter; até invertia seu nome, mudando-o de David Henry para Henry David.) Vire o mundo de ponta-cabeça e o veja de forma renovada.

Acho um canto relativamente isolado ao largo do lago e, me certificando de que ninguém está olhando, tento me dobrar. Desço e espio através de minhas pernas. Céus e terra se trocam. O sangue corre à cabeça. Fico tonto. Levanto, e céus e terra retornam a seus lugares. Talvez não esteja fazendo isso da maneira correta.

Não, não negligenciei seu ponto. A visão estelar de Thoreau não era só uma técnica, truques óticos divertidos. Era uma função de caráter. Ele considerava a percepção da beleza "um teste moral". A beleza não está nos olhos do observador, mas no coração. Não podemos melhorar nossa visão sem nos melhorarmos. A dinâmica funciona para os dois lados. Não só quem somos determina o que vemos, mas o que vemos determina quem somos. Como os Vedas dizem: "Você se torna o que vê."

Leslie Wilson estava certa. Claro, é um lago legal, arborizado, com água que brilha à luz do solstício. Mas é só um lago. Nem mesmo o mais calmo. Conforme o margeio, ouço um barulho de trem passando, como Thoreau ouvia em sua época. Sua vida coincidia com o crescimento rápido das ferrovias. De sua cabana, ouvia o apito da locomotiva "soando como o grito de um gavião passeando sobre a produção de um fazendeiro".

Thoreau estava em conflito com a tecnologia. De um lado, o poder da locomotiva o maravilhava. Ainda assim, temia que a ferrovia quebrasse ritmos familiares. Fazendeiros que marcavam o tempo pelo sol passaram a se guiar pelo trem das 14h de Boston. A floresta de Walden perdeu árvores, que se tornariam combustível para os motores à lenha. "Não andamos na ferrovia", conclui Thoreau, "ela anda sobre nós".

Chego ao Centro de Visitantes do Lago Walden e encontro uma réplica reduzida da cabana de Thoreau. É mais legal do que imaginei. Uma armação própria, com fogão a lenha, mesa, um alçapão que leva ao celeiro de cima, cadeiras (para os visitantes) e uma cama pequena, porém confortável, e uma janela larga com vista para o sul. Não é Versailles, mas também não é um desmanche.

Um guarda-florestal do parque, chamado Nick, lidera um grupo em um passeio. Claramente, não é o primeiro, mas um genuíno entusiasmo por Thoreau anima o que seria um monte de texto decorado. Notei isso nos seguidores de Thoreau. Há algo sobre Henry (e seus seguidores sempre o chamam de Henry) que desencoraja o tipo de ceticismo reflexivo que geralmente acompanha a familiaridade excessiva.

Nick termina suas observações e abre espaço para perguntas. Elas vêm rápido.

"Quanto custou fazer a cabana?"

"US$28,12 mais meio centavo. Os pregos foram o mais caro."

"O que ele fazia o dia todo?"

"Lia e escrevia."

"Por que ele fazia isso?", pergunta um adolescente, incrédulo, como se Thoreau tivesse desviado milhões ou se juntado a um culto em vez de viver na floresta por alguns anos.

"Foi um experimento de simplicidade", diz Nick, o guarda-florestal. "Além disso, ele tinha 28 anos. Precisava se afastar da mãe e do pai." O adolescente, a julgar pela sua cabeça balançando em concordância, gostou da resposta.

Thoreau de fato viveu de maneira simples, plantando parte de sua comida. Era fora da curva antes de haver curva. A questão, contudo, não era a simplicidade por si. Thoreau, estudante do Oriente, passava por uma purificação. Limpando as lentes de sua percepção.

O filósofo francês Michel Foucault escreveu acerca da necessidade de nos mantermos "suscetíveis ao saber". Thoreau, à deriva em Walden, tornou-se suscetível ao ver. Ele sabia que víamos melhor sem sobrecargas, quando nada se interpõe entre nós e a luz. Thoreau comparava a si mesmo a um matemático que, confrontando um problema difícil, se desembaraça de suas estranhezas e vai direto ao x da questão.

Thoreau era superficial. Da melhor maneira possível. O superficial tem uma má reputação. Geralmente, é sinônimo de "raso", mas são coisas diferentes. Raso é falta de profundidade. Superficial é profundidade alastrada. A porção do infinito, em uma fina camada, mas muito ampla.

"Por que maldizemos o que é aparente?", perguntava-se Thoreau. "A percepção das superfícies será milagrosa para os sentidos sãos." Isso explica por que Thoreau não encarava. Ele olhava de relance. Seus olhos se iluminavam com vários objetos, aqui, acolá, como uma abelha em busca de pólen. Uma "deambulação do olho", ele chamava.

Os seres humanos olham de relance pela mesma razão que os outros animais farejam: para conhecer os arredores. Olhar de relance revela maravilhas inesperadas.

Olhar de relance é nosso estado natural. Nossos olhos dificilmente ficam parados, mesmo quando achamos que estão. Eles fazem rápidos pulos, chamados movimentos sacádicos, pausando entre eles. Nossos olhos se movem três vezes por segundo. Mais ou menos 100 mil vezes por dia.

Olhar de relance ajuda. É útil quando cozinhamos três refeições ou pilotamos um avião. Anos atrás, tirei licença de piloto particular. Não lembro muito, mas uma técnica ficou: escaneamento de instrumentos.

"Não olhe fixamente!", dizia meu instrutor. "Escaneie!"

Altímetro. Indicador de velocidade do ar. Horizonte artificial. Repouse os olhos em cada um, um segundo ou dois, passe ao próximo. Mantenha seus olhos e sua atenção se movendo. Pilotos têm problemas quando se fixam. Olhe fixamente o altímetro, e seu comando deriva. Foque o comando, e sua velocidade do vento se perde. Escaneie, escaneie, escaneie. É uma lição valiosa. Vemos mais escaneando que olhando fixo.

Recomeço a caminhada pela orla arenosa do Lago Walden. As placas avisam das possíveis quedas em precipícios e das péssimas condições para banho. Walden não é o lago perfeito, mas algo não precisa ser perfeito, ou mesmo funcional, para ser belo. Thoreau via beleza nas imperfeições da natureza. Fitando o Walden em uma tarde calma de setembro, notou que a água estava perfeitamente serena, a não ser por algumas moscas na superfície. Enquanto outros viam sujeiras, Thoreau via algo "puro e belo, como as imperfeições no vidro". Em *Walden*, descreve como, ao ter encontrado uma carcaça de cavalo apodrecendo próxima à sua cabana, não a achou repulsiva, mas estranhamente reconfortante. Bela, até. Como se a sabedoria da natureza estivesse em curso.

Eu estava pensando na admoestação de Thoreau para encontrar meu próprio Walden. Não me importei com o Walden real. Muitos mosquitos e turistas. Não tem ar-condicionado que dê conta, nem café. Sim, meu próprio Walden. Mas onde?

No dia seguinte, questiono Jeff Cramer, curador de coleções do Projeto Florestas Walden. Um homem de porte, com a cabeça raspada e uma barba bem aparada, Jeff se converteu tardiamente a Thoreau. Atuava na Biblioteca Pública de Boston, em um trabalho confortável, quando se mudou para Concord.

Jeff merece o crédito de discípulo de Thoreau. Confio nele. Gosto dele também, especialmente quando revela que sua citação favorita de Thoreau (vindo de um homem que editou *The Quotable Thoreau*) é: "Se eu não for eu, quem o será?"

Quero ser eu mesmo, realmente quero, mas uma versão melhor, menos melancólica de mim. Um eu seguidor de Thoreau, com os olhos dele. Quero aprender como ver e onde. Para mim, uma pessoa de lugares, os dois são inseparáveis. Como é onde. Onde é como.

"Vejamos", diz Jeff. "Você poderia cruzar pela North Bridge e cortar pela floresta pela esquerda e..."

"Floresta? Tipo árvores e insetos?"

"Bem, sim."

"Alguma outra sugestão?"

"Você poderia ir pela South River Bridge e alugar uma canoa."

"Canoa, tipo um barco?"

"Ahn, sim."

"Alguma outra sugestão?"

"Sleepy Hollow é bem calmo."

"Você diz o cemitério?"

"Sim."

"O que mais você tem?"

"Vejamos. Você pode ir para o Starbucks."

"Tô ouvindo."

"E levar *Walden*, e talvez algumas páginas do seu diário, e observar."

"Starbucks? Sério?"

"Sim. As palavras de Thoreau são o que importa. Ele era inspirado por toda essa terra ao nosso redor. Ela ajudou Thoreau a se tornar quem ele era, mas não vai te tornar quem tu és."

Gostei da ideia. Na época de Thoreau, Concord também tinha uma cafeteria, e Thoreau era cliente regular. Ademais, se a sabedoria de Thoreau é portátil, como toda sabedoria, é certo que é tão útil tomar uma bebida acima do preço quanto passar pelas dificuldades da floresta. Que se dane Walden. Vou para o Starbucks.

———

Acordo cedo e faço meu kit Thoreau — *Walden*, o ensaio "Caminhando", uma coleção de cartas para o sedento por questões espirituais William Blake e partes seletas do diário. (Estou quase acabando.) Eu deambulo para um dos Starbucks de Concord.

É apropriadamente concordiano, a luz um pouco mais suave do que a maioria, a mobília um pouco mais refinada. Ainda é um Starbucks, no entanto, do mesmo jeito que Walden ainda é um lago.

Peço um café simples, me jogo em uma cadeira grande de couro e abro Henry. "A beleza está onde ela é percebida", diz-me. Mesmo aqui, no Starbucks? Olho ao meu redor e não vejo beleza nenhuma. Meu reflexo é culpar meus arredores, meu Walden.

Eu me pego fazendo isso. Não seja tão passivo. Se não vê a beleza, crie alguma. Use sua imaginação. Apure seus sentidos.

Isso funciona; porém, novamente, o sentido errado responde. Meus reflexos acústicos tomam a frente, e escuto beleza em todos os lugares: o zumbido gentil do ar-condicionado, o tinido musical dos cubos de gelo, as baristas rindo, as buzinas das máquinas registradoras, o cantarolar de "Venti Green Iced Tea!" e, a distância, sirenes.

Sigo o conselho de Thoreau — "Deixe todas as faculdades em repouso, menos a que estiver usando" — e foco exclusivamente o visual. Certamente, eu vejo. Vejo um pai novo, óculos apoiados na testa, braços musculosos ninando seu bebê. Onde se serve leite e açúcar, noto como as pessoas dançam umas com as outras. Um passo à frente, um atrás. *Me desculpe, oh, sinto muito, desculpe meu esbarrão, não, desculpe o meu.* E noto como as pessoas esperam por seu pedido a distâncias variáveis. Algumas ficam em cima da barista, ao passo que outras lhe dão espaço. Algumas ficam paradas, enquanto outras não ficam quietas.

Escaneie, escaneie, escaneie. Vejo o pai musculoso de novo. Ele colocou o filho na mesa, e o balança para frente e para trás. Eu me pergunto se isso é sábio. Escaneie. Um time de softbol feminino, em uniformes azuis, laranjas e brancos saudando o treinador com tapinhas nas mãos. Escaneie. O homem à minha frente lendo Montaigne. Ele vê que estou lendo Thoreau e assente com a cabeça em aprovação, de maneira discreta, claro. Concord é o Vagão Tranquilo da Nova Inglaterra.

Minutos, e então horas, passam. O pai musculoso sai. E também o time de softbol, e o homem lendo Montaigne. E, ainda assim, estou aqui, olhando. Uso outra técnica de Thoreau. Mudo minha posição, ficando próximo à porta por um instante, deambulando até onde servem café, colocando minha cabeça de lado. Considero colocar minha cabeça entre minhas pernas, mas decido que não. Mesmo aqui, em Thoreauópolis, isso é ir longe demais. Horas depois, o homem que estava lendo Montaigne retorna. Ele me nota na mesma cadeira, com os mesmos livros, e diz: "Você esteve aqui integralmente por tempo demais."

"Na verdade", digo, olhando para cima, com os olhos refrescados, "não o tempo suficiente". É verdade. Preciso de mais tempo. Embora eu veja mais claramente aqui, em meu próprio Walden privado, não tenho uma epifania visual, a "expansão singular" que Thoreau atingiu. Estou desapontado, mas encontro conforto nas palavras — de quem mais? Henry David Thoreau. Ver requer não apenas tempo, mas distância, ele me diz. "Você não vê nada até que esteja completamente limpo do que vê."

5.

Como Ouvir: Schopenhauer

14h32. A bordo do Deutsche Bahn, trem nº 151, deixando Hamburgo, a caminho de Frankfurt.

Os trens fazem ruídos humanos. As locomotivas bufam e assobiam, e, de vez em quando, arrotam. Os vagões gemem, rangem e protestam.

O Deutsche Bahn, do German Rail, abafa esses sons. Não há necessidade de um Vagão Tranquilo. É uma coisa certa. Tudo no trem sussurra discrição. Não só a atmosfera silenciosa, mas o painel de madeira que reveste os carros; o café é servido em canecas de verdade, não de isopor.

Sorvo meu café e inspeciono o interior da Alemanha. Um trem na direção oposta passa, seu apito perfurando o silêncio. O som aumenta de tom à medida que o trem se aproxima e diminui à medida que passa. Ou não?

O apito não muda de tom. É uma ilusão auditiva conhecida como efeito doppler. O movimento do trem conspira com meu cérebro suscetível para soar diferente. Percebi a realidade de forma distorcida.

E se toda a vida for assim? E se o mundo for uma ilusão? Há cerca de 2.400 anos, Platão fez exatamente esta pergunta. Em "A Alegoria da Caverna", nos pede para imaginar prisioneiros acorrentados dentro de uma caverna, de frente para um muro de pedra. Eles estão dentro da caverna desde o nascimento e são incapazes de se mover e, portanto, não podem ver a si mesmos nem uns aos outros.

Tudo o que podem ver são sombras projetadas na parede. Eles não sabem que estão olhando para as sombras. As sombras são a única realidade que conhecem. A filosofia, sugere Platão, nos permite escapar do mundo das sombras e descobrir sua fonte: a luz. Nem sempre vemos a luz. Às vezes, nós a ouvimos.

Acordo com um silêncio inesperado. Cansado da longa viagem de trem, sou tentado a permanecer debaixo das cobertas, estilo Marco. De alguma forma, tiro, lá do fundo, força de vontade suficiente para sair e ir tomar o café da manhã. Depois, ando, como Rousseau, atento a cada passo, até descobrir as ruas de Frankfurt vazias nesse dia de semana. Imediatamente me retiro para o hotel e faço perguntas, como Sócrates.
"Onde está todo mundo?"
"Um feriado nacional", responde o concierge. "Você não sabia?"
Posso ouvir Thoreau me xingando. *Veja. Observe. Veja o mundo com os olhos de uma criança e a mente de um sábio. Abra os olhos, cara!*
Preciso me reorganizar. Meu destino pretendido, o arquivo Schopenhauer, está fechado, mas deve haver outros estabelecimentos abertos.
Aparentemente, não. Os europeus levam os feriados a sério. Passo por lojas e cafés fechados e devo ter caminhado 2km até encontrar uma cafeteria aberta, algo incomum. E era dos bons, a julgar pelos grãos oriundos de lugares exóticos e pelas expressões sérias, compenetradas, dos baristas.
Pedi uma xícara de um café de Sumatra, que é preparado com a atenção aos detalhes reservada à neurocirurgia e aos casamentos. Quando peço leite, o barista franze os lábios e sugere — discretamente, é claro — que adicionar leite a esta Bebida dos Deuses, requintadamente torrada, naturalmente não ácida e perfeitamente equilibrada, seria uma afronta a tudo o que é bom e belo no mundo.
Claro, acato. Eu nem sonharia com tal desacato.
Espero até ele sair, presumivelmente, para educar outro cliente, antes de derramar um pouco de leite. Encontro uma mesa do lado de fora e leio a primeira página dos ensaios selecionados de Arthur Schopenhauer.
A escuridão chega e parece que vai ficar por um tempo. O pessimismo permeia cada página, cada palavra, como a pitada de chocolate que

permeia meu café, só que mais amarga. Schopenhauer não tenta esconder sua tristeza. Está estampada nos títulos dos ensaios: "Sobre o sofrimento do mundo" e "Sobre o suicídio", por exemplo.

Não culpe a filosofia por seu pessimismo. Sua perspectiva sombria se manifestou na tenra idade, muito antes de ele ler Platão ou Descartes. Aos 17 anos, enquanto viajava pela Europa com os pais, concluiu: "Este mundo não poderia ser obra de um ser que é a essência do bem, mas de um demônio, que deu vida a criaturas para se regozijar de sua agonia." Alguns anos depois, embarcando em sua carreira na filosofia, escreveu para um amigo: "A vida é um troço miserável. Decidi gastá-la tentando entendê-la."

O pessimismo de Schopenhauer não combinava com sua idade. Entretanto, só aumentou, se solidificando como um buraco negro de desespero. "Hoje está ruim e, dia após dia, vai piorar — até que finalmente chegue o pior de todos", escreveu. Todos estamos em queda livre para um "naufrágio total, inevitável e irremediável". Larguei o livro e suspirei. Vai ser um dia longo. Peço outra xícara de Sumatra e lá vamos nós.

Vivemos no "pior dos mundos possíveis", diz o filósofo do pessimismo. Se afundasse ainda mais, nem sequer existiria. O que não seria tão ruim. "A vida é mais feliz quando a percebemos o mínimo possível", escreve.

Faço uma pausa para tomar ar e luz. Não há. Sinto a sombra escura de Schopenhauer pairando sobre mim. Foco meus olhos e vejo uma idosa vestindo calças folgadas e gastas, mais sujas que os parcos dentes que lhe restam. É claramente sem-teto, ou quase. Gesticula para a outra cadeira na minha mesa e diz algo em alemão. O que ela diz não contém nenhuma das quatro palavras em alemão que conheço. Cá com meus botões, concluo que pediu a cadeira emprestada. *"Ja, bitte"*, digo, destacando — com desenvoltura, acrescento — duas daquelas quatro.

Não é aconselhável fazer suposições em sua língua nativa. Em uma língua estrangeira que você não fala, é estúpido. Ela não pedira a cadeira emprestada. Perguntou se podia se sentar e falar comigo, *a* mim. Por muito tempo. Ela fala e fala, e aceno e aceno, lançando eventuais *"ja, ja"*.

É uma conversa unilateral. Capto alhos (sem bugalhos). Ela é uma *oma*, ou avó (minha terceira palavra em alemão). O resto é amorfo.

Espero ela cansar, mas nem sequer diminui o ritmo.

O que Sócrates faria? Ele conversaria, é claro. Mas como?

Um garçom traz um café para ela — claramente, da casa. Ela expressa gratidão efusivamente. A gratidão é uma linguagem universal, expressa com os olhos, com todo o corpo, mais do que com palavras.

Schopenhauer, o filósofo do pessimismo, não descartou a gratidão — nem a compaixão. Vivemos o mundo como uma separatividade, mas, Schopenhauer acreditava, endossando os místicos orientais, essa percepção é uma ilusão. O mundo é holístico. Quando ajudamos outra pessoa, ajudamos a nós mesmos. Sentimos a dor dos outros da mesma forma que sentimos a nossa. Não como algo alheio, mas constitutivo.

Minha visitante ainda está conversando, enquanto toma seu café. Decido ouvi-la. Não consigo entender, mas posso ouvir.

Ouvir era importante para Schopenhauer. Ouvir música, essa "linguagem universal do coração", como a chamava. Outros tipos de escuta, também. Ouvir sua intuição, acima do ruído e caos do mundo. Ouvir outras vozes falando línguas estrangeiras, pois você nunca sabe onde está a sabedoria. E, sim, ouvir aqueles que sofrem. Apesar de sua misantropia e mau humor crônicos, Schopenhauer valorizava a compaixão, mesmo que a demonstrasse mais pelos animais que por seus semelhantes.

Ouvir é um ato de compaixão, de amor. Quando emprestamos o ouvido, emprestamos um coração, também. Uma boa audição, como uma boa visão, é uma habilidade e, como todas as habilidades, se aprende.

A mulher parece gostar da minha atenção, a julgar pelo sorriso que atravessa sua boca desdentada. Em dado momento, se levanta para sair. Dizemos adeus, *tschüss*. Palavra número quatro.

Schopenhauer não foi o primeiro nem o último filósofo pessimista, mas estava sozinho em sua raia. O que o distingue não é sua fundação, mas a edificação filosófica, a metafísica da miséria, que construiu para explicá-la. Existem muitos filósofos pessimistas, mas apenas um legítimo filósofo do pessimismo.

Está tudo em sua obra, *O Mundo como Vontade e Representação*, um título que só atrairia um filósofo. Concluído quando estava com 20 e poucos anos, era, segundo o próprio: "Produto de uma única ideia." Essa ideia exigiu 1.156 páginas. Dei uma folga a Arthur. É uma ideia densa. A frase de abertura é peculiar: "O mundo é minha representação."

Isso não reflete, ao menos desta vez, a arrogância de Schopenhauer. É sua filosofia. Ele não está sugerindo que é o autor do mundo, mas que todos construímos a realidade em nossas mentes. O mundo dele decorre da representação dele; e o seu, da sua.

Schopenhauer era um idealista. No sentido filosófico, um idealista não é alguém com altos ideais. É alguém que acredita que tudo o que experimentamos é uma representação mental do mundo, não o próprio mundo. Objetos físicos só existem na medida em que os percebemos. *O mundo é minha representação.*

Sei que esse conceito parece estranho, possivelmente ilusório, mas não acho tão absurdo. Nigel Warburton, filósofo contemporâneo, usa a analogia de uma sala de cinema gigante, com todos em saletas de exibição separadas, assistindo ao mesmo filme. "Não podemos sair porque não há nada lá fora", diz. "Os filmes são a nossa realidade. Quando ninguém está assistindo à tela, a luz do projetor é apagada, mas os filmes continuam passando."

Os idealistas não acreditam que só nossas mentes existem (como no solipsismo). Dizem que o mundo existe, mas como uma construção mental, e somente quando o percebemos. Para usar uma analogia diferente, pense na luz da geladeira. Sempre que você abre a porta, ela está ligada. Você pode concluir que está sempre ligada, mas é um erro. Você não pode ter certeza do que acontece quando a porta se fecha. Da mesma forma, não sabemos o que existe além das percepções de nossa mente.

Todos os dias, ao longo de nossas vidas, experimentamos esse mundo mentalmente construído, ou fenomenológico. É real — da maneira como a superfície de um lago é real. Mas, assim como a superfície vítrea não é o lago inteiro, o mundo fenomenal representa apenas uma fração da realidade. Não explica as profundezas.

Idealistas como Immanuel Kant acreditam que essas profundezas estão além da percepção sensorial, mas são tão reais quanto o leito invisível do lago. Mais real, de fato, do que os fenômenos sensoriais fugazes que normalmente experimentamos. Os filósofos deram a essa realidade invisível vários nomes. Kant a chamou de númeno. Platão, de mundo das Formas Ideais. Para os filósofos indianos, é Brahman. Nomes diferentes, mas a mesma ideia: um plano de existência que permanece desconhecido para nós enquanto corremos para o trabalho, assistimos à Netflix e, em geral, tocamos nossa vida no mundo das sombras.

Schopenhauer aderiu a essa noção de mundo além deste mundo, mas lhe deu seu toque pessoal, intrigante e, naturalmente, sombrio. Schopenhauer, diferentemente de Kant, acreditava que o númeno era uma entidade única e unificada, e que podemos acessar, ainda que indiretamente. Inunda a todos os seres humanos e animais, e até objetos inanimados. Não tem propósito nem precisa de esforço, e é, implacável e impiedosamente, má.

Schopenhauer chamou essa força de "Vontade". É um nome infeliz, acho. Por Vontade, Schopenhauer não quer dizer força de vontade, mas um tipo de força ou energia. Algo como a gravidade, só que não tão benigno. Ele escreve:

> Seus desejos são ilimitados; suas reivindicações, inesgotáveis; e todo desejo dá à luz um novo. Nenhuma satisfação possível no mundo seria suficiente para aplacá-lo, estabelecer uma meta final para suas demandas ou encher a cova sem fundo do seu coração.

Duas observações. Primeira, a Vontade se parece muito com a minha namorada da faculdade. Segunda, esses feixes de luz parecem mais remotos.

A Vontade é uma luta sem fim. É desejo sem satisfação. A pré-visualização, mas nunca o filme. Sexo, mas nunca o clímax. É o que o faz pedir um terceiro uísque quando dois são suficientes. A Vontade é aquele som agudo na cabeça que, embora costume ser abafado, nunca é silenciado, mesmo depois do quarto uísque.

Fica pior. A Vontade se destina a se prejudicar. "No fundo", diz Schopenhauer, "a Vontade deve viver de si mesma, já que nada existe além dela, e sua sede é descomunal". Quando um leão afunda os dentes em uma gazela, está afundando os dentes na própria pele.

Um dia, Schopenhauer, zoólogo amador, descobriu um gênero de formigas na Austrália. A *mirmecia*, ou formiga bulldog, tem uma reputação muito merecida de crueldade. Ela agarra sua presa em suas mandíbulas poderosas e depois inocula repetidamente um veneno mortal. Quando é cortada ao meio, a cabeça inicia uma batalha feroz com a cauda ardente. "A batalha pode durar meia hora, até que morra ou seja levada por outras formigas", observa Schopenhauer.

Não é a malícia ou o masoquismo que obriga a formiga a se devorar, mas a Vontade. A formiga não é mais capaz de resistir à Vontade, pensava Schopenhauer, do que a caneca de café na minha mão agora é capaz de resistir à gravidade, se eu soltá-la. Como a formiga bulldog, somos autores e leitores da nossa própria crueldade, vítima e agressor, destinados a nos consumirmos, lentamente, após sofrermos por um longo tempo.

Não se desespere, diz o filósofo da melancolia. Podemos escapar do buraco negro que é a Vontade "sacudindo o mundo". Há duas maneiras de fazer isso. Opção um: leve uma vida de ascese, jejue por dias seguidos, medite por horas e adote o celibato. Pulo para a opção dois: arte. Isso é melhor. A arte não é apenas prazerosa, diz ele. É libertadora. Oferece um alívio do esforço incessante e do sofrimento que é a Vontade.

As artes realizam essa façanha, com efeito, nos libertando de nós mesmos. Ao criar, ou apreciar, uma obra de arte, perdemos o senso de separação que Schopenhauer, assim como Buda, diz estar na raiz de todo o sofrimento. A arte, diz Schopenhauer, "tira a névoa". A ilusão da individualidade se dissolve, e "assim, não somos mais capazes de separar o observador da percepção, e os dois se tornam um, pois toda a consciência é preenchida e ocupada por uma única imagem da percepção".

Essa fusão de sujeito e objeto acontece, diz Schopenhauer, sem o auxílio da razão ou de curadores. O prazer estético não precisa ocorrer em um museu ou em uma sala de concertos. Pode acontecer em qualquer lugar. Andando por uma rua familiar, você vê algo — um objeto banal como uma caixa de correio, um hidrante, objetos que já viu muitas vezes. Agora, porém, vê de forma diferente, como explica o filósofo Bryan Magee: "É como se o tempo tivesse parado, e apenas o objeto existisse, diante de nós, indiferente às conexões com qualquer outra coisa — simplesmente lá, total e peculiarmente ele mesmo, estranha e singularmente aquilo."

Durante esses momentos estéticos, não ficamos angustiados, mas também não ficamos felizes. Tais distinções — felizes, tristes — desaparecem. Sacudimos o mundo e, com ele, essas falsas dicotomias. Tornamo-nos um espelho do objeto de arte, o que Schopenhauer chama de "claro olho cósmico".

Existe um problema, naturalmente. Esse momento estético[1] é frágil, passageiro. No instante em que nos tornamos conscientes dele, a Vontade volta a entrar em nossa consciência, e "a mágica chega ao fim."

Schopenhauer recebeu pouco reconhecimento durante sua vida e, mesmo na morte, não obteve grande crédito. Não há museu Schopenhauer. Seus bens estão alojados em uma universidade local, fora das vistas. Enviei um e-mail ao curador e expliquei meu interesse no filho esquecido de Frankfurt.

Alguns dias depois, recebo uma resposta de um Stephen Roeper. É cortês e alegre, e, tenho a impressão, fica surpreso. Hoje em dia, poucas pessoas querem visitar Arthur.

Na manhã seguinte, apropriadamente chuvosa e triste, ando alguns quarteirões até a universidade. Entro em um prédio monótono e funcional — e me perco no ato. Aproximo-me de uma jovem atrás do balcão.

"Schopenhauer?", digo — ou melhor, pergunto, como se o próprio nome fosse uma questão metafísica. Ela assente sombriamente. A mera menção ao filósofo do pessimismo azedou seu humor, pelo menos ima-

---

[1] O conceito de "momento estético" pode ser entendido como uma suspensão contemplativa, na qual não se consegue concatenar em termos lógicos o que é visto. Para algumas correntes, representa um momento de legítima experimentação do real. [N. da T.]

gino. É difícil distinguir um alemão sombrio de um feliz. Tenho certeza de que há mudanças sutis nos músculos faciais e nos movimentos oculares, mas estão além do conhecimento de alguém de fora, como eu.

Toco a campainha, e, segundos depois, um homem esguio, agradável e tímido se materializa. Stephen Roeper tem um bigode fino, olhos azuis claros e uma tez rosada que lembra um querubim embriagado. Entramos em uma sala grande. Cheira a livros antigos e desinfetante.

Enquanto caminhamos, Schopenhauer olha para nós das paredes. Em cada centímetro quadrado, há um retrato e uma ou duas fotografias dele em diferentes estágios da vida, desde um garoto de 15 anos em Hamburgo até o sábio septuagenário de Frankfurt.

Para quem ousadamente declarou "o mundo é minha representação", Arthur Schopenhauer sentia-se estranhamente incomodado nela. Como Rousseau, se considerava nômade, mesmo em casa. Um ilibado filosófico, era a prova viva de que o único destino pior do que ser criticado é ser ignorado. Durante a maior parte de sua vida, seus livros não foram lidos, suas ideias não foram amadas. Não ganhou um prêmio de filosofia dinamarquês, mesmo sendo o único participante. Somente nos últimos anos de sua vida, conseguiu um mínimo de reconhecimento.

Em uma das muitas ironias de sua vida, Schopenhauer, cujas ideias influenciaram Freud, teve uma infância muito freudiana. As questões da mãe explicam. Johanna Schopenhauer tinha grandes aspirações — literárias e sociais — e criar um filho eliminava esses planos. Logo se cansou de "brincar de boneco", como disse, e passou o resto da infância de Arthur alternando entre ignorar e se despedir dele. "Péssima mãe", escreveu Schopenhauer mais tarde.

O pai de Schopenhauer, um comerciante de sucesso, não era muito melhor. Em uma carta, pede ao filho que melhore sua caligrafia, colocando as maiúsculas adequadamente e reduzindo os floreios. Em outra, é a postura do jovem Arthur que atrai a ira do pai. "Sua mãe espera, como eu, que você não precise ser lembrado de andar ereto, como as pessoas bem-educadas", escreveu, acrescentando, para contemporizar, "ela mandou beijos".

Schopenhauer pai preparou o filho para assumir os negócios da família. Até escolheu o nome "Arthur" porque parecia internacional. A

Arthur faltavam, no entanto, as habilidades sociais, para grande frustração do pai. "Eu gostaria que você aprendesse a ser agradável com as pessoas", reclamou em uma carta.

Arthur nunca aprendeu. Ele se alienava de quase todos que encontrava. Sabia ser charmoso quando queria, mas raramente queria. Permaneceu solteiro por toda a vida e, com exceção de uma breve amizade com Goethe, não teve amigos próximos — além de seu amado poodle, chamado *Atman*, a palavra em sânscrito para alma. Schopenhauer demonstrava um carinho por Atman que nunca conseguiu dar às pessoas. "Veja lá, senhor", repreendia carinhosamente o poodle sempre que se comportava mal. Schopenhauer convoca outro animal — o porco-espinho — para explicar as relações humanas. Imagine um grupo de porcos-espinhos amontoados em um dia frio de inverno. Eles ficam próximos um do outro, absorvendo o calor do corpo do vizinho, para que não congele até a morte. Eles devem ficar muito perto, porém, as picadas mútuas são inevitáveis. "Jogados entre dois males", diz Schopenhauer, os animais se aproximam e recuam repetidas vezes, até descobrirem "a distância adequada da qual poderiam melhor tolerar um ao outro".

O Dilema do Porco-espinho, como agora é conhecido, também é o nosso dilema. Precisamos que os outros sobrevivam, mas eles podem nos machucar. Os relacionamentos exigem ajustes constantes, e até os mais qualificados são atacados de vez em quando.

Stephen Roeper alcança uma grande caixa retangular e recupera um garfo e uma colher enferrujados. Schopenhauer os carregava, além de um copo de bebida, sempre que jantava. Não confiava na higiene dos restaurantes nem em nada. Evitou barbeiros, com medo de que cortassem sua garganta. Sofria crises de ansiedade e pânico ocasionais.

Stephen alcança outra caixa e recupera um objeto cilíndrico. Uma flauta de marfim. Um presente do Schopenhauer mais velho para o filho. Eu a pego. Tem um peso agradável, uma solidez, bem como o aspecto assustador que adere aos bens dos mortos. Tocar parece uma intrusão, uma violação. Quase consigo ouvir Schopenhauer mal-humorado ralhando comigo. *Tire suas patas sujas da minha flauta!*

A flauta foi a parceira da vida adulta de Schopenhauer, nos tempos ruins e nos ainda piores. Todos os dias, pouco antes do meio-dia, se sentava e tocava *con amore*, com amor. Schopenhauer gostava de Mozart, mas adorava Rossini, e suspirava sempre que o nome do compositor italiano era pronunciado. Sabia os arranjos para flauta de todas as músicas de Rossini.

A flauta alegre de Schopenhauer fez com que seu admirador e crítico Friedrich Nietzsche questionasse seu pessimismo. Como alguém que tocava flauta todos os dias, com tanta alegria, tanto amor, poderia ser pessimista? Schopenhauer não via contradição. O mundo sofre, é um erro colossal, mas há indenizações. Brechas de alegria.

Nenhuma brecha é mais alegre que a arte. A arte — a *boa* arte — não é uma expressão de emoção, acreditava Schopenhauer. O artista não transmite um sentimento, mas uma forma de conhecimento. Uma janela para a verdadeira natureza da realidade. É um conhecimento além dos "meros conceitos" e, portanto, além das palavras.

A boa arte também transcende as paixões. Tudo o que aumenta o desejo, aumenta o sofrimento. Qualquer coisa que reduza o desejo — reduza a Vontade, como diria Schopenhauer — alivia o sofrimento. Quando contemplamos uma obra de arte, não desejamos nada. É por isso que pornografia não é arte. É exatamente o oposto. O único objetivo da pornografia é estimular o desejo. Se não o fizer, é considerada um fracasso. A arte visa algo superior. Se a única reação que temos a uma natureza-morta de uma tigela de cerejas é a fome, o artista errou o alvo.

Schopenhauer criou uma hierarquia de estética. A arquitetura ocupa o degrau mais baixo, enquanto o teatro (em particular, a tragédia, é claro), o topo. A música não aparece. É a própria categoria.

As outras artes falam de meras sombras, diz Schopenhauer. A música fala da essência, da coisa em si mesma, e assim "expressa a natureza mais íntima de toda a vida e existência". Uma imagem do céu, mesmo uma versão secularizada, pode ou não incluir pinturas e estátuas. Assumimos que haverá música.

Enquanto a linguagem é feita pelo homem, a música existe independentemente do pensamento humano, como a gravidade ou as tempestades. Se uma trombeta toca em uma floresta, e não há ninguém para ouvi-la, ela ainda toca. Schopenhauer disse uma vez que a música existiria mesmo que o mundo não existisse.

A música é particular de uma maneira que as outras artes não são. Você pode não ter uma pintura favorita, mas provavelmente tem uma música favorita. Minha filha de 13 anos está conhecendo diferentes gêneros musicais, descobrindo do que gosta e do que não gosta. Ela não está formando sua "identidade musical". Está formando sua identidade. Ponto final. A música que escolhemos ouvir diz mais sobre nós do que as roupas que vestimos, os carros que dirigimos ou o vinho que bebemos.

A música chega até nós quando nada mais pode. Um raio de luz na escuridão. William Styron, em suas memórias sobre depressão, *Darkness Visible*, descreve que estava pensando em suicídio quando ouviu uma passagem crescente de Brahms. "O som, que como toda música — de fato, como todo prazer — me deixou dormente por meses, perfurou meu coração como uma adaga, e, em uma inundação de memórias, pensei em todas as alegrias conhecidas: crianças correndo pelas salas, festivais, amor e trabalho."

Música é terapia. Ouvir música acelera a recuperação cognitiva após um acidente vascular cerebral, vários estudos descobriram. Pacientes em estado minimamente consciente, ou mesmo vegetativo, mostraram atividade cerebral mais saudável ao ouvir uma música favorita.

Reconheço os benefícios da música em termos intelectuais, mas não consigo entendê-la como um conhecimento mais íntimo. Sofro de um tipo de apatia musical. Quando adolescente, nunca colecionei álbuns nem compilei mixagens. Fui a poucos shows, apenas quando coagido por amigos. Até hoje, há vários gêneros musicais que desconheço. Não sou contra a música. Se está tocando, eu gosto, embora não tanto quanto um bom uísque. Essa falta de apreciação sempre me pareceu estranha, dado meu amor pelo som e pela palavra falada.

Há uma piada antiga que gostamos de contar na NPR. "Por que o rádio é melhor que a televisão? Porque as imagens são melhores."

COMO OUVIR

Há algo primordial na narrativa oral. Nós, seres humanos, ouvimos histórias há muito mais tempo do que as lemos. O som é importante. A palavra escrita é excelente em transmitir informações; a falada, o sentido. A palavra escrita é inerte. A falada, viva e íntima. Ouvir alguém falar é conhecê-lo. Isso explica a popularidade da NPR, dos podcasts e dos audiolivros. Também explica por que minha mãe insiste em me fazer ligações telefônicas, em vez de mandar e-mail, toda segunda-feira.

Trabalhando para a NPR como correspondente estrangeiro, aprendi a apreciar a rica e variada textura do som. O canto de um ambulante nas ruas de Déli, a cacofonia de um salão de pachinko em Tóquio. O que mais me intrigou foi o som da palavra falada. A voz humana é o maior detector de mentiras da natureza, e logo aprendi a avaliar a sinceridade de um falante em segundos. Os políticos são os menos sinceros, não apenas por causa de seu vocabulário covarde, mas também por seu tom de voz. Cauteloso e estridente. Até uma criança reconhece a voz de alguém que quer vender alguma coisa. *Especialmente* uma criança.

Por que não posso traduzir essa sensação intuitiva de som para o mundo da música? Talvez eu não conheça o suficiente sobre música, ou talvez o conhecimento limitado que possuo esteja me incomodando, me impedindo de ouvir essa linguagem universal do coração.

Meu amigo John Lister é um aficionado por música clássica e filosofia alemã. Além disso, mora em Bagdá, onde trabalha para uma agência social. Por motivos de segurança, fica confinado em seu hotel por dias. John tem muito tempo livre. O correspondente perfeito.

Ligo meu notebook e pergunto a John se o conhecimento de música que ele tem melhora seu prazer ou pelo menos interfere nele. Como posso aprender a apreciar música? Aperto enviar.

Algumas horas depois, uma longa resposta chega à minha caixa de entrada. Examino o e-mail de John, que tem várias páginas, e sou silenciosamente grato por sua erudição e pelo seu tempo excedente.

"Bom, todas essas são perguntas difíceis", escreve John, depois as aborda como se fossem simples. O conhecimento da música, diz, melhora seu prazer. "Pode fornecer informações específicas sobre a música que você não teria de outra forma e impedir que se torne tão cativado pela beleza tonal que a veja apenas como experiência estética."

A música não é situada. "Paira entre dois mundos."

(Posso ouvir Schopenhauer murmurando que concorda.) Diferentes tipos de música, continua John, exigem diferentes tipos de escuta. Wagner é fácil. "A música é sensual a ponto de parecer uma tragada." Beethoven, Mahler e Brahms são mais complicados. "Você sente que está tentando entender o que outra pessoa tenta lhe comunicar. Wagner fala com você sobre algo. Beethoven, Mahler e Brahms conversam com você. Essa é a diferença."

Há outra razão, mais prática, para saber algo sobre estrutura musical, explica John. Disciplina o ouvido. Você sabe o que ouvir, de modo que é menos provável que a mente divague.

Schopenhauer pensou muito sobre a mente errante. Vemos o mundo de uma maneira calculista e mercenária, disse. O corretor da bolsa de Amsterdã, com a intenção de fechar um acordo, não percebe o mundo ao redor; o jogador de xadrez não vê as elegantes peças chinesas; o general não vê a bela paisagem enquanto traça seu plano.

Precisamos ter um relacionamento diferente, menos toma lá, dá cá, com a música. Devemos experimentá-lo de uma perspectiva desprendida. Desprendida, mas não *desinteressada*. Há uma diferença. Ser desprendido em relação a uma peça musical é ser apático. É não ter expectativas, não exigir música, mas permanecer aberto à possibilidade de prazer estético. Um budista diria que não estamos apegados à música, mas também não estamos desapegados. Um místico cristão diria que mantemos uma "indiferença santa" em relação a isso. A ideia é a mesma. A verdadeira escuta exige que adiemos o julgamento. Quando ouvimos assim, sem julgar, diz Schopenhauer, "nos sentimos felizes de um jeito bom".

Li isso e estou atordoado. É a primeira vez que vejo Schopenhauer usar a palavra "feliz". Um brilho de luz.

A música não é o que eu penso que é, diz Schopenhauer. Não transmite emoção. Transmite a essência, o recipiente, das emoções, sem o conteúdo. Quando ouvimos música, percebemos não uma tristeza específica ou uma alegria específica, mas a tristeza em si e a própria alegria — "a quintessência extraída desses sentimentos", diz Schopenhauer. A tristeza por si só não é dolorosa. É a tristeza *por algo* que dói. É por isso que gostamos de assistir a sensacionalismos e ouvir Leonard Cohen. Menos investidos no drama, experimentamos a emoção propriamente dita, de forma desprendida, e podemos apreciar a beleza da tristeza.

Para Schopenhauer, as melodias lentas são as mais lindamente tristes. "Um lamento convulsivo", ele as chama. O *Adagio for Strings*, de Samuel Barber, é um bom exemplo. Ouço sempre que estou triste. Não é um ato de autoindulgência, uma cavadinha no fundo do poço, mas, penso, algo mais nobre. A música combina com meu humor, valida-o, mas também me permite me distanciar da fonte da minha tristeza. Sinto a tristeza sem engoli-la ou ser engolido por ela. Posso saborear a amargura.

―――――

Suspeito que Schopenhauer tenha convidado a desgraça para validar seu pessimismo. Um tributo ao masoquismo percorre sua vida. Em Berlim, durante uma breve passagem como professor, insistiu em agendar suas palestras ao mesmo tempo que seu *bête noire*, Friedrich Hegel, que "escrevia repulsivamente, de um jeito sem graça, absurdo e sem sentido". Hegel era uma estrela do rock da filosofia; Schopenhauer, um desconhecido. Previsivelmente, Schopenhauer atraiu menos de cinco estudantes. Ele nunca voltaria a ensinar.

Schopenhauer ficaria surpreso — ultrajado, na verdade — de ver seus bens alojados em uma *instituição*. Ele desprezava a academia, com suas regras rígidas e "filósofos de banca de jornal". Preferia a vida de um filósofo selvagem e, graças à herança do pai, podia dar-se ao luxo de ser assim. Não havia necessidade de polir lentes na loja de um oculista, como Spinoza, ou dar aula a universitários, como Kant.

Compartilho a melancolia de Schopenhauer, mas não seu pessimismo. Há um problema fundamental com sua melancolia: pressupõe um conhecimento perfeito, algo que nós, seres humanos, somos incapazes de ter. Podemos suspeitar que estamos vivendo no "pior dos mundos", mas temos certeza? O pessimismo exige uma certeza que me falta, e por isso sou grato.

Considere a parábola do fazendeiro chinês. Um dia, seu cavalo fugiu. Naquela noite, os vizinhos pararam para oferecer condolências.

"Sinto muito por seu cavalo ter fugido", diziam eles. "Que chato."

"Talvez", disse o fazendeiro. "Talvez não."

No dia seguinte, o cavalo voltou, trazendo sete cavalos selvagens. "Ah, que sorte", disseram os vizinhos. "Agora você tem oito cavalos. Que grande virada de eventos".

"Talvez", disse o fazendeiro. "Talvez não."

No dia seguinte, o filho do fazendeiro estava treinando um desses cavalos quando foi arremessado e quebrou a perna. "Oh, querido, isso é tão ruim", diziam os vizinhos.

"Talvez", disse o fazendeiro. "Talvez não."

No dia seguinte, oficiais de alistamento foram à vila recrutar jovens para o exército, mas rejeitaram o filho do fazendeiro porque ele estava com a perna quebrada. E todos os vizinhos disseram: "Isso é ótimo!"

"Talvez", disse o fazendeiro. "Talvez não."

Conduzimos vidas de teleobjetiva em um mundo de grande-angular. Nunca vemos o quadro geral. A única resposta sensata é, como o fazendeiro chinês, adotar uma filosofia de talvezismo.

Bons filósofos são bons ouvintes. Ouvem muitas vozes, mesmo as estranhas, pois você nunca sabe onde a sabedoria está escondida. Arthur Schopenhauer a achou escondida em um texto antigo de outras bandas.

O ano era 1813. Ainda falando com a mãe, Schopenhauer entrou em um de seus salões. Entre os participantes, estava um estudioso chamado Friedrich Majer. Sua especialidade, nova e duvidosa na época, era a filosofia oriental. Mostrou a Schopenhauer uma revista obscura, a *Asiatic*, e contou a ele sobre um texto indiano chamado "Upanishads". Schopenhauer ficou instantaneamente fascinado.

Hoje, tomamos como certo que as filosofias e religiões orientais são uma fonte de grande sabedoria, como atesta qualquer visita a uma livraria, mas este não era o caso na época de Schopenhauer. O budismo e o hinduísmo eram pouco conhecidos no Ocidente. Decorreriam mais três décadas antes que uma cópia do *Bhagavad Gita* chegasse à cabana de Thoreau, em Walden. Os acadêmicos sabiam pouco sobre a filosofia oriental e deturpavam o que sabiam. Toda a literatura da Índia e da Arábia, disse o político britânico Thomas Macaulay, infame: "Igualava uma única prateleira de uma boa biblioteca europeia."

Schopenhauer era diferente. Devorou esses ensinamentos, hipnotizado por suas "concepções sobre-humanas". Tinha fome. Todas as noites, sem exceção, lia várias passagens dos "Upanishads". Era, ele disse, "a leitura mais proveitosa e sublime possível do mundo; foi o consolo da minha vida e será o da minha morte".

Mais tarde, estudou o budismo, declarando-o a maior de todas as religiões. Tinha uma estátua de Buda em seu escritório, em Frankfurt. Alguns biógrafos chamam Schopenhauer de "Buda de Frankfurt", mas ele não era monge. Embora tenha desenvolvido uma compreensão profunda e, na época, rara do budismo, não praticou o que sabia. Não meditava. Não renunciava aos prazeres da carne. Gostava de cozinha gourmet e roupas caras, e foi sexualmente ativo por toda a vida, uma vez comentando que "os órgãos sexuais são o verdadeiro centro do mundo".

A filosofia ocidental, dizem alguns, é míope, cega para a sabedoria de outros. Um clube exclusivo de homens brancos, apenas. Há alguma verdade nessa acusação, mas olhe mais de perto a estrutura da filosofia ocidental e verá tópicos orientais correndo por toda parte. Já na época de Epicuro, em 350 a.C., o Oriente e o Ocidente conversavam, mesmo que nem sempre se ouvissem. Séculos depois, a conversa foi retomada. E não apenas por Thoreau e Schopenhauer. Nietzsche, Heidegger e William James estavam intimamente familiarizados com a sabedoria da Índia e da China. Essa sabedoria perpassou suas filosofias.

Estou apreciando Schopenhauer. O príncipe das trevas, o filósofo do pessimismo, é um mestre estilista, uma alegria de ler. Sua escrita é nítida e animada, quase poética. É o mais legível dos filósofos alemães (o que não é grande mérito, mas Schopenhauer é exímio). Nenhum outro filósofo, diz Bryan Magee, estudioso de Schopenhauer, está "mais com você, quase tangível e audivelmente presente quando o lê."

É verdade que ele era uma alma ferida, talvez mais do que a maioria, mas essa é uma diferença de gradação, não de tipo. Todos temos um pouco de Schopenhauer em nós. Estamos todos feridos. Apenas o tamanho e a forma das feridas diferem.

Schopenhauer não é um homem fácil de gostar — "um trabalho desagradável", diz um biógrafo —, mas é fácil de admirar. Amante da arte e da música, desenvolveu uma das teorias estéticas mais profundas e belas da filosofia, e influenciou gerações de artistas e escritores. Tolstói e Wagner mantiveram retratos do filósofo em seus estudos. O escritor argentino Jorge Luis Borges aprendeu alemão para poder ler Schopenhauer no original. Os comediantes amam Schopenhauer, confirmando as teorias de que a escuridão se esconde por trás do humor.

Enquanto outros filósofos tentavam explicar o mundo lá fora, Schopenhauer estava mais preocupado com o mundo interior. Não podemos conhecer o mundo se não nos conhecemos. Esse fato me parece incrivelmente óbvio. Por que tantos filósofos — pessoas inteligentes — negligenciam isso? Em parte, acho, é porque é mais fácil examinar o externo. Somos o bêbado procurando suas chaves em um beco iluminado.

"Você as perdeu aqui?", pergunta um transeunte.

"Não. Eu as perdi lá", diz ele, apontando para um estacionamento escuro.

"Então, por que você está olhando aqui?"

"Porque é aqui que a luz está."

Não Schopenhauer. Ele procurava onde estava mais escuro. Você pode não concordar com a perspectiva sombria ou com a metafísica sombria, mas não pode fazê-lo tomar meias medidas. Ele se concentra no interior. Um filósofo heroico.

Todo fetiche sugere uma repulsa igual e oposta, e toda paixão, um aborrecimento complementar. E assim foi com Schopenhauer. Seu intenso amor pela música gerou um ódio correspondente pelo barulho.

"Batidas, marteladas e chutes foram um tormento durante toda a minha vida", escreve em seu ensaio "Sobre o Barulho". Detestava especialmente o "estalar repentino e agudo" de um chicote na lateral de um cavalo, um som "que paralisa o cérebro, dilacera e destrói a ameaça de reflexão, e mata todos os pensamentos". Eu me pergunto se Schopenhauer, amante de animais, sentia a dor do cavalo.

À noite, se assustava com o mínimo barulho e pegava a pistola carregada que sempre mantinha ao lado da cama. Em Frankfurt, escreveu ao gerente de teatro, pedindo-lhe para dar um jeito na algazarra: controle a multidão, instale almofadas nas portas e bancos com dobradiças, *qualquer coisa*. "As Musas e o público serão gratos a você por melhorar as coisas", escreveu.

Para Schopenhauer, o barulho era mais do que um aborrecimento. Media o caráter. A tolerância ao ruído, acreditava, era inversamente proporcional à inteligência. "Portanto, quando ouço cães latindo sem controle por horas no pátio de uma casa, sei o que pensar dos habitantes."

Estou com Schopenhauer. Minha linha de raciocínio é precária, facilmente destruída. Até o som de um relógio reduz minha concentração. O secador de cabelo da minha esposa, um maldito Bio Ionic PowerLight, é conhecido por sabotar um dia inteiro. E nem me venha com cortadores de grama.

Pesquisas recentes revelam o efeito insidioso da poluição sonora sobre o nosso bem-estar físico e mental. De acordo com um estudo publicado no *Southern Medical Journal*, a poluição sonora pode levar à "ansiedade, estresse, nervosismo, náusea, dor de cabeça, instabilidade emocional, argumentatividade, impotência sexual, mudanças de humor, aumento de conflitos sociais, neurose, histeria e psicose". Outro estudo constatou que o barulho de aviões decolando e aterrissando faz com que a pressão arterial suba, os batimentos cardíacos se acelerem e os hormônios do estresse sejam liberados — *mesmo enquanto dormimos*.

Schopenhauer encontraria confirmação, mas pouco prazer nesses estudos, pois não abarcavam um tipo de ruído mais insidioso: o mental. O ruído mental faz mais do que perturbar. Mascara. Em um ambiente barulhento, perdemos o sinal e o rumo. Cerca de 150 anos antes do e-mail, a caixa de entrada desarrumada preocupava Schopenhauer.

Em seu ensaio "Sobre a Autoria", o filósofo prenuncia o clamor entorpecedor que é a mídia social, na qual o som do verdadeiro é abafado pelo barulho do novo. "Nenhum erro maior pode ser cometido do que imaginar que o que foi escrito por último é sempre o mais correto; que o que é escrito mais tarde é uma melhoria do que foi escrito anteriormente, e que toda mudança significa progresso."

Cometemos esse erro toda vez que clicamos sem pensar, como um rato de laboratório puxando uma alavanca, esperando uma recompensa. Que forma essa recompensa tomará, não sabemos, mas isso não vem ao caso. Como os leitores famintos de Schopenhauer, confundimos o novo com o bom, o romance com o valioso. Sou culpado disso. Estou constantemente checando e revisando meus sinais vitais digitais. Enquanto escrevia este parágrafo, verifiquei meu e-mail (nada), abri minha página do Facebook (é aniversário de Pauline, dê parabéns), fiz uma oferta por uma bela mochila de couro no eBay, verifiquei meu e-mail novamente (ainda nada), pedi uma quantidade perturbadoramente grande de café, aumentei minha oferta por essa mochila e chequei meu e-mail novamente (ainda nada).

A enciclopédia era a internet da época de Schopenhauer, quase tão sedutora. Por que resolver um problema quando a solução está disponível em um livro? Porque, responde Schopenhauer, "é incomensuravelmente mais valioso chegar lá pensando por si mesmo". Muitas vezes, disse, as pessoas pulam para o livro, em vez de ficar com seus pensamentos. "Você deve ler apenas quando os próprios pensamentos secarem." Substitua "ler" por "clicar" e terá nossa situação. Confundimos dados com informações, informações com conhecimento e conhecimento com sabedoria. Essa tendência preocupou Schopenhauer. Em todo lugar, via pessoas procurando informações, confundindo-as com ideias. "Não lhes ocorre", escreveu, "que a informação é apenas um meio de chegar à ideia e possui pouco ou nenhum valor". Eu iria além. Esse excesso de dados — ruído, na verdade — é negativo e atrapalha o surgimento de ideias. Distraídos pelo barulho, não ouvimos a música.

Volto para o meu hotel, depois de ter deixado Stephen Roeper e os tristes arquivos de Schopenhauer sozinhos no "pior dos mundos possíveis".

Passeando pelas avenidas arborizadas de Frankfurt, com o ar suave e maleável, não parece assim. É uma noite agradável, do tipo que Schopenhauer preferia para caminhadas da tarde. Escuto os sons da rua, ressonâncias teutônicas distorcidas e minha própria voz interior. Fico alarmado ao descobrir que também está confusa. Schopenhauer tinha razão. Encha sua cabeça com as ideias de outras pessoas, e elas substituirão as suas. Faço uma anotação mental para chutar esses invasores.

De volta ao meu quarto, decido, por tédio ou reflexo (ou alguma combinação perversa), fazer logon. Estou clicando, sem pensar, quando me ocorre: a internet é a Vontade de Schopenhauer manifestada na era digital. Como a Vontade, a internet é onipresente e sem propósito. É sempre um esforço, nunca saciado. Devora tudo, inclusive nosso recurso mais precioso: o tempo. Oferece a ilusão de felicidade, mas entrega apenas sofrimento. Assim como a Vontade, oferece duas maneiras de escapar de suas garras: o caminho do asceta e o do esteta. Meditação ou música.

Escolho a música. Rossini, naturalmente. Tomo um banho quente e um uísque. Tomando um gole do malte, fecho os olhos e ouço. Sigo a melodia da maneira que o Dalai Lama deve acompanhar as notícias, com desprendimento, mas não desinteresse. Atencioso, mas não reativo. Deixo a música tomar conta de mim, tão quente e suave como a água do banho. Som sem palavras. Emoção sem conteúdo. Sinal sem barulho.

Percebo que é isso o que Schopenhauer viu na música: não uma pausa do mundo, mas uma imersão em outra, mais rica.

PARTE DOIS

ZÊNITE

6.

Como Aproveitar: Epicuro

19h35. Em algum lugar de Montana. A bordo do Empire Builder, da Amtrak, deixando Chicago, a caminho de Portland, Oregon.

Nós viajamos para escapar da tirania do hábito. No entanto, ficamos perdidos sem estruturas, e, após dois dias no Amtrak, eu ansiava por uma. Leio e penso. Leio sobre pensar e penso sobre ler. Reorganizo meu quartinho, movendo minha bagagem de lá para cá, várias vezes. Por horas, fico na parte traseira do trem e, olhando por uma pequena janela, vejo o mundo ficar para trás, como um filme que está sempre acabando, mas nunca o faz de vez. Na maior parte das vezes, aguardo uma voz alegre do Amtrak, a Sra. Oliver, me direcionando para o vagão-restaurante.

Nada é tão estrutural quanto a comida. Refeições são as vigas que mantêm o dia em pé. Sem elas, o tempo colapsa em si mesmo e a gravidade aumenta exponencialmente, com um buraco negro. Este é um fato científico. Jantar parado é gostoso, mas meu prazer aumenta com o movimento. Há algo indescritível na combinação jantar e movimento. Pelo menos, um dia, houve.

Em 1868, George Pullman inaugurou o primeiro vagão-restaurante. Ele o batizou de Delmonico, em homenagem ao famoso restaurante de Nova York. Um bom jantar foi levado às ferrovias.

O menu, em seda, oferecia inúmeras possibilidades, incluindo ostras e molho welsh rarebit. Tudo servido em louça chinesa, claro, e, para completar, uma garrafa de Château Margaux ou talvez de Krug.

Um correspondente do *The New York Times* escreveu incansável sobre sua jornada de Omaha a São Francisco no Pullman. Adorou o bife de antílope ("Quem não provou isso nunca se banqueteou de verdade!") e se desmanchou com as trutas da montanha ("cozidas em um molho picante impagável"). Tudo servido, ele nota, em "mesas cobertas por linho".

Penso na comida do Amtrak e lamento ter perdido, por um século, a era de ouro dos jantares nas ferrovias. O linho não é alvo. A louça chinesa não é boa. Não há borbulhas de Krug, mas, para ser justo, minha Coca diet é um tanto efervescente. A entrada — em tese, camarão maçaricado sobre arroz pilaf — não me seduz. É bom, sim, mas nada demais.

Todos os filósofos, como todos os adolescentes, são mal interpretados. Faz parte. Deles, nenhum é mais mal interpretado, mais injustamente difamado, do que o grande filósofo do prazer, Epicuro.

Nascido em 341 a.C., na ilha de Samos, Epicuro se voltou à filosofia na juventude, pelas razões comuns: uma abundância de perguntas e uma grande suspeita das respostas que os adultos lhe davam. Ele estudou os cânones — Heráclito e Demócrito em particular. Logo acumulou seus próprios alunos, atraídos pelo seu charme e estilo acessível de ensino. Ele usava uma linguagem figurativa e chocante. Como Sócrates, Epicuro era um praticante da Sabedoria Disparatada. As pessoas precisavam ser tiradas de seu transe por quaisquer meios necessários.

Epicuro viajou ao redor do mundo grego, vivendo brevemente em Cólofon (hoje, Turquia) e na ilha de Lesbos, antes de se estabelecer em Atenas, aos 35 anos. Lá, comprou uma casa distante da cidade. Envolta por um grande muro, tinha um jardim exuberante. O lugar perfeito, pensou, para fundar uma escola e uma comunidade. Instantaneamente popular, se tornou conhecida simplesmente como *Kepos*. O Jardim.

Jardins e filosofia combinam bem. Voltaire, o queridinho do Iluminismo francês, disse: "Nós precisamos cultivar nosso jardim." O escritor e jardineiro do século XVII John Evelyn concordou, adicionando que "o ar e o gênio dos jardins" predispunham a "entusiasmos filosóficos".

Amo essa frase. O mundo precisa de mais entusiastas filosóficos. Não estudantes de filosofia nem, por Deus, nada de especialistas, mas entusiastas, com toda a gana, sem as constrições que a palavra implica. Jardins, alheios aos ruídos do mundo, auxiliavam tais entusiastas filosóficos.

Jardins requerem cuidado, assim como nossos pensamentos. Alguém que pensa não é filósofo, como alguém que trabalha sem sentido no seu quintal não é jardineiro. As duas buscas — jardinagem e filosofia — requerem um compromisso disciplinado e adulto, junto com o prazer fácil de uma criança.

As duas buscas representam uma tentativa de criar, não impor, ordem dentro do caos enquanto mantêm um indício de selvageria, *à la* Thoureau, e uma pitada de mistério, também. O jardineiro colabora com a natureza. Ele a veste, como disse Voltaire. O jardineiro faz sua parte, plantando, cavando e controlando as infestações, mas o destino de seu jardim está em outro lugar. Ele está no processo natural — e, sim, na magia — que se desenrola dentro dos muros do jardim. A filosofia contém sua própria mágica, conquanto você faça o trabalho árduo.

Os lugares têm sua relevância. São repositórios de ideias. É por isso que viajo e também por que estou aqui, agora, em Atenas, procurando vestígios de Epicuro e seu jardim. Não será fácil. Arqueólogos, com todas as ferramentas e equipamentos à disposição, ainda têm que apontar o lugar exato. Mas não reduz meu entusiasmo filosófico. Você não precisa saber o que está procurando para encontrar. O bom senso é a melhor bússola.

Após alguns erros, encontro minha primeira referência: o *Dipylon*, ou Portão Duplo. Já tendo sido a entrada principal para Atenas, é o maior portão do mundo antigo. Os séculos o reduziram a um muro — não muito diferente, imagino, daquele na Filadélfia, onde Jacob Nedleman e Elias se sentaram e viveram algumas perguntas.

Em tempos passados, o muro de uma cidade demarcava dois mundos. Sair deles era passar atestado e se arriscar, como Rousseau sabia tão bem. Hoje, a vizinhança do Portão Duplo ocupa um mundo soterrado: o intervalo fugaz entre o anteriormente incompleto e o atualmente inacessível. Oficinas estão encostadas em cafés modernos. Paro e escuto, como Schopenhauer o faria. Um bater rítmico emana das oficinas; música pop, dos cafés. Risadas, também. Pessoas buscando prazer, como o faziam na época de Epicuro e muito antes disso.

Paro em uma clareira pequena entre dois prédios não tão modernos. Noto algumas plantas aguerridas brotando do concreto. Não é um jardim, exatamente, mas é quase. Imagino a cena há uns 2.500 anos.

As ruas naquela época eram entupidas de gente. Consigo imaginar uma jovem mulher na multidão. Seu nome é Temista, os livros de história nos dizem. Como mulher, a vida é difícil mesmo no melhor dos tempos. E aquele não era o melhor dos tempos. Nada mais parecia seguro. A morte de Alexandre destruiu o mundo. A antiga ordem colapsara, e a nova ainda tinha que tomar seu lugar.

Consigo imaginar Temista se aventurando fora dos portões da cidade, se arriscando, quando vê um recinto murado. De um lado está uma inscrição estranha: "Estrangeiro, aqui sua estada será prazerosa. Aqui, o bem supremo é o prazer."

Temista se intriga. Isso parece muito mais convidativo do que a Academia de Platão, não tão distante. Lá, um sinal muito mais agourento espera os visitantes: "Que não entre aqui quem não sabe geometria." Ela atravessa a fronteira e encontra não só um jardim, mas uma pequena fazenda e uma atmosfera acolhedora.

A escolha de Epicuro por um jardim murado, em um lugar relativamente remoto, não foi acidente. Em uma aguda ruptura com os estoicos e outras escolas filosóficas, incitava seus seguidores a evitar "a prisão dos negócios e da política". Laços políticos, pensava Epicuro, reduziam sua autossuficiência e significavam a terceirização de sua felicidade. Seu lema era *Lathe Biosas*. "Vivamos ocultos." Uma vida tão reclusa era tão controversa então quanto é hoje. Aqueles que se retiram do mundo são sempre suspeitos. Implicamos com o recluso na mesma proporção em que nos sentimos ameaçados por ele.

Epicuro rompeu com a tradição de outras formas também. Enquanto muitas escolas aceitavam apenas cidadãos homens de Atenas, Epicuro aceitava escravos livres e mulheres, como Temista, a quem dedicou muitos trabalhos.

COMO APROVEITAR

De forma nada surpreendente, uma comunidade murada que aceitava pessoas que não eram aceitas normalmente e que também advogava em prol de uma vida devotada aos prazeres atraía suspeitas. Rumores de orgias e banquetes suntuosos circulavam. Epicuro, diziam, vomitava duas vezes ao dia por conta de sua autoindulgência e "por muitos anos ficou incapacitado de sair de sua liteira".

Os rumores eram infundados. O Jardim parecia mais um monastério do que um prostíbulo. A vida era comunal, com pouca privacidade. "Não deixe que nada seja feito em sua vida que lhe cause medo de o vizinho saber", dizia Epicuro. Poucos de seus seguidores pareciam se importar com essa proibição. Nada tinham a esconder.

Como outros que encontrei em minha jornada, Epicuro é um filósofo do corpo e da mente. O corpo, ele acreditava, guarda a maior sabedoria.

Epicuro era empirista. Nós conhecemos o mundo, acreditava ele, só e somente só, por meio de nossos sentidos. Eles podem não ser perfeitos, mas não existe outra fonte confiável de conhecimento, e qualquer um que diga o contrário está, ou iludido, ou vendendo algo.

Epicuro aprimorava os sentidos. Era um ávido observador do comportamento humano. Pesquisou Atenas, bem como qualquer outro lugar no qual via pessoas que tinham o suficiente: comida suficiente, dinheiro suficiente e, claro, cultura suficiente. Por que não estavam felizes?

Epicuro se aproximou desse mistério como um médico tratando um paciente com sintomas não explicados. A filosofia, dizia, deve ser aplicada como medicina para a alma. As quatro primeiras de suas *Doutrinas Principais* são conhecidas como *tetrapharmakos*, "a cura em quatro partes". Como um remédio, a filosofia precisa ser ingerida em intervalos regulares e em doses prescritas. Como um remédio, existem efeitos colaterais em potencial: tontura, desorientação e episódios de mania.

A analogia médica não era acidente. Epicuro viveu durante o pico da filosofia terapêutica. Nessa época, conhecida como Helenismo, as pessoas escolhiam uma escola de filosofia com o mesmo ardor em sua deliberação com que hoje escolhemos um cônjuge ou um plano de internet.

Muito estava em jogo. Você não estava fazendo uma escolha acadêmica, Princeton ou Stanford. Estava fazendo uma escolha de vida, que formaria seu caráter e, portanto, seu destino.

As escolas eram uma combinação de universidade, clube de associados, seminários de autoajuda e, no caso de Epicuro, comunidade hippie. Os professores focavam a ética. Derivada da palavra grega para "caráter", ética era o estudo da boa vida: *eudaimonia*. Alguns filósofos pensavam que apenas os deuses e alguns abençoados seletos poderiam chegar a esse estado de felicidade. Epicuro pensava que qualquer um podia. Medite nesses ensinamentos "dia e noite", dizia a seus alunos, e você viverá "como um Deus entre os homens".

Examinando o doentio corpo político de Atenas, Epicuro fez um diagnóstico simples: tememos o que não é danoso e desejamos o que não é necessário. "O que tememos mais?", perguntava. Os deuses e a morte. (Presumidamente, os impostos não eram uma fonte maior de estresse na época antiga.) Ele tinha resposta para ambos. Os deuses, dizia, existem, mas não estão nem aí para os assuntos humanos. E por que estariam? Estão muito ocupados sendo deuses. Para Epicuro, os deuses eram como celebridades. Viviam vidas invejáveis, livres de preocupações, sempre capazes de conseguir fazer uma reserva.

E, quanto à morte, Epicuro nos diz para relaxar. Sim, *morrer* pode ser doloroso, reconhecia, mas a dor é autolimitante. Não dura para sempre. Ou ela cede, ou você morre. Em todo caso, não há nada a temer.

Acho essa ideia, como muito da filosofia de Epicuro, boa em teoria, mas problemática na prática. Não temo os deuses, mas a possibilidade de deixar de existir me apavora. Suspeito que sempre me sentirei assim.

Relaxe, diz Epicuro, *e aproveite*. Ele advogava em prol do prazer como "o começo e o fim de uma vida feliz", adicionando de maneira provocativa: "Não sei como conceberei o que é bom se eu tirar o prazer do gosto, o prazer sexual, o prazer de escutar ou se eu tirar as doces emoções que são suscitadas por uma bela forma."

Não é estranho que Epicuro tenha sido tão malfalado. O prazer é suspeito. Vive nas sombras, atrás de portas fechadas. Quando falamos de prazeres "secretos" ou "ocultos", reconhecemos a vergonha ligada ao mais básico dos instintos humanos.

Epicuro achava o contrário. Considerava o prazer o bem supremo. Todo o resto — fama, dinheiro e mesmo virtude — importavam apenas na medida em que prolongavam o prazer. "Cuspo na honra e naqueles que a idolatram em vão", escreveu, no seu estilo tipicamente provocativo. O prazer é a única coisa que desejamos por si só. Todo o resto, mesmo a filosofia, é um meio para um fim.

O primado do prazer, dizia Epicuro, era autoevidente. A que uma criança responde? Prazer e dor. Você não precisa ensinar a ela que o calor é quente e o doce, gostoso; ela sabe disso. Buscar prazer e evitar a dor é tão natural e automático quanto respirar.

Epicuro definia prazer de forma diferente de como fazemos. Pensamos no prazer como uma presença, o que os psicólogos chamam de afeto positivo. Epicuro definia o prazer como uma falta, uma ausência. Os gregos chamavam esse estado de *ataraxia*, literalmente, "ausência de perturbação". É a ausência de ansiedade, em vez de a presença de algo, que leva ao contentamento. O prazer não é o oposto da dor, mas a falta dela. Epicuro não era um hedonista. Ele era um "tranquilista".

Alguns psicólogos objetam o foco quase exclusivo de Epicuro no alívio da dor. "A felicidade é definitivamente outra coisa além da mera ausência de dor", diz o *Journal of Happiness Studies*. Antes de ler Epicuro, eu concordaria. Agora não estou tão certo. Se for honesto comigo mesmo, reconheço que o que mais desejo não é fama ou riqueza, mas paz de espírito, o "puro prazer de existir". É quase impossível descrever esse estado em outros termos que não nos da ausência. Evitar a dor é um bom conselho — sou favorável a ele —, mas não é essa uma base muito frágil para a filosofia? Não, se você está sentindo dor, pensava Epicuro.

Imagine que você caiu de um cavalo e quebrou a perna. O médico é chamado e prontamente lhe oferece uma tigela de uvas. O que foi? As uvas são aprazíveis, não são?

Essa situação absurda é uma das muitas nas quais nos vemos, acreditava Epicuro. Lançamos um monte de prazeres triviais sobre uma montanha de dor e nos perguntamos por que não estamos felizes. Alguns sofrem o choque agudo de uma dor física; outros, o sofrimento maçante da dor mental ou a dor mortal do coração partido; mas dor é dor, e precisamos lidar com ela se desejamos chegar ao contentamento.

"Nascemos só uma vez — duas não é permitido." Epicuro acreditava que cada vida humana era o produto fortuito do acaso de um desvio no movimento dos átomos, uma espécie de milagre. Não deveríamos celebrar isso?

―――

Fujo do lugar que pode ou não ter sido o Jardim e me retiro em uma cafeteria convidativa. Peço uma cerveja Mythos e contemplo os muitos prazeres de Epicuro. Ele não ficou simplesmente na celebração do prazer. Ele o dissecou, desenvolvendo toda uma taxonomia do desejo. No topo da escada, estavam os desejos "naturais e necessários". Um copo de água, por exemplo, após uma viagem pelo deserto. Depois vinham os "naturais, mas não necessários". Uma taça de vinho simples logo depois de tomar a água após a viagem pelo deserto. Finalmente, na base da pirâmide, estão os desejos que não são naturais, o que Epicuro chamava de "desejos vazios". Uma garrafa cara de champanhe depois de ter tomado o vinho, depois de ter tomado a água, logo após a viagem pelo deserto. Esses desejos vazios eram o que mais causavam sofrimento, pensava Epicuro, já que são os mais difíceis de obter. "É melhor você ficar deitado em uma cama de palha e estar livre do medo, do que ter um sofá de ouro em uma mesa opulenta, mas viver com a mente preocupada."

Bebo minha cerveja — natural, mas não necessária — e silenciosamente faço um inventário dos meus vários desejos. Não gosto do que encontro. Emprego energia — demais, eu sei —, perseguindo miragens. Emprego muita energia em bolsas. Amo bolsas (de couro, principalmente, mas também mochilas e pastas) e, como todos os amores, este me consome. Epicuro olharia para minha exagerada coleção de bolsas (tenho um problema) e a declararia, no melhor dos casos, um desejo natural, mas desnecessário. Sim, precisamos de algo para carregar nossas coisas, mas não precisamos de 54 bolsas de várias texturas e configurações de couro e lona. Uma mochilinha simples daria.

Não só existem diferentes formas de prazer, diz Epicuro, como operam em velocidades diferentes. Aqui, ele diferencia entre prazeres estáticos e cinéticos. O ato de satisfazer nossa sede com um copo de água gelada é um prazer cinético. Essa sensação de saciedade — a falta de sede — que experimentados depois é um prazer estático. Ou, dito de outro modo, beber é um prazer cinético; ter bebido, um prazer estático.

Pensamos em prazeres cinéticos como os mais satisfatórios, mas Epicuro não os via assim. Prazeres estáticos são superiores, porque os buscamos por si mesmos. Não são fins, são meios. "Encontro prazer completo no corpo quando vivo de pão e água", disse Epicuro, "e cuspo nos prazeres de uma vida com muitos frufrus, não por conta deles mesmos, mas pelos desconfortos que os acompanham".

Quais são os desconfortos que se seguem, digamos, a uma refeição de cinco pratos no French Laundry? Epicuro fala de sensações físicas — indigestão, ressaca —, mas muito mais de outro tipo de dor, mais insidiosa: a dor de não ter. Você comeu com prazer uma Terrina de Salmão Real do Pacífico — o prazer era real —, mas agora ela se foi e você tem vontade de comê-la de novo. Você terceirizou sua felicidade e a ligou à Terrina de Salmão — e ao pescador que o pegou, ao restaurante que o serve, ao chefe que lhe paga para que possa comprá-la. Agora você é um viciado em Terrina de Salmão, sua felicidade depende de algumas doses. Tudo porque confundiu um desejo desnecessário com um necessário.

Anime-se, diz Epicuro. A natureza cobriu todas as etapas. Fez com que os desejos necessários fossem fáceis de obter, e os desnecessários, difíceis. Maçãs crescem em árvores. Teslas, não. Desejo é o GPS da natureza, nos guiando aos mais altos prazeres e para longe dos vazios.

Estamos, em tese, vivendo a era de ouro do prazer. Tantas opções tentadoras estão a um clique: comida gourmet, colchões de espuma, sexo excêntrico, bugigangas. Mas isso é só um chamariz ilusório do prazer, diria Epicuro. Como todo chamariz do tipo, parece real, então nele miramos. Se falharmos em acertá-lo, nos culpamos por uma mira ruim e recarregamos.

Pare de mirar nesses chamarizes, aconselha Epicuro. Mais ainda, pare de atirar. "Não o que temos, mas o que aproveitamos constitui nossa abundância", diz, notando que, com a visão de mundo certa, mesmo um potinho de queijo converte uma simples refeição em um banquete.

Após certo ponto, acreditava Epicuro, o prazer não pode ser aumentado — assim como um céu nítido não pode ficar mais nítido —, só variado. Aquele novo par de sapatos ou relógio representa o prazer variado, não aumentado. Ainda assim, toda nossa cultura do consumidor é predicada na suposição de que o prazer variado é igual ao aumentado. Essa equação equivocada causa um sofrimento desnecessário.

Não apenas a variedade de prazeres importa mais do que pensamos como também a duração. Uma massagem de vinte minutos não é necessariamente mais prazerosa do que uma de dez. Você não pode dobrar a tranquilidade. Ou você está em paz ou não está.

Essa filosofia pode não soar muito divertida, mas era. Os epicuristas se acomodavam atrás dos muros do jardim, viviam uma vida simples, mas pontuada por banquetes luxuosos. Eles sabiam que a luxúria era curtida melhor de maneira intermitente e recebiam de braços abertos qualquer coisa boa que viesse a seu encontro. Epicurismo é uma filosofia da aceitação e de sua prima próxima, a gratidão. Quando aceitamos algo, realmente aceitamos, a gratidão é decorrente.

Recentemente, conheci um psicólogo jovem chamado Rob, que, penso eu, encarna o etos epicurista, mesmo que não o saiba. Rob e eu passamos três dias caminhando na mata selvagem do sul de Utah, como parte de um experimento acerca dos benefícios da natureza para a saúde. (Eu fui o ratinho de laboratório.)

Um dia, notei a garrafa de água de Rob, elegante e ergonômica, tirando de mim uma empolgação parecida com a que tenho com as bolsas.

"Onde você a comprou?", perguntei a Rob.

"Não a comprei", respondeu. "Ela me aconteceu."

Acontece muito com Rob. Não apenas garrafas de água, mas canecas de café, lanternas e outros itens. Após nossa expedição, Rob e eu trocamos e-mail, e ele me informou: "Uma nova caneca de café me aconteceu uma hora atrás, enquanto eu cruzava o campus; é bem chique e veio, por alguma razão obscura, em sua própria caixa. Eu a coloquei no meu escritório com outras cinco canecas, oito garrafas de água, uma coqueteleira para shakes e duas lanternas; todas me aconteceram. Se não diminuir, poderei finalmente me aposentar cedo e abrir uma loja de presentes."

A atitude de Rob é epicurista pura. Se alguma coisa chega até você, aproveite. Não a procure. Coisas boas vêm àqueles que não as esperam. Rob não gastava energia caçando essas futilidades. Elas simplesmente aconteciam a ele. E, quando o faziam, ele ficava grato.

Nos séculos que se seguiram à morte de Epicuro, os jardins epicuristas floresceram ao longo do Mediterrâneo. Atraíam um grande e devotado grupo de seguidores e, diferente de outras escolas, tinham poucos atritos. Muitos adentravam o jardim, poucos fugiam.

Aqueles fora dos muros do jardim jogavam pedras. O professor estoico Epiteto chamou Epicuro de "desgraçado boca suja". O epicurismo, com seu etos de prazer consistente, ameaçava as outras escolas de filosofia e, especialmente, uma nova religião muito popular: o cristianismo. A Igreja prevaleceu. Por muitos séculos, o epicurismo se calou.

Então, em 1417, um acadêmico intrépido chamado Poggio Bracciolini, fazendo uma busca a pente fino por tesouros da antiguidade na Europa Meridional, descobriu a última cópia existente de "Sobre a Natureza das Coisas", um tratado epicurista sobre a natureza da existência, escrito pelo poeta romano Lucrécio. Em 1473, tornou-se um dos primeiros livros impressos na recém-inventada imprensa mecânica.

As ideias de Epicuro — sobre prazer, simplicidade e a boa vida — acharam uma audiência receptiva, da França até as colônias norte-americanas. Em 1819, um Thomas Jefferson aposentado declarou: "Também sou epicurista". Em uma carta a um amigo, vai além: "Considero que as genuínas (e não as imputadas) doutrinas de Epicuro contêm o que há de racional em uma filosofia moral deixada para nós por Grécia e Roma."

Jefferson era menos familiarizado com os ensinamentos de Buda, mas as similaridades com Epicuro são impressionantes. Ambos viam no desejo a raiz de todo o sofrimento. Ambos viam a tranquilidade como o objetivo último de sua prática. Ambos viram a necessidade de uma comunidade que pensasse parecido: os jardins de Epicuro, o sangha para Buda. E ambos aparentemente gostavam do número quatro. Buda tinha as Quatro Nobres Verdades; Epicuro, a Cura em Quatro Partes.

Essas similaridades podem ser mais do que coincidências. Duas das influencias iniciais de Epicuro, Demócrito e Pirro, viajaram à Índia e lá encontraram escolas budistas. Talvez Epicuro tenha sabido dos ensinamentos de Buda. Ou talvez ambos os homens, viajando por rotas diferentes, tenham chegado ao mesmo destino.

———

Todo o Jardim, como quase tudo, migrou para a plataforma online. É lá que encontro Tom Merle. Eu não estava procurando por Tom. Ele me aconteceu. Tom é Epicurista com "E" maiúsculo — aderindo aos princípios originais do filósofo — vivendo na pequena Napa, Califórnia, uma cidade epicurista com "e" minúsculo, onde a palavra é sinônimo de indulgência culinária. Como ele reconcilia essas existências maiúsculas e minúsculas? Essa é a primeira questão que anoto em meu bloco de notas. Perguntas, no entanto, são como M&M's e bolsas: é impossível ficar em um. Em pouco tempo, preenchi dezenas de páginas do meu bloco de notas. Epicuro, o apóstolo da vida simples, não aprovaria.

Todas as minhas questões, me dou conta, são, em essência, isto: como pode um cara grego e já morto, propenso a xingar e cuspir, que viveu em um jardim e pregou uma vida de simplicidade radical, ser relevante nos dias complexos e de alta tecnologia de hoje?

Viajei meio mundo, de Atenas a Napa, para encontrar Tom cedo, para um almoço. Eu o deixei escolher o lugar, em parte porque era a cidade dele, mas principalmente porque fiquei curioso pelo modo como ele escolheria, se epicurista ou Epicurista. Ele sugere que nos encontremos no centro da cidade e que depois caminhemos para o restaurante.

Tom tem 73 anos, mas parece ter dez anos a menos. Ele está usando óculos escuros pretos, que nunca tira, mesmo no escuro, e uma blusa de seda adornada com garrafas de vinho coloridas. Tom é claramente alguém confortável consigo mesmo. Gosto dele. Conforme andamos, jogo conversa fora, pergunto sobre sua vida em Napa.

Tom gosta de viver aqui, embora se canse da vaidade oculta, do excesso de pessoas belas — e da grande falta de coragem.

Coragem é importante. Nunca confie em um lugar sem coragem.

Tom nos conduz para uma pequena cafeteria. O menu é simples e barato. Epicurista com E maiúsculo. Peço um sanduíche chamado "tocando fogo na mata", intrigado por comer queijo oaxaca e me lembrando de algo que li sobre Thoreau. Ele e um amigo acidentalmente colocaram fogo em uma parte da Mata de Walden, para sua desgraça.

"Você quer algo para beber com isso?", pergunta a mulher que pega nossa comanda.

Olho para o meu relógio: 11h. "É muito cedo para vinho?", pergunto.

Tom e ela trocam olhares cúmplices. *Temos um turista conosco*. Em Napa, nunca é muito cedo ou muito tarde para um vinho.

Peço o Pinot Noir que Tom recomenda. Nós nos sentamos em uma mesa do lado de fora, o sol morno, o céu em um azul impecável da Califórnia. Nenhuma manchinha a vista. Um Tesla passa voando.

Enquanto esperamos nossa comida, mergulho em minha questão — que, desavisado, se multiplicou em *questões*.

Como você encontrou Epicuro, pergunto a Tom, e como ele o achou?

Tom me explica que ele sempre foi uma "pessoa de ideias". Brincou com um pouco de filosofia no ensino médio, até a graduação não mergulhou fundo. Foi nos anos 1960. Uma boa época para ser uma pessoa de ideias. Tom leu Spinoza e Kant, bem como os outros, mas foi atraído por Epicuro e seu foco no prazer. "Para mim, prazer é tão abrangente — muito mais até do que felicidade", ele me diz, entre uns goles de vinho.

Tom nunca se cansa de corrigir as coisas sobre Epicuro. O filósofo nunca foi um viciado em comida e ficaria chocado de ver um site de culinária com seu nome. Ele valorizava a vida simples. A fruta no galho baixo é a de melhor gosto.

Pergunto como Tom reconcilia a ideia de vida simples com a realidade de viver em Napa, um lugar no qual a fruta do galho baixo é provavelmente uma uva paparicada feita para uma garrafa de Merlot e em que um teto simples sobre sua cabeça custa cerca de 1 milhão.

Não é fácil, diz Tom, mas possível. Você tem que fazer contas.

Estremeço à mera menção de matemática. Para mim, matemática e geometria estão junto com os deuses e a morte no quesito medo. Eu nunca teria pisado na Academia de Platão por conta do requisito restrito. Todos os prazeres são bons, todas as dores, ruins, explica Tom, mas isso não significa que devemos sempre escolher o prazer em vez da dor. Alguns prazeres podem nos levar à dor e devem, por isso, ser evitados. A dor do câncer de pulmão é maior do que o prazer de fumar. Do mesmo modo, algumas dores nos levam ao prazer e devem ser suportadas. A dor de ir à academia, por exemplo.

Por mais estranho que pareça, podemos usar a razão para chegar ao prazer, pensava Epicuro. Se estamos infelizes, não é porque somos preguiçosos ou falhos. Simplesmente calculamos mal. Falhamos em ter prudência, "raciocínio sóbrio", enquanto estimava o prazer e a dor.

Tom está constantemente fazendo essa conta, "checando seu prazer", como diz. Será que o benefício de certo prazer é maior que a dor que pode causar?

Alguns dias atrás, explicou Tom, ele notou que uma peça a que queria assistir estava para ser encenada em São Francisco. Deveria ir? De um lado estava o prazer de assistir à performance, mas ele o considerou em relação à dor do ingresso caro e à agonia do tráfego. No fim, Tom decidiu que sim, neste caso, o prazer é maior do que a dor. Ele comprou o ingresso.

"Pouquíssimas coisas são prazeres puros", disse. "É por isso que essa filosofia é perfeita para mim. Sou uma pessoa muito indecisa."

Também fico muito confuso com escolhas. Estranhamente, não são as maiores decisões da vida — que carreira devo seguir? — que me apresentam as maiores dificuldades, mas as pequenas: devo pedir café da Guatemala ou Sumatra? Na raiz de minha indecisão, noto, está o medo. O medo de fazer a escolha errada. Escolher o bom em vez do melhor.

Conforme Tom e eu tomamos nosso Pinot Noir, começo a ver o apelo do epicurismo. Ainda assim, algo ainda me perturba: *ataraxia*, a falta de agitação que Epicuro considerava o suprassumo do bem. Parece uma forma muito passiva de prazer. O que há de errado em satisfazer os desejos ativamente? Pergunto a Tom.

"Pense nesta batata frita", diz ele, sacudindo uma no ar como se fosse uma varinha.

"Ok", digo, incerto de aonde ele quer chegar.

"Se você deseja uma batata frita, o desejo começa com uma dor. Uma ausência de algo. Uma ânsia. Uma busca. Uma comichão."

"Então o prazer é coçar a comichão?"

"Isso, mas não é algo que você consiga aplacar, porque sempre haverá outras dores, outras comichões que você vai querer coçar."

Parece horrível, esse ciclo infinito de comichão e coceira. Começo a sentir uma comichão só de pensar. Provamos o caviar e está gostoso, o que é bom, mas ansiaremos por caviar de novo, e isso é problemático. O caviar nunca vai ser tão bom quanto o desejo quer. O que começa como prazer termina como dor. A única solução é minimizar esses desejos.

Inevitavelmente, a conversa desvia para o vinho. Presumo que Tom, cidadão de Napa, é um esnobe do vinho. Estou errado. Tom Merle, residente de Napa, enólogo amador, acionista em uma empresa de buffet chamada "Splendor in a Glass", bebe um Two-Buck Chuck, vendido por dois dólares a garrafa, e vende bem.

"Sério, Tom? O baratinho?"

"É um vinho de mesa e não é ruim. Gastar US$35 em algo que é consumido, engolido e depois se foi é insano. Tem uma razão pela qual Charles Shaw fez sucesso. Esse vinho barato é um vinho decente. É o que chamo de um vinho 'bom o suficiente'."

"Bom o suficiente?"

"Sim. Eu diria que bom o suficiente é bom o suficiente. Deixa você com tempo para as partes importantes da vida. Ademais, nada é suficiente para o homem para quem o suficiente é pouco", diz Tom, encarnando Epicuro.

Paro no meio do gole. Quanto é suficiente? Raramente paro para pensar nisso. Sempre pensei que a resposta é "mais do que tenho agora". No fim das contas, "mais" é um alvo em movimento. Psicólogos chamam isso de "esteira ergométrica do hedonismo". Essa particularidade da natureza humana explica por que o terceiro crème brûlée nunca é tão bom quanto o primeiro ou o segundo. Explica por que o carro novo que nos encantou no test drive nos entedia depois de um mês ou mais de estrada. Nós nos acostumamos aos novos prazeres, tornando-os algo que não é nem bom, nem novo.

Somos particularmente suscetíveis ao que chamo de "só um pouquinho maisismo". Não precisamos de muito mais — dinheiro, sucesso, amigos — para sermos felizes. Só de um pouco mais. Quando conseguimos esse pouco a mais, recalibramos e recalculamos que precisamos... de só um pouco mais. Não sabemos quanto é suficiente.

Bom o suficiente não significa parar. Bom o suficiente não é tirar o corpo fora. Bom o suficiente representa uma atitude de gratidão profunda a seja lá o que for que aconteça com você. Não apenas é o inimigo perfeito do bom, mas o bom é inimigo do bom o suficiente. Siga o credo do bom o suficiente por tempo o suficiente e algo incrível acontece. O "suficiente" vai embora, como uma cobra livrando-se de sua pele, e o que sobra é simplesmente o Bom.

Epicuro considerava a amizade um dos grandes prazeres da vida. "De todas as coisas que contribuem para uma vida abençoada, nenhuma é mais importante e frutífera do que a amizade", disse. Amigos, adicionou, são essenciais durante as refeições, como a que Tom e eu estamos fazendo. Comer e beber sem um amigo é "devorar como o leão e o lobo".

A ênfase de Epicuro na amizade parece contradizer seu princípio de prazer primeiro. Amizades genuínas, ao fim e ao cabo, significam muitas vezes colocar o prazer de um amigo acima do seu. Isso não dispensa o cálculo hedonista? Não, diz Epicuro. Amizade, em seu todo, alivia a dor e promove o prazer. Seja lá qual for a dor associada com a amizade, ela é mais do que compensada pelos seus prazeres.

Ocorre-me que Tom e eu estamos tendo um momento epicurista. Uma simples refeição somada a um vinho bom o suficiente. A luxúria da amizade e do tempo. O prazer da ausência de dor, da *ataraxia*. Registro meu agradável estado mental, mas não me fixo nele, para que não vire presa do paradoxo do prazer. Felicidade contemplada é felicidade perdida.

Conforme nos despedimos, pergunto se Tom pode me recomendar uma cafeteria. Espero que sugira um lugar peculiar no qual os trabalhadores dedicados sirvam um café no qual se vê o amor do artesanato em cada xícara. Um lugar especial.

"Tem um Starbucks no fim da rua", diz ele.

Fico desapontado, mas paro e me pergunto: "O que Epicuro faria?" Ele iria ao Starbucks, é claro. Então eu vou.

Não é peculiar. Não tem minhas baristas amadas. Não é especial. É bom o suficiente.

Em outras palavras, perfeito.

7.

Como Prestar Atenção: Simone Weil

8h24. Estação de Wye Rail, Reino Unido, esperando para embarcar na Southeastern Limited, com destino a Ashford. Tempo total de viagem: sete minutos. Tempo total de espera: nove minutos.

É cedo, e a estação é encantadora. O edifício simples de madeira, pouco mais que uma cabana repaginada, exala um ar familiar de acolhimento e eficiência. Um pequeno quadro de avisos informa que o clube do livro local se reunirá na próxima quinta-feira e seria bom se eu levasse salada de batata ou talvez uns bolinhos. Uma placa nas proximidades declara Wye uma "área de grande beleza natural". E, de fato, é. Prados sem fim e colinas verde-esmeralda.

Sento-me na pequena sala de espera e deixo que se sente comigo o maravilhoso absurdo que circunda essa ideia. Sala de espera. Uma sala construída com o único objetivo de envolver-se na não atividade da espera. Balanço nos calcanhares. Olho para o relógio. Mais oito minutos. Examino a pequena biblioteca. Na verdade, apenas algumas prateleiras de livros com muitas marcas de manuseio.

Olho para o pequeno quadro de horários. Mais sete minutos. Estou inquieto. Ritmado. Passo os dedos no bilhete: Wye para Ashford, volta. Prefiro isso à "ida e volta". Uma viagem de ida e volta é algo pomposo e sem sentido.

Verifico o quadro de horários novamente. Seis minutos. Suspiro. O que fazer com uma parcela de tempo como esta? Curta demais para realizar algo significativo, longa demais para passar em um piscar de olhos. Eu sei, seis minutos não são nada. Mas faz diferença. Li no *Daily*

Telegraph que o britânico médio gasta ao longo da vida seis meses em filas.

Seis meses não são um cisco. São o grosso de uma gravidez. Seis meses são um casamento curto ou uma aventura longa. São uma boa parte da vida. E esse é o tempo gasto apenas em filas. Também esperamos uma panela de água ferver; um médico nos ver; um site baixar; um representante nos atender; um pote de café para preparar; uma criança adormecer; um engarrafamento se dissipar; a palavra certa se materializar; nossa filha, que absolutamente nunca se atrasa, chegar; a pipoca estourar; cubos de gelo congelar; a neve derreter.

Seis minutos. Se eu tivesse mais tempo, leria. Trouxe algumas publicações apropriadas para minha curta viagem de trem. Uma coleção de haikus e o ensaio de Sêneca "Sobre a Brevidade da Vida". Cerca de 2 mil anos depois, Ferris Bueller, em um dia de folga, ecoou: "A vida passa muito rápido. E, se você não curtir de vez em quando, a vida passa e você nem vê."

A velocidade gera impaciência. Nossa capacidade de espera diminui em proporção inversa à velocidade da vida. Por que a conexão à internet é tão lenta? Cadê minha pizza? A impaciência é uma gana de futuro. A paciência é uma atitude generosa em relação ao tempo.

Aquele ponto lá adiante aumenta cada vez mais, até que a locomotiva finalmente chega à pequena estação de Wye, e subo a bordo com uma aura de espontaneidade. Instalando-me em meu assento, na janela, estou prestes a olhar o relógio quando me impeço. Em vez disso, olho pela janela e espero.

O trem acelera, cada segundo que passa me aproxima de Ashford, o local de descanso final de uma filósofa que pensou muito em esperar e no tempo, o qual, em uma daquelas tristes ironias que acometem desproporcionalmente os filósofos, lhe concedeu pouco dela mesma.

A filosofia não dá trégua. Desafia. Exige. Os melhores filósofos são os mais exigentes. Sócrates exige que questionemos suposições, especialmente as nossas. Marco Aurélio exige que honremos nossos deveres.

O que Simone Weil requer é mais simples, mas não menos difícil. Ela exige que prestemos atenção. Não qualquer tipo de atenção. A noção de atenção de Weil é diferente de todas as que conheci.

COMO PRESTAR ATENÇÃO

Vejo uma foto em preto e branco de Simone Weil. Ela tem 20 e poucos anos, acho. Percebo pela primeira vez seus cabelos negros, grossos e indisciplinados, depois os óculos, quase cômicos de tão grossos. Ela é só cabelos e óculos, penso.

Então eu noto os olhos. Escuros e firmes, exalam calor e uma sabedoria feroz e sobrenatural. São olhos feridos. Olhos sérios. Olhos thoreauvianos. Todo mundo comentou sobre eles. Um amigo lembra "seu olhar penetrante através dos óculos grossos". Outro ficou impressionado com o fato de "em sua presença todas as 'mentiras' serem desmascaradas... seu olhar desnudado, lacrimejante e rasgado compreenderia e tornaria impotente a pessoa para a qual ela olhasse".

Ela veste uma roupa espalhafatosa e pouco lisonjeira, coerente com o completo desprezo pela moda que exibiu ao longo de sua vida. Usava roupas surradas, sempre pretas e sapatos baixos. "Maltrapilha de toda", lembrou um amigo. "Uma eremita medieval", disse outro.

A filósofa da atenção não queria nada dirigido a ela. Ela queria ver, mas não ser vista. Pegando um trem ou trabalhando em uma fábrica, seu objetivo era o anonimato: "Fundir-se na multidão e desaparecer entre eles, para que se mostrassem como são", disse ela. No entanto, ela sempre se destacou. Como não o faria? Intelectual. Esquisita. Judia.

Weil nasceu em Paris, em 1909, em uma família ferozmente secular e altamente intelectual. Desde tenra idade, encontrou refúgio e inspiração nos livros. Aos 14 anos, sabia os *Pensées*, de Blaise Pascal, de cor. Ela leu obras em sânscrito original e assírio-babilônico. ("Uma linguagem ridiculamente fácil!", disse a um amigo.) Ela podia passar dias seguidos sem comer e sem dormir.

Embora se destacasse na escola, nunca valorizou o conhecimento por si só. "O único objetivo sério dos trabalhos escolares é treinar a atenção", disse ela. Esta única palavra — atenção — viria a possuí-la. Foi o fio que costurou sua filosofia e sua vida.

A capacidade de prestar atenção é, junto com a de andar na vertical e de abrir jarros de picles, o que nos torna humanos. Toda descoberta científica brilhante, toda grande obra de arte, todo tipo de gesto tem como fonte um momento de pura atenção alheada de si mesmo.

Atenção importa. Mais do que qualquer outra coisa, molda nossas vidas. "No momento, o que atendemos é a realidade", disse o filósofo norte-americano William James. Algo só existe para nós se o atendermos. Isso não é uma metáfora. É um fato. Como muitos estudos revelam, não vemos aquilo em que não prestamos atenção.

A qualidade de nossa atenção determina a qualidade de nossas vidas. Você é aquilo em que escolhe prestar atenção e, crucialmente, como o faz. Olhando sua vida, quais lembranças surgem na superfície? Talvez sejam grandes, como o dia de seu casamento, ou pequenas, trocas inesperadamente gentis com a pessoa atrás de você na ridiculamente longa fila dos Correios. As chances são, porém, de que surjam momentos em que você estava mais atento. Nossas vidas não são a soma dos nossos momentos mais arrebatadores. "O maior êxtase", disse Weil, "é a atenção máxima".

Durante esses raros momentos, entramos em um estado mental — um estado de ser — que Weil chama de "extrema atenção", e o psicólogo Mihaly Csikszentmihalyi chama de "fluxo". Quando você está em um estado de fluxo, perde toda autoconsciência e experimenta uma percepção alterada do tempo e um senso elevado de realidade. Tudo parece mais do que real. Diferente de tantas coisas na vida, o fluxo é "uma condição tão gratificante que deve ser procurada por si mesma", diz Csikszentmihalyi.

As pessoas imersas no fluxo não são absorvidas pelo ego, pois não há ego para absorvê-las. Nada de músico, apenas a música. Nada de dançarina, apenas a dança. Um marinheiro ávido descreve estar em fluxo assim: "Um esquecer-se de si mesmo, de tudo, vendo apenas o jogo do barco com o mar, o jogo do mar ao redor do barco, deixando de lado tudo o que não é essencial para esse jogo." Você não precisa navegar no Atlântico ou escalar o Everest para experimentar o fluxo. Basta prestar atenção.

COMO PRESTAR ATENÇÃO

Dada a importância da atenção, você pode pensar que os filósofos estão por toda parte. Mas eles prestaram pouca atenção à atenção. Talvez tenham achado o assunto muito óbvio ou opaco. Talvez, simplesmente, estivessem muito distraídos.

Ao longo dos séculos, alguns filósofos ficaram sentados tempo suficiente para refletir. René Descartes, o pai da filosofia moderna, via a atenção como uma espécie de varinha intelectual, uma ferramenta que nos permitia distinguir entre ideias dúbias e "claras e distintas", acima da dúvida. O filósofo que disse "Penso, logo existo" também quis dizer, nestas palavras: *Presto atenção; logo, sou capaz de transcender a dúvida.* Não é tão cativante, admito; mas, provavelmente, mais preciso.

À medida que a virada do século XX se aproximava, o assunto da atenção estava, ironicamente, na fragmentação do caos. Alguns pensadores chegaram a concluir (como ainda o fazem) que a atenção não existe. Como escreveu o filósofo britânico Francis Bradley: "Não há um ato primário de atenção, não há um ato específico de atenção, não há nenhum tipo de ato de atenção."

Bobagem, disse William James, adentrando o caos. "Todo mundo sabe o que é atenção. É se apossar da mente, de forma clara e vívida, do que parecem vários objetos ou linhas de pensamento simultaneamente possíveis." James, prevendo os riscos da multitarefa, alertou que a atenção não só exige focar alguns aspectos da realidade, mas ignorar outros.

Nossa concepção atual de atenção data de 1958. Foi quando um psicólogo britânico chamado Donald Broadbent postulou o "modelo de filtro" de atenção (também conhecido como "modelo de gargalo"). O mundo inunda nossos sentidos com dados, como uma mangueira de incêndio. A capacidade do nosso cérebro de processar esses dados é limitada, portanto, chamar a atenção é como um meio de priorizar todas essas informações e controlar a mangueira de incêndio.

É uma teoria convincente, que, intuitivamente, faz sentido.

Atenção, presumimos, é como uma conta bancária que sacamos ou um disco rígido com capacidade limitada. Todos nós experimentamos a sensação de estarmos sobrecarregados por muita informação. Tanto nos bombardeia que nada fica. Vários estudos descobriram que superestimamos rotineiramente nossa capacidade de realizar várias tarefas.

A história, contudo, está repleta de pessoas cuja capacidade de atenção excedeu, em muito, a norma. Napoleão e Churchill, por exemplo, faziam malabarismos com várias tarefas e conversavam fluentemente. Nossa capacidade de atenção não é finita, conclui Alan Allport, psicólogo experimental da Universidade de Oxford. "Nenhum limite superior foi identificado, nem em geral, nem em domínios de processamento específicos." Como Rousseau nos lembra, frequentemente o que consideramos natural "do jeito que é" é o jeito que as coisas são *aqui* e *agora*. Uma verdade local disfarçada de universal.

Uma criança doente, Simone Weil cresceu e se tornou uma adulta doente. Aos 13 anos, começou a sofrer dores de cabeça agudas e debilitantes, que a atormentariam por toda a vida. Às vezes, a dor era tão forte que ela socava a cabeça em uma pilha de travesseiros. Seu apetite de pássaro não ajudava. Passava dias sem comer e pode ter sofrido de anorexia.

Os Weils eram uma família de germófobos. (Um amigo da família era bacteriologista, o que não ajudou.) A mãe de Weil insistia em que os filhos lavassem as mãos várias vezes, abrissem portas com os cotovelos e nunca beijassem ninguém. Não surpreende que Simone Weil se tornou uma adulta que se encolhia ao pensar em contato físico. Certa vez, assinou uma carta a um amigo assim: "Beijos carinhosos e desinfetados."

Brilhante como era, Weil se sentia ofuscada pelo irmão prodígio, André, que se tornaria um dos maiores matemáticos da Europa. Claramente, seus pais desejavam um segundo filho genial. Às vezes, eles se referiam a Simone como "Simon" e "nosso filho número dois".

Desde tenra idade, Weil sentia a dor dos outros como se fosse dela. Aos seis anos, quando eclodiu a Primeira Guerra Mundial, ela anunciou que abandonaria o açúcar, pois "os pobres soldados no front não tinham".

Mais tarde, quando jovem, se recusou a aquecer seu apartamento, por empatia pelos trabalhadores que não podiam pagar combustível para aquecimento. Ela insistia em dormir em pisos duros. Por um tempo, trabalhou em uma vinha colhendo uvas e em uma fábrica, fazendo o trabalho mais tedioso da linha de montagem. "A aflição alheia entrava em minha carne e minha alma", escreveu.

Weil, profundamente impressionada, começou a chorar quando ouviu notícias de fome na China, da colega filósofa Simone de Beauvoir. "Eu a invejava por ter um coração que abraçava o mundo", ela lembrou. As duas Simones, gigantes da filosofia francesa do século XX, e mulheres no que era, e até certo ponto é, um clube de homens, se conheceram em 1928, no pátio da Sorbonne. Elas não se davam bem.

A empatia radical de Weil ajuda a explicar suas opiniões radicais sobre a atenção. Ela não a via como um mecanismo ou uma técnica. Para ela, a atenção era uma virtude moral, não diferente de, digamos, coragem ou justiça, e exigia a mesma motivação altruísta. Não preste atenção para ser mais produtivo, melhor trabalhador ou pai. Preste atenção, porque é o curso de ação moralmente correto, a coisa certa a fazer.

Há um nome para a atenção em sua forma mais intensa e generosa: amor. Atenção é amor. Amor é atenção. São o mesmo. "Os infelizes não precisam de nada neste mundo, a não ser pessoas capazes de lhes dar atenção", escreve Weil. Somente quando prestamos atenção em alguém, total e sem expectativa de recompensa, nos envolvemos nessa "forma mais rara e pura de generosidade". É por isso que a atenção negada pelos pais ou por uma pessoa amada é a que mais fere. Nós a reconhecemos pelo que é: falta de amor.

No final, nossa atenção é tudo o que temos. O resto — dinheiro, elogios, conselhos — são substitutos ruins. Assim é o tempo. Dar a alguém seu tempo, mas não sua atenção, é a fraude mais cruel. As crianças sabem disso instintivamente. Sentem o cheiro da atenção falsa de longe.

Atenção pura não é fácil, Weil admite: "A capacidade de dar atenção a alguém que sofre é algo muito raro e difícil. É quase um milagre. É um milagre." Nosso primeiro impulso, quando confrontados com o sofrimento, é lhe dar as costas. Damos desculpas. Estamos ocupados. Sou conhecido por atravessar a rua para evitar advogados sinceros levantando dinheiro por uma causa, sem dúvida, digna. Quando vejo uma prancheta na mão, sorrio iluminando o rosto, encolho-me, envergonhado, não por não ter dinheiro, mas pela minha incapacidade de prestar atenção, de ter empatia.

Não é preciso muito, diz Weil. Uma simples pergunta de três palavras pode amolecer um coração e mudar uma vida: "Como você está?" Essas palavras são muito poderosas, diz Weil, porque reconhecem o sofredor "não apenas como uma unidade em uma coleção ou como um espécime da categoria social rotulada 'infeliz', mas como um homem, como nós, que foi um dia foi carimbado com a marca da aflição".

Há um cruzamento movimentado perto da minha casa, em Silver Spring, Maryland, onde, na maioria dos dias, mas principalmente aos domingos, um idoso afro-americano chamado Chip fica na ilha de trânsito. Ele repousa sua frágil estrutura em uma bengala, copo de isopor em uma das mãos, placa de papelão na outra. Diz simplesmente: "Chip." Nenhuma história. Nenhuma falação. Apenas o nome dele.

Vejo Chip agora, mas por um longo tempo não o vi. Não até minha filha, 10 anos na época, apontá-lo. Agora, sempre que passamos por ali, ela diz: "Olha o Chip!" e insiste em lhe dar algum dinheiro. A verdadeira atenção implica não apenas perceber o Outro, mas reconhecê-lo e honrá-lo. Em nenhum lugar isso é mais essencial do que na medicina. Um socorrista sobrecarregado pode perceber quando um paciente está com dor, tratar a dor e a causa, mas nunca lhe dar atenção. O paciente, consciente ou não, se sente enganado.

Minha mãe não está satisfeita com o cardiologista. Tecnicamente, ele é competente. Tem todas as certificações. No entanto, não tem capacidade de atenção. "Tenho a sensação de que posso cair morta na frente dele que ele não se importa", disse-me um dia. Ela está procurando outro. Mais atento.

Estou na estação St. Pancras, de Londres. É gloriosa. Toda em vidro, luz e promessa. Como muitas, foi construída com dois propósitos: funcional e estético. *"Mi-usine, mi-palais."* Meio fábrica, meio palácio. Após o sucesso da Exposição do Palácio de Cristal de Londres, em 1851, as cidades começaram a construir o salão principal das estações ferroviárias em vidro e aço, enquanto construíam as frentes em pedra.

COMO PRESTAR ATENÇÃO

O resultado foi um edifício janusiano, um paradoxo arquitetônico destinado a fazer pensar. Não admira que Wittgenstein tenha dito que o único lugar onde se pode enfrentar problemas filosóficos fosse na estação ferroviária. A estação é uma filosofia manifestada em pedra e aço. As duas alianças da estação, à arte e ao comércio, lembram-nos que, às vezes, é necessário manter dois pensamentos paradoxais. *A estação é uma fábrica; a estação é um palácio.* Ambas as afirmações são verdadeiras. Uma não nega a outra.

Minha estação favorita é a Antuérpia Central. Se as estações de trem forem catedrais, Antuérpia é São Pedro. Com seus tetos altos e mármore polido, provoca o mesmo êxtase que senti em outros grandes edifícios, a sensação de ser pequeno e grande ao mesmo tempo. Uma estação de trem é onde fico mais atento.

Amo todas as estações de trem, mesmo as feias. Elas não são mais feias que a Penn Station, de Nova York, um pulgueiro sujo de teto baixo. Mas, como estudante de peculiaridades humanas, me maravilho com o estranho costume dos embarques. Os funcionários da estação só anunciam o número da plataforma pouco antes de o trem sair. Até então, os passageiros, segurando cartões de embarque e café com leite, esperam ansiosamente. Alguns tentam adivinhar e, como um jogador apostando tudo no 32 vermelho, apostam sua reivindicação. Outros, demonstrando desamparo aprendido, olham para o chão, desprotegidos.

As estações ferroviárias, mesmo as ruins, pulsam vida de uma forma que os aeroportos, mesmo os bons, não fazem. São campos de treinamento para a atenção. Isso vale desde o começo. Uma pintura, de 1862, capta a vivacidade das estações. Chamada simplesmente de *A Estação Ferroviária*, de William Frith, descreve uma cena frenética, ou cenas, ocorrendo na plataforma. Porteiros, jovens de pele avermelhada, transportam enormes malas nos trens. Um passageiro ajusta a coleira de um de seus dois cães. Uma festa de casamento, completa, com damas de honra, se prepara para embarcar. Dois detetives da Scotland Yard prendem um criminoso. Um homem barbudo com um casaco de pele, um nobre veneziano, pechincha a tarifa do táxi.

Vendo a pintura, minha atenção se fragmenta. Lascas. Não é a natureza da atenção? É como um gato selvagem, uma leoa da savana que deve ser "capturada", não por nós, mas por agentes externos, como os detetives da Scotland Yard que algemam um fugitivo. Ou talvez não.

A Estação St. Pancras de hoje não possui nobres venezianos nem damas de honra vitorianas. No entanto, correntes de energia ainda pulsam em sua sala de embarque e nos balcões e cafés. Não há nada estacionário em uma estação de trem. Todo mundo está em movimento.

Todo mundo menos eu, plantado em uma pequena cafeteria. Peço um espresso caro e encontro um assento com vista para a ação.

Alcanço minha bolsa, uma beleza de couro encerado, e pego uma coletânea de Weil. Vou direto a seu ensaio "Reflexões sobre o bom uso dos estudos escolares como meio de cultivar o amor a Deus". É um título curioso. Weil era profunda, embora não convencional, espiritualizada, e enquadra muitas de suas ideias em termos religiosos. Seu trabalho ressoou com o Papa Paulo VI. Mas você não precisa ser religioso para apreciar a sabedoria de Weil. O cético Albert Camus a chamou de "o único grande espírito de nosso tempo". Ele passou uma hora meditando em seu apartamento em Paris antes de embarcar no avião para Estocolmo para aceitar o Prêmio Nobel de Literatura.

O ensaio é curto, apenas oito páginas, mas demoro para lê-lo. Começo e paro, depois recomeço. A cada leitura, o sentido muda, como um cristal que aparece em cores diferentes, dependendo de como a luz o atinge. O ensaio é atraente, exigente. Weil começa dizendo que não sei de nada. Atenção não é o que eu acho que é.

Atenção não é concentração. A concentração pode ser coagida — *ouça, classe!* —, a atenção, não. Observe o que acontece com seu corpo quando você se concentra. Sua mandíbula se aperta, seus olhos se estreitam, sua testa se enruga. Weil achava esse tipo de esforço ridículo.

Concentração faz contrair. Atenção expande. Concentração cansa. Atenção rejuvenesce. Concentração é pensamento focado. Atenção, suspenso. "Acima de tudo, nosso pensamento deve estar vazio, esperando, sem buscar nada, mas pronto para receber em sua verdade nua o objetivo que deve penetrá-lo", escreve Weil. Se essa afirmação não for suficientemente intrigante, Weil vai além, declarando que "todos os erros surgem da falta de passividade".

Sério? Não é o *excesso* de passividade que atormenta? Isso é certamente o que nossa cultura ensina. Assumimos que a pessoa ativa está prestando atenção e a passiva é, de alguma forma, inepta.

Não, diz Simone Weil. Atenção não é algo que fazemos, mas que consentimos. Menos levantamento de peso, mais yoga. "Esforço negativo", chamava. Atenção genuína, ela acreditava, é uma espécie de espera. Para Weil, os dois são praticamente iguais. "Não obtemos os presentes mais preciosos indo em busca deles, mas esperando por eles." O oposto da atenção não é a distração, mas a impaciência.

Não procure soluções. Espere por elas. Quanto mais você procura em seu cérebro a palavra "certa", mais ela lhe escapa. Espere, porém, e ela chegará. Em algum momento.

A velocidade é inimiga da atenção. De todas as inconveniências que testemunhou na fábrica, a maior, pensava Weil, foi a violação da atenção dos trabalhadores. A correia transportadora se movia a uma velocidade "incompatível com qualquer outro tipo de atenção, pois drena a alma de todos, exceto a preocupação com a velocidade".

Prestamos atenção apenas ao que consideramos digno de nossa atenção. Em um nível, essa triagem mental é necessária, para que nossas vidas não se tornem, nas palavras de William James, "uma confusão que desabrocha". Mas tem um custo. Ao fazer a triagem com muita rapidez e impulsividade, corremos o risco de negligenciar pedras preciosas.

Assim como frequentemente corremos ao julgamento, também corremos à atenção. Apegamo-nos a um objeto ou ideia muito rapidamente e pagamos um preço: um lampejo de beleza ou um ato de bondade que não é visto. Por isso, diz Weil, é importante mantermos um estado de não saber, de não pensar, pelo maior tempo possível. Isso requer paciência, algo já escasso na época de Weil e ainda mais hoje.

Weil prestava muita atenção a assuntos que a maioria de nós considera triviais. Manuscritos, por exemplo. No ensino médio, relata sua amiga e biógrafa Simone Pétrement, Weil decidiu reformar sua "desleixada, quase descuidada, caligrafia rabiscada". Trabalhou incansável e atentamente, apesar das dores de cabeça e mãos frequentemente inchadas e doloridas. Seu rabisco ficou "progressivamente menos rígido e flexível e, finalmente, alcançou o roteiro puro e bonito dos últimos anos".

Paciência é uma virtude. Também é boa para você, como mostram as pesquisas. Os pacientes são mais felizes e saudáveis do que os impacientes, segundo estudos. As pessoas pacientes são mais propensas a agir racionalmente. Têm melhores habilidades de enfrentamento.

Paciência, no entanto, não nos parece muito divertida. "Paciência" vem dos latim *patiens*, sofrimento, resistência, tolerância. O *savlanut* hebraico é um pouco mais alegre. Significa paciência e tolerância. Tolerância a quê? Ao sofrimento, sim, mas também tolerância às partes rejeitadas de nós mesmos. Pessoas impacientes com os outros raramente são pacientes consigo mesmas.

Não sou uma pessoa paciente. Minha mente é mercenária. Sempre quer algo, idealmente, algo grande: a Grande Ideia, a Grande Revolução, o Grande Café da Manhã. Como um alcoólatra mascarado, consigo esconder minha impaciência dos outros. Geralmente. Às vezes, as pessoas me veem. Como o messias holandês que conheci em Jerusalém.

Eu estava trabalhando em uma história para a NPR sobre "Síndrome de Jerusalém". É uma doença que aflige alguns visitantes da Terra Santa. Eles chegam sãos, mas logo se convencem de que são Elias, Lázaro ou alguma outra figura bíblica. É mais comum do que você imagina.

Eu tinha ouvido falar de um albergue na Cidade Velha de Jerusalém que, por algum motivo, atraiu pessoas que sofrem da Síndrome de Jerusalém, então fui para lá e conheci o messias holandês. Um homem calvo de meia-idade, de aparência normal, explicou, como se estivesse redefinindo a previsão do tempo daquele dia, que o messias chegará em breve. "E ele é holandês, como eu", disse.

Foi isso. Saquei a dele. Entendi a abordagem. Continuei ouvindo e gravando, mas minha mente escapou, capturou sua presa. O messias holandês, sentindo minha desatenção, parou de falar e me olhou. "Você", disse, lentamente, em tom acusatório "é um homem impaciente".

Suas palavras me frearam. Ele estava certo. Eu o tinha visto não como um ser humano, um igual, ou potencial messias, mas como informação. Alimento para o ego. Um pedaço de uma história que, esperava, me rendesse elogios. Eu tinha o que precisava dele e, para mim, nossa transação terminara. Não para ele, no entanto. Estou bastante certo de que ele não a viu como transação. Da perspectiva dele, estávamos envolvidos em uma conversa, uma troca de atenção; e eu, sendo mesquinho.

Todas as disputas decorrem não de um mal-entendido em si, mas de um "erro de categoria". Não é que os dois lados vejam o mesmo problema de maneira diferente. Eles veem dois problemas diferentes. Onde uma pessoa vê uma técnica de carregamento ineficiente que falha ao maximizar o poder de limpeza da máquina de lavar louça de alto desempenho, outra vê um golpe em sua competência principal e, por extensão, em sua masculinidade. É assim que as guerras começam.

As palavras do messias holandês acabaram comigo, porque, até então, eu me orgulhava da minha atenção. Olhos treinados, ouvidos abertos, eu estava atento ao personagem atraente, ao corte emotivo da narrativa ou ao toque ressonante do som ambiente que acrescentaria textura auditiva à minha história. Eu estava concentrado, mas não prestando atenção. Eu sabia o que estava procurando antes de encontrá-lo. Fui traído pelo meu próprio desejo. Isso é sempre perigoso.

Weil alertou contra o tipo de impaciência mercenária que demonstrei em Jerusalém, e de outro tipo também. Uma impaciência intelectual, nascida da insegurança, que apreende as ideias, mesmo as ruins, da mesma maneira que um homem que se afoga se agarraria até a uma espada. Todos os nossos erros, diz Weil, "devem-se ao fato de que o pensamento se apoderou de alguma ideia com muita pressa e, sendo prematuramente bloqueado, não está aberto à verdade".

Vemos essa dinâmica em ação em pessoas ansiosas por engajar a Grande Ideia, que esperam que as transformem de mero pensador em líder do pensamento. Mais interessados na superfície do que na crítica a elas, lançam-na no mundo antes que ela amadureça.

Esses aspirantes a líderes de pensamento não querem fazer o trabalho duro que a atenção exige. Atenção é difícil — não da mesma forma que o judô ou o arco e flecha. É difícil como meditação e paternidade. Como a espera de um trem. Não é uma habilidade que adquirimos, como tricô ou esgrima. É um estado de espírito, uma orientação. Não exatamente a aprendemos, voltamo-nos a ela. Esse pivô só acontece quando paramos, como Sócrates, e saímos do nosso mundo. "Decriação", diz Weil.

Prefiro o termo de Iris Murdoch: "desprendido". A romancista e filósofa britânica descreve um desses momentos de abnegação. Ela estava olhando pela janela, sentindo-se ansiosa e ressentida devido a uma ligeira percepção no início do dia, quando viu um falcão pairando. "Em um momento, tudo está alterado", diz ela. "O eu pensativo com sua vaidade ferida desapareceu. Agora, não há nada além do falcão. E, quando volto a pensar no outro assunto, parece menos importante."

Toda desatenção é uma forma de egoísmo. Decidimos que tudo o que acontece em nossas cabeças é mais interessante e mais importante do que o que acontece no resto do Universo. É por isso que os narcisistas são desatentos. A atenção deles está engarrafada, estagnada. Atenção é nossa força vital. Precisa circular. Acumular atenção é matá-la.

Às vezes, finais revelam mais do que inícios. Suspeito que este tenha sido o caso de Simone Weil. Os meses finais de sua vida foram um filme corrido. Havia a produção prodigiosa e heroica, a bondade demonstrada e a recebida, o colapso e o inevitável e ambíguo fim.

Tudo aconteceu na Inglaterra, no auge da Segunda Guerra Mundial. Fico obcecado com os dias de Weil em Londres, a cidade que amava, as pessoas que conheceu e a interrogação gigante que paira sobre sua morte.

A vida de Simone Weil não foi medida em eventos, mas em viagens. Em junho de 1940, ela e seus pais embarcaram no último trem saindo de Paris, um passo à frente das tropas de Hitler. Por um tempo, ensinou filosofia aos trabalhadores ferroviários. Passou seus anos mais produtivos em Londres, onde lia e pensava enquanto andava de metrô.

É aqui que estou agora, na Linha Central, para ser mais preciso, a última etapa da minha jornada, que começou em St. Pancras. No bolso, o mapa do metrô. Triunfo da simplicidade, data de 1931. Foi quando Harry Beck, um desenhista técnico que trabalhava no escritório de sinais, prestou atenção. Beck sabia que o mapa antigo era defeituoso. Sobrepunha as linhas do metrô sobre um mapa da cidade, o que confundia as pessoas e mostrava as distâncias da estação em escala, o que confundia ainda mais. Ninguém se importava com a distância entre as estações ou com as ruas acima de suas cabeças. Eles queriam saber como ir de uma estação para outra e onde trocar de linha. Viam-se, porém, enredados no tipo de armadilha cognitiva sobre a qual Sherlock Holmes alertou: "O vital fora coberto e oculto pelo irrelevante."

Beck, em seu tempo livre, criou um novo mapa, modelado em um esquema elétrico. O mapa de Beck fez a realidade parecer mais organizada e simples do que é, com estações equidistantes e linhas se encontrando em ângulos de 45° ou 90°. O mapa de Beck encantou o público e permanece quase inalterado. Beck conseguiu fazê-lo porque prestou atenção. Pensou como passageiro, não apenas como engenheiro.

A cada parada, o vagão do metrô expele alguns passageiros e suga outros. Dentro. Fora. Dentro. Fora. "Cuidado com o vão", diz o anúncio gravado com sotaque inglês. Pegar o metrô é uma maneira maravilhosa de praticar a atenção. Há um carrossel interminável de pessoas para assistir: turistas de olhos arregalados, banqueiros de olhos estreitos, manipuladores de olhos mascarados. O ar está cheio de fragmentos linguísticos: gerúndio francês, particípio italiano, exclamação norte-americana. Muitos competem pela sua atenção, diríamos, mas isso não está certo. Não é uma competição, mas uma colaboração selvagem.

Dirijo minha atenção como se guiasse um holofote, e o direciono à mulher sentada à minha frente. Veste calças florais estampadas e um olhar feroz de concentração ao enfrentar um quebra-cabeça de palavras cruzadas no tabloide que paira sobre seu colo. Ela meneia a cabeça ritmadamente enquanto balança a caneta como a batuta de um maestro, ou uma batata frita. Está focada, mas está atenta? Não, Simone Weil diria, ela não está.

Quando o trem chega à minha parada, Holland Park, tomo cuidado com o vão e vou para a saída. Não estou andando nem surfando, mas sendo varrido pela multidão. Tento prestar atenção, mas minha velocidade impede isso. A velocidade é inimiga da atenção. Saindo da estação, afasto-me da repentina luz do sol e luto para me recuperar.

A transição da vida subterrânea para a terrestre é sempre complicada. Há esse momento de desorientação, de não saber onde você está e, estranhamente, quem você é: um ser terrestre respeitável ou habitante superficial do submundo? Estranhos olham para você, ou assim você imagina, avaliando-o, sem saber se você faz parte deste mundo, à luz.

Ansioso para confirmar minhas credenciais de superfície, começo a andar. Para onde, exatamente, não sei, mas o impulso para a frente é essencial. A vizinhança, perto de Notting Hill, é aconchegante em Londres. Passo por cafés nos quais você pode passar o dia inteiro com uma xícara e livrarias com curadoria cuidadosa, que desafia as leis da economia pela perene existência. Um paquistanês vende flores.

Viro a esquina para a Portland Road e ando alguns metros até o número 31. Uma nova camada de tinta branca adorna a porta da frente. Caso contrário, seria indistinguível das outras casas do quarteirão. Nenhum sinal. Nenhum letreiro. Os admiradores de Simone Weil aparentemente não se estendem aos guardiões de locais históricos de Londres. Não posso dizer que estou surpreso. A "filósofa das margens e paradoxos", como um biógrafo a chama, nunca esperou nem desejou fama.

Weil morava no segundo andar, que alugou de uma Sra. Francis, uma professora viúva com dois filhos pequenos. Weil gostava dos meninos, ajudando o mais novo, John, em sua lição de casa. Ele ficava encolhido perto da porta da frente esperando pela "Senhorita Simone".

Weil adorava seu quartinho, com vista para os galhos das árvores durante o dia e para as estrelas à noite. Também amava Londres e a Inglaterra, cheia de humor e bondade. "Especialmente *bondade*", escreveu em carta aos pais, que procuraram refúgio em Nova York. "Os nervos das pessoas estão à flor da pele, mas elas os controlam por respeito próprio e por uma verdadeira generosidade para com os outros. Amo esta cidade com suas feridas." Uma alma ferida em uma cidade ferida, penso, enquanto vejo um jovem casal tocar a porta ao lado do número 31, uma garrafa de vinho na mão.

O trabalho diário de Weil era no Free French, um grupo de exilados franceses que buscava libertar sua nação da ocupação nazista.

Weil ganhou uma reputação de trabalhadora incansável — e sonhadora em série. "Ela fervia de ideias", lembra sua amiga Simone

COMO PRESTAR ATENÇÃO

Pétrement. Seus esquemas quixotescos incluíam paraquedismo na França ocupada e lideravam uma equipe de enfermagem da linha de frente ("mulheres de ternura e decisões frias"). Ela trabalhou nos detalhes de seu plano e até comprou um capacete de paraquedista e um manual de aviação. Nem todo mundo compartilhou de seu entusiasmo. "Mas ela é louca!", exclamou Charles de Gaulle, quando leu sobre um de seus esquemas, nenhum dos quais aconteceu.

Quando ela não estava sonhando, escrevia e escrevia. Em apenas quatro meses, dobrou oitocentas páginas de manuscrito, além de inúmeras cartas. Ela raramente dormia mais de três horas por noite, muitas vezes trabalhando até o amanhecer. O ritmo afetou sua saúde já frágil. Comia menos, tossia mais. Suas dores de cabeça pioraram. Ela temia que estivesse ficando louca.

Em 15 de abril de 1943, ela não apareceu para trabalhar. Preocupado, um amigo correu para o número 31 da Portland Road. Ele a encontrou no chão, inconsciente. Foi levada às pressas para o Middlesex Hospital, onde os médicos diagnosticaram tuberculose.

Ela estava extremamente fraca, mal conseguia levantar uma colher, mas de alguma forma continuou a ler e a escrever. Os médicos insistiram para que diminuísse o ritmo. Ela os ignorou. "A firmeza de sua escrita, mesmo em suas últimas cartas, é surpreendente e pressupõe um extraordinário ato de vontade", diz Pétrement.

Simone Weil não gostou da triste visão urbana de sua janela do hospital. Isso a entristeceu. Os médicos concordaram que o ar rural ajudaria e, em agosto de 1943, ela foi transferida para um sanatório na cidade bucólica de Ashford. Supervisionava o compêndio de seus livros mais preciosos: Platão, São João da Cruz, o *Bhagavad Gita*.

No sanatório, permaneceu lúcida, seus olhos sérios tão brilhantes e sondadores como sempre. Sua saúde física se deteriorou, contudo, sem dúvida, exacerbada por sua recusa em comer qualquer coisa substancial. Nunca falou aos pais sobre a doença, um ato de ambiguidade ou compaixão, não tenho certeza. Terminou sua última carta com um alegre: "*Au revoir*, queridos. Montes e montes de amor." Na noite de 24 de agosto, logo após receber a visita de um colega, entrou em coma. Cinco horas depois, Simone Weil estava morta. Tinha 34 anos.

A causa da morte, concluiu o médico assistente, foi "insuficiência cardíaca devido à degeneração por fome". Esse relatório chamou a atenção de alguns jornais locais. "Professora francesa passa fome até a morte", dizia uma manchete. "Morte por fome", outro. O veredito médico tem sido contestado desde então. Alguns dizem que Weil tirou a própria vida; outros insistem que não.

Sete pessoas compareceram ao funeral, principalmente amigos e colegas do Free French. O padre que deveria oficiar não apareceu. Ele perdeu o trem, um lapso de atenção que Simone Weil, benevolente como era, certamente teria perdoado.

A viagem de trem de sete minutos de Wye para Ashford termina em um piscar de olhos. Eu não sabia dizer o que vi, ouvi ou pensei. Minha atenção precisava de mais de sete minutos para ser ativada. Antes que eu perceba, estamos entrando em Ashford. Saio da estação e, depois de caminhar alguns quarteirões, entro na High Street. É uma passarela agradável para pedestres, repleta de cafés e brechós.

Andando mais além, saboreando o raro aparecimento do sol, noto um homem prestando muita atenção a algo na calçada. Ao me aproximar, vejo que tem um pincel na mão e cuida de um cachorro. *Fofinho*, penso.

Olho mais de perto, com mais atenção, e vejo que não é um cachorro de verdade. É de areia. Um cachorro feito de areia. Tão habilmente modelou a curva da cauda, as dobras acima do focinho, as rugas no pescoço, que o confundi com um canino real.

"De quanto tempo você precisou?", pergunto.

Que pergunta estúpida, percebo depois. A atenção não é medida em minutos ou horas. (Melhor quinze minutos de pura atenção, disse Weil, do que oito horas de atenção superficial e intermitente.) Eu poderia ter feito outras perguntas mais importantes ao homem. Como ele calou as distrações a seu redor e se concentrou no cachorro de areia? Como perseverou quando o vento borrou uma pata ou a areia voou em sua orelha? No entanto, não fiz essas perguntas. É mais fácil investigar a quantidade de atenção do que a qualidade. Medimos o que é mais fácil de medir, e não o que mais importa.

Ando pela Canterbury Road, que apesar do nome lendário é uma rua movimentada, com caminhões zunindo. Chego a um cruzamento e vejo uma placa: "Simone Weil Boulevard." A descrição em um cartaz ao lado é ultrajantemente breve, descrevendo-a como uma "autora e filósofa francesa que morreu no Grosvenor Sanatorium".

Subo uma pequena colina e entro no cemitério de Bybrook. Uma mulher e sua mãe idosa chegam. Trouxeram flores e uma coroa enfeitada, pendurados em uma árvore próxima.

"É lindo, não é?", diz a filha. Não tenho certeza se ela se refere à coroa, às flores ou ao céu azul, ou talvez à maneira de encontrar alegria nos lugares mais inesperados, até mesmo em um cemitério, se prestar atenção o suficiente. Não importa. É a qualidade da nossa atenção, não seu objeto, que conta.

Um homem elegante carregando mais flores chega. O pai, presumo. Todos estão sentados no chão em frente a um túmulo e desfrutam de um piquenique de improviso.

Há um detalhe, e não é nada feliz. O quanto infeliz era só fui descobrir mais tarde, quando, depois que saíram, me aproximei do local do túmulo. Só então percebe como a lápide era pequena, modelada na forma de um ursinho de pelúcia. Muitos objetos físicos desencadeiam emoções fortes, mas nada, absolutamente nada, destroça um coração mais rápida e completamente do que uma lápide nesse formato.

Encontro Simone Weil sem procurá-la. Passeando pelo cemitério, olho para cima e lá está ela.

O mausoléu é bem conservado, embora note que algumas flores estão morrendo e o vento derrubou um pequeno vaso de plástico. A dela é uma lápide simples, indistinguível das outras, exceto que as datas estão em francês. *3 Février 1909, 24 Août 1943.*

Descansando no chão, está uma fotografia emoldurada de Weil. Uma que eu já tinha visto. O mesmo cabelo rebelde, óculos grossos e olhos que leem. E algo mais, que eu não havia me dado conta até então: um ligeiro arco dos lábios sugerindo um sorriso. *O que explica esse protossorriso?*, pergunto-me. Talvez a fotógrafa tenha contado uma piada, ou talvez Weil tenha acabado de receber uma notícia de sua aceitação na prestigiada École Normale.

Há outra explicação possível. Talvez a fotógrafa tenha capturado Simone Weil em um momento de extrema atenção, de fluxo, e sua reação, a reação natural e de fato única nesse estado, tenha sido esquecer por um momento as dores de cabeça torturantes, o irmão genial e a guerra vindoura, então ela sorriu.

―――――

Perdemos objetos de repente, mas experimentamos a perda gradualmente. Leva tempo para aceitar que as chaves do carro, a carteira ou o coração não foram apenas extraviados, mas cruzaram a linha invisível, mas não menos precipitada, que separa os objetos que possuímos dos que já se foram. A inexistência nos assusta. Leva tempo para registrar.

"Perda" é uma palavra curta, mas ameaçadora. O Napoleão dos substantivos. A menos que seja sucedida por "peso", é quase sempre negativa. É por isso que não apenas sentimos uma perda. *Sofremos* uma perda. Dizem que alguém que luta, no trabalho ou no amor, está "perdido". Ao refazer o arco de uma nação ou de uma vida, os historiadores demarcam um ponto específico no tempo além do qual "tudo estava perdido".

As perdas têm diferentes proporções, embora nunca pequenas. Começam medianas e é só ladeira abaixo. Também têm gostos diferentes. Algumas perdas são dolorosas; outras, devastadoras; outras, meramente inconvenientes. Algumas são irônicas. Perder um caderno enquanto se escreve um capítulo sobre prestar atenção, por exemplo.

Eu amava esse caderno. Ainda me lembro de quando o vi pela primeira vez. Foi em uma pequena papelaria chique em Baltimore, em um dia quente de primavera. Fiquei atraído por sua estética arejada e cores suaves, capa robusta, tão sólida e tranquilizadora, que as páginas suaves ao toque complementavam não apenas uma, mas três — três! — daquelas pequenas fitas que marcam páginas.

Minha reação ao perder o caderno foi desproporcional. Sei disso racionalmente, mas conhecer apenas algo em termos racionais não é conhecê-lo. Respiro fundo e examino minha reação. De onde ela vem?

COMO PRESTAR ATENÇÃO

Perdi as coisas antes e não reagi dessa maneira. Na faculdade, uma vez, perdi uma semana inteira e quase não perdi o ritmo. Por que perder esse caderno acabou comigo?

Porque não era apenas um caderno. Pensamentos comprometidos com o papel representam um registro de nossa mente em sua forma mais atenta. Esses momentos de êxtase são frágeis, cães de areia na High Street, e, uma vez perdidos, quase impossíveis de recuperar. É mais fácil recuperar um diamante perdido do que um pensamento perdido. É por isso que preciso — *preciso!* — encontrar o caderno e restaurar o passado.

Uma forma certeira de aumentar seu gosto por algo, qualquer coisa, é perdê-lo. À medida que minha busca termina, o caderno ganha não apenas excelência estética, mas também brilho editorial. No segundo dia da minha pesquisa, estou convencido de que os pensamentos contidos em suas capas, gravados durante minha viagem à Inglaterra, são inigualáveis em astúcia e originalidade. No quarto dia, declaro o caderno o mais precioso do mundo. Sempre. Mais precioso que o *Codex Leicester* de Da Vinci ou os *cahiers* de Hemingway.

Olho nos lugares óbvios (armários, estantes) e nos menos óbvios (geladeira, caixa de areia). Nada. Dobro e triplico meus esforços. Refaço meus passos. Olho na mesma gaveta da mesa, três, quatro, cinco vezes.

Meu comportamento alarma o cachorro e assusta o gato, que, sabiamente, esconde-se. Minha filha declara o episódio inteiro "a coisa mais irritante do mundo".

Não é apenas a ausência do caderno que aflige, mas o ato de perdê-lo em si e o que esse lapso de atenção diz sobre mim. Nada de bom, decido. (Existe uma palavra para quem perde cronicamente as coisas: perdedor. O mais danoso dos rótulos.) A autora de memórias Mary Karr perdeu um caderno recentemente, mas teve o bom senso editorial de fazê-lo em um barco capitaneado por um sensual grego chamado Dionísio e seu "coração indomável, movido a tequila". Perdi o meu na cozinha enquanto guardava caixas de pizza congelada de Ellio e Honey Nut Cheerios. Sem tequila. Sem Dionísio. Apenas arrependimento e autoaversão.

Na perda (*essa* palavra de novo), volto-me para Simone. Tempos desesperados, digo a mim mesmo, abrindo um de seus livros. Ela olha para a minha situação e oferece um diagnóstico simples: eu realmente não quero encontrar meu caderno. Quero possuí-lo. Estou consumido pelo desejo, e o desejo é incompatível com a atenção. Desejar algo é querer algo dele, e isso obscurece nossa visão.

Achamos que o problema está no objeto de nosso desejo quando, na realidade, o sujeito — o "eu" — é o problema. Pode parecer que, ao desejar algo, você esteja prestando atenção, mas isso é uma ilusão. Você está absorto em seu *desejo* pelo objeto, não pelo próprio objeto. Um viciado em heroína não anseia por heroína. Almeja a experiência de ter heroína e o alívio concomitante de *não* a ter. Liberdade de perturbação mental, *ataraxia*, é o que ele quer.

Volto para Simone. "O que poderia ser mais estúpido do que apertar nossos músculos e endurecer as mandíbulas sobre a virtude, a poesia ou a solução de um problema? Atenção é algo bem diferente."

Solto meus músculos e viro a página.

"A causa é sempre que desejamos ser ativos demais; queremos tratar tudo como uma investigação."

Isso me confunde. Irrita também. Claro que quero fazer uma investigação, Simone! De que outra forma vou encontrar o meu caderno se não o procurando?

Respiro fundo e continuo lendo. É importante, continua Weil, "recuar diante do objeto que perseguimos. Somente um método indireto é eficaz. Não fazemos nada se, antes, não recuarmos".

Recuo, retirando-me para o porão e da TV de tela grande que acena como um caminhão cheio de ópio. Não é bom. Recuei demais. Sucumbi à resignação. Desespero disfarçado.

Meu problema, diz Weil, é que juntei ação aos resultados. A vida não funciona assim nem a atenção. Uma vida atenta é arriscada. Os resultados não são garantidos. Não sabemos aonde nossa atenção nos levará, se levar. A atenção pura, do tipo que Weil defendia, não é deturpada por motivos externos, como impressionar amigos ou avançar na carreira. A pessoa que dedica total atenção a algo — qualquer coisa — progride "mesmo que seu esforço não produza frutos visíveis", diz Weil.

Ela está certa, eu sei, mas vivemos em um mundo que celebra frutos tangíveis. Quanto mais tangível e mais frutado, melhor. É possível viver como Simone Weil, investido no momento e indiferente às recompensas? Posso criar minha filha com carinho e atenção sem me importar se ela quiser ser neurocirurgiã ou barista? Posso participar de um concurso de redação sem me importar de ganhar? Posso aceitar ter perdido meu caderno? Faço uma pausa na loucura e ganho um pontinho de perspectiva. Perdi um caderno. Grande negócio. Hemingway perdeu uma coleção inteira de contos. Ou, para ser mais preciso, a esposa de Hemingway, Hadley Richardson, perdeu uma coleção inteira dos contos dele. Era 1922 e ela ia de Paris à Suíça para encontrá-lo. Acabara de embarcar no trem na estação Gare de Lyon, mas, alguns minutos antes de partir, decidiu comprar uma garrafa de água mineral. Quando voltou, a mala — e o manuscrito de Hemingway — tinham sumido.

Hemingway é conhecido por seu minimalismo, mas isso era demais para ele. Ele se afundou em uma depressão profunda. No entanto, no final, Ernest perseverou e se tornou Hemingway.

Alguns anos antes, um jovem oficial britânico chamado T. E. Lawrence estava trocando de trem em Reading, Inglaterra, quando perdeu o manuscrito de suas memórias, *Os Sete Pilares da Sabedoria*. O manuscrito, única cópia. Lawrence havia sobrevivido à revolta árabe de 1916 e à batalha de Aqaba, viajara de camelo pelo deserto do Sinai, mas o manuscrito perdido quase o fez sucumbir. Ele acabou se recuperando, escondeu-se em um loft sem aquecimento em Westminster e reescreveu o livro de memórias.

Leio essas histórias sobre manuscritos perdidos e lembro as palavras de Simone Weil: "Não obtemos os presentes mais preciosos indo em busca deles, mas esperando por eles." Ela está certa. Devo esperar.

Se este livro fosse um filme de Steven Spielberg, seria o momento em que eu milagrosamente encontraria meu caderno perdido e perceberia que ele estava debaixo do meu nariz o tempo todo. Infelizmente, este livro não é um filme de Spielberg. Ele se fia na verdade, não nas bilheterias, e a verdade é que nunca encontrei o bendito. Nunca descobrirei que sabedoria continha. Então, deixo assim. Eu o deixo ir.

Isso é um progresso? Talvez, mas esta não era uma palavra que Simone Weil usava com frequência.

Não há progresso a fazer nem prêmios a ganhar. Há apenas espera.

O EXPRESSO SÓCRATES

E assim espero, voluntariamente e com mais paciência do que imaginava possível, pois esperar é sua própria recompensa.

8.

Como Lutar: Gandhi

11h02. Em Baroda House, quartel das Ferrovias do Norte da Índia. Tentando conseguir uma passagem para o Expresso Yoga, deixando Nova Déli, a caminho de Ahmadabad. Chances de sucesso: nada boas.

Quando ouvi falar do Expresso Yoga, sabia que tinha que viajar nele e estava pronto para me contorcer para conseguir uma passagem. Sendo claro: minha prática de yoga é teórica. "Expresso Yoga" teve apelo. Sugere uma linha expressa para o esclarecimento. E, aí, tem o destino do trem: Ahmadabad, a cidade onde Mahatma Gandhi, meu herói filósofo, estabeleceu seu primeiro ashram no solo indiano e de onde iniciou a famosa Marcha do Sal, crucial para a luta pela independência da Índia.

Uma jornada de trem de 1.600km começa com uma reserva simples. Conseguir uma reserva nas ferrovias da Índia é um processo que, desde seu começo, em 1853, significou suportar filas infernais, bem como navegar por um labirinto burocrático. Na era digital, o inferno só migrou para a rede. Levo boas três horas criar uma conta só para descobrir que o Expresso Yoga está cheio. Adiciono meu nome à lista de espera e baixo um app que rastreia meu progresso. Salto rapidamente do número 15 para o 8, e do 8 para o 1. Promissor.

Meu amigo Kailash consulta um agente de viagem, que diz: "Sem problema." Um amigo dele que trabalha nas ferrovias da Índia também diz: "Sem problema." Conclusão óbvia: problemão. Na Índia, nada é definitivo até que o seja, e mesmo assim há riscos. Todo fim é um começo. Todo final contém algo tácito de continuidade.

O EXPRESSO SÓCRATES

Número um é ótimo, me dou conta. Mas aqui é a Índia, um país que inventou o conceito de zero e que mantém uma conversa com o infinito. O que é um número? É maya, ilusão. Como os estoicos observaram, se você está se afogando, não importa muito se é em mil pés abaixo da água ou em um. Se afogar é se afogar. Lista de espera é lista de espera.

"Por que você não vai de avião a Ahmadabad?", pergunta Kailash. É mais rápido e mais fácil do que ir de trem, e só um pouquinho mais caro.

Ele está certo, mas não posso voar. Gandhi não voava. Nenhuma vez. Ele pegava trens, e também o farei. Gandhi acreditava firmemente que os meios significam mais do que os fins. Não importa se você ganha ou perde, mas como você luta. Não aonde você vai, mas como você chega. Eu não vou voar. Eu vou pegar o Expresso Yoga.

A situação, decido, pede uma medida drástica e analógica. De pronto, estou no escritório de um oficial da ferrovia, um tal de Sr. Singh, um homem de cabelos desbastados, calvo, usando óculos de armação de arame e uma expressão ácida. Apressadamente, expresso meus problemas. Ele pode ajudar?

É uma pergunta retórica. Sei que Sr. Singh pode ajudar. Na Índia, poder é diretamente proporcional ao tamanho da sala. Sr. Singh é obviamente um homem de poder. Consegui contar não menos do que três áreas distintas para se sentar; o teto toca os céus. Com uma virada da caneta, um clique do teclado, me asseguraria um lugar no Expresso Yoga.

"É complicado", diz ele, como se estivesse discutindo cálculo integral e não uma reserva de trem. Um número certo de assentos é colocada de lado para VIPs, ele explica. "E VVIPs também", adiciona.

Estou tentado a usar violência, mas me controlo. Gandhi não aprovaria. Violência machuca tanto o agressor quanto a vítima, ele disse, e eu não quero me machucar, não ainda.

Em vez disso, tento o charme. Explico minha vida inteira de fascínio com Gandhiji, usando o sufixo honorífico, e como acredito que suas ideias se mantêm relevantes hoje em dia.

A dor no rosto do Sr. Singh aumenta. Consigo vê-lo pesando suas opções: arriscar desapontar um estrangeiro, um visitante (um que tem um grande interesse em Gandhiji, além de tudo), ou arriscar a fúria de um membro do Parlamento ou outro graúdo similar.

Jamais tive chance. Vá para o Departamento de Cotas para Estrangeiros na Estação Ferroviária de Nova Déli, diz. Eles podem ajudar, me assegura. Nós dois sabemos que não.

COMO LUTAR

Agradeço ao Sr. Singh pelo tempo e atravesso o corredor rumo às partículas nojentas que se passam por oxigênio em Nova Déli. A missão por um lugar no Expresso Yoga acabou. Ou, em termos indianos, começou.

Estou andando em direção à estação de metrô com meu amigo Kailash. O ar está fresco hoje, ele me diz, o frescor sendo relativo nesta que é uma das cidades mais poluídas do mundo. A qualidade do ar está no nível de "muito perigoso", embora menos do que ontem.

Passamos por dois homens varrendo as ruas com vassouras de palmeira, levantando muita poeira, como se Déli precisasse de mais disso.

"Melhor usar sua máscara", diz Kailash.

Procuro no meu bolso e tateio em busca da frágil máscara de pano preto e cinza que um funcionário me assegurou que protegeria meus pulmões. Custa o equivalente a US$1,50. Estou cético.

Gandhi ficaria alarmado, mas não surpreso com o péssimo estado do ar da Índia. Mais de um século atrás, ele alertou contra os perigos da industrialização. O futuro da Índia, ele disse, está em seus vilarejos, não em suas cidades. De um ponto de vista friamente econômico, ele estava errado. As cidades da Índia estão crescendo, seus vilarejos empobrecendo. Você pode respirar nos vilarejos, no entanto.

Passamos por um pequeno grupo espalhado em cima de um cobertor, na calçada. Uma garota de não mais que 6 anos está olhando para um livro. Ela tem os pés descalços e está coberta por uma camada de sujeira. Dois jovens adultos estão apontando para o livro e falando com ela em hindi.

"Tutores", explica Kailash. A garota é uma mendiga. Ela nunca viu o interior de uma escola, então esses voluntários levam a escola até ela. Gandhi aprovaria esse ato altruísta. Este é o legal da Índia. Quando está pronto para descartá-la, você se depara com um tipo de gentileza inesperada e sua fé se renova.

Entramos na estação de metrô de Déli. É como entrar em outro mundo. Tudo é brilhoso, novo e limpo. "A linha de vida de Déli", diz Kailash orgulhosamente. Estamos prestes a entrar em um trem que está saindo, mas hesito. Está bastante cheio. Deveria esperar o próximo trem?

"Não", diz Kailash. "Vai estar tão cheio quanto. Hora de trabalho." Digo que é domingo.

"Índia", diz, como se explicasse tudo e, em certo sentido, explica.

Apertamo-nos para entrar e eu escuto umas palavras animadas que não ouvi desde Londres. "Por favor, cuidado com o vão." Na Índia, os vãos são maiores e mais perigosos. Cuidado extra é requerido.

Mohandas K. Gandhi não era ambivalente sobre muitas coisas. Exceto trens. Quando duas norte-americanas lhe perguntaram se ele era contra ferrovias, ele respondeu: "Sim e não."

De um lado, Gandhi via as ferrovias como outra forma da Inglaterra manter a Índia sob seu domínio. E, como outros filósofos que encontrei, ele se preocupava com a velocidade excessiva. "O mundo está melhor por conta de instrumentos de locomoção mais rápidos?", perguntou. "Como esses instrumentos avançam o progresso espiritual do homem? Eles não acabam por dificultá-lo?" Ainda assim, foram suas viagens por trilhos, quase sempre na terceira classe, que permitiram que ele cruzasse a Índia, tocando as vidas e exortando as massas.

Uma viagem de trem mudou a vida de Gandhi e o curso da história. Foi em 1893. Gandhi tinha chegado à África do Sul uma semana antes. Sua firma de advocacia o despachou de Durban para Pretória para lidar com um caso importante. Eles lhe reservaram um ticket na primeira classe para uma viagem noturna. Quando o trem chegou à estação Maritzburg, um passageiro branco entrou na cabine, olhou para Gandhi e chamou o condutor, que insistiu para que Gandhi fosse para a terceira classe.

"Mas eu tenho um ticket de primeira classe", disse Gandhi.

"Isso não importa", disse o condutor. Nada de "coloridos". Gandhi se recusou a sair. Um policial o removeu do trem.

Era uma noite amargamente fria. A jaqueta de Gandhi estava em sua bagagem, a qual ele foi muito orgulhoso para pedir. Então ele se arrepiou e ponderou. Deveria ele retornar à Índia ou se manter na África do Sul e lutar pelas injustiças como as que ele tinha acabado de passar?

Pelo alvorecer ele tinha sua resposta: "Seria covardia voltar à Índia sem cumprir com minha obrigação. A dificuldade à qual eu fui submetido era superficial — só um sintoma de uma doença profunda de preconceito de cor. Eu devo tentar, se possível, encontrar as raízes da doença e sofrer as dificuldades no processo." Naquele momento, escolheu um caminho, um no qual, apesar das dificuldades e desvios e colisões ocasionais, ele se manteve pelo resto de seus dias.

Décadas depois, quando o evangelista norte-americano Jon Mott pediu a Gandhi que descrevesse as mais criativas experiências de sua de vida, ele citou o incidente do trem na África do Sul. É significativo que ele tenha tornado equivalente um momento de resolução quieta com criatividade. Alguns biógrafos notaram a falta de interesse de Gandhi pelas artes. Ele dificilmente lia um romance ou ia para o teatro ou galeria de arte. Não tinha o olho de Thoreau para a beleza ou o ouvido de Schopenhauer para a música. Em Londres, matriculou-se em uma escola de dança, mas descobriu rapidamente que não tinha ritmo.

Seria um erro concluir que Gandhi não era criativo. Era, só não da forma comum. O pincel de Gandhi era sua determinação; seu quadro, o coração humano. "A beleza real", disse, "é fazer o bem contra o mal". Toda violência representa falha da imaginação. A não violência demanda criatividade. Gandhi procurava novos e inovativos meios de lutar.

Saímos da estação de metrô e logo nos vimos perdidos. Kailash pede informações a um riquixá *wallah*, mas se afasta insatisfeito. Caminhamos por alguns metros e encontramos um policial. Ele está usando uma máscara de verdade, com ventilação. A minha não tem ventilação. Eu calculo o dano sendo causado aos meus pulmões enquanto Kailash pergunta ao policial por direções.

O policial sugere a direção oposta do riquixá *wallah*. Kailash, ainda não satisfeito, pergunta a uma terceira pessoa por direções. "Eu nunca pergunto a uma pessoa", explica. "Sempre pergunto a duas ou três." A vida na Índia demanda triangulação constante. Gandhi, grande experimentador que era, sabia disso melhor do que a maioria.

Entramos nos terrenos da velha Casa Birla, tão perto de ser uma casa quanto o peripatético Gandhi conseguia ter uma. A casa — um composto — era propriedade de um amigo, o rico industrial G. D. Birla.

Uma paz familiar cai sobre mim. Já estive aqui muitas vezes antes, embora eu tenha dificuldade de encontrá-la a cada vez. Sou atraído por ela, como sou por Gandhi, por razões que não consigo articular. Eu gosto da grande extensão da grama, dos marcadores de pedra branca com formatos de pés, os pés de Gandhi, e as varandas nas quais posso imaginar o Mahatma, um jovem de 78 anos, vestindo seu grande chapéu de palha e seu branco dhoti, curvado sobre uma carta que ele escrevia, ou brincando com um de seus netos, ou, ainda, ajudando a colocar em prumo o barco sacolejante que era a Índia infante.

Alguns lugares são santificados pelos atos de conquistas sobre-humanas — a árvore Bodhi sob a qual Buddha chegou à iluminação, por exemplo —, enquanto outros são consagrados por terríveis atos de violência. Gettysburgo. Normandia. A Casa Birla está na última categoria. Aqui Gandhi deu o último passo, respirou seu último ar.

No último dia de sua vida, Mahatma Gandhi acordou às 3h30, como sempre fazia. Escovou os dentes, usando um galho simples, como muitos indianos. Era uma manhã fria de janeiro. Sua sobrinha-neta e assistente, Manu, o envolveu em um xale, cobrindo seus ombros ossudos. Ele bebeu um copo de limão com mel seguido de sua dose diária de suco de laranja. Sua dieta era simples e saudável. Ele queria viver uma vida longa — até os 125 anos, dizia — e queria se purificar. A luta só é tão eficaz quanto o lutador. "Como pode um palitinho de fósforo pôr fogo em uma tora de madeira?", disse ele.

Kailash me acompanha à Casa Birla. Ele é, como disse, um amigo, mas esta não foi sempre a situação. Por um tempo, Kailash foi meu servo.

Percebo que essas palavras são duras para ouvidos ocidentais, mas é verdade; "servo" era como os outros e o próprio Kailash se chamava.

Conhecemo-nos anos antes, em 1993. Eu tinha acabado de chegar à Índia, como correspondente da Rádio Pública Nacional. Tudo era bruto e frenético. Eu precisava de um lugar, mas os apartamentos eram muito caros, barulhentos ou sob risco de ataque de baratas voadoras enormes.

Finalmente, encontrei um flat com portas de madeira pesadas e um terraço com uma vista agradável. O proprietário, um homem de ar imperial com tufos de cabelo preto saindo de sua orelha esquerda, mostrou as características do apartamento, incluindo seu vaso sanitário ocidental, ar-condicionado e, ele adicionou de maneira firme, um "servo."

Alguns dias depois, o servo subiu as escadas e se apresentou para o trabalho. Era magro até demais, com pele cor de mogno e traços fortes. Seu nome era Kailash, e ele tinha 11 anos. Eu estava preparado para diferenças culturais na Índia, mas não para isso. Quando ia confrontar o proprietário lá em baixo, Kailash me parou. Fique, ele disse, ou melhor, fez um gesto para indicar isso; ele não falava uma palavra de inglês. Eu calculei que se Kailash, um órfão, não trabalhasse pra mim, ele trabalharia para outra pessoa, e quem sabe como essa pessoa o trataria? Lavar minhas mãos quanto a Kailash parecia uma saída ruim.

Então, toda tarde, Kailash subia as escadas e batia na minha porta. Para dizer a verdade, ele não era exatamente um faxineiro: ele não removia a poeira; só a reorganizava. Mas ele era naturalmente bom, honesto e, além disso, um mago com notebooks e impressoras temperamentais.

Kailash aprendeu inglês escutando de enxerido a mim e minha esposa. Em pouco tempo, repetia como papagaio coloquialismos como "Não me venha com essa" e "Dê o fora". Com o tempo, nos contou sua história, como os pais morreram, o quanto amava críquete e como o proprietário batia nele se não cozinhasse os chapatis de maneira apropriada.

Eu não sei bem quando nós decidimos ajudar, mas não custou muito contratar um tutor, e rapidamente Kailash estava na escola pela primeira vez em anos. Depois, quando nos mudamos para outro apartamento, Kailash foi com a gente. Ele ainda era, tecnicamente, nosso empregado, mas em algum momento começou a falar de nós como seus pais. Isso me deixava sem graça, mas não havia como negar nossos novos papéis.

Sempre imaginei que minha relação com Kailash fosse seguir uma trajetória simples e linear, como nos filmes. O garoto indiano órfão tem um encontro com um norte-americano de bom coração que muda seu destino; o garoto sofre para vencer a infância sofrida; o garoto persevera e é para sempre grato à ajuda do norte-americano. Mas, mais de uma década depois de eu deixar a Índia, Kailash e eu estamos presos no segundo ato.

Graças às minhas transferências, Kailash vivia em um pequeno apartamento em Déli que era muito frio no inverno e muito quente no verão. Seu principal companheiro era um pomerano chamado Envy. Quando ele me disse que recusou um emprego de servir chá, uma oportunidade que ele ia com certeza aproveitar antes de me conhecer, fiquei irritado, mas não surpreso. Eu tinha aumentado suas expectativas, algo perigoso em um país de mais de 1 bilhão de almas inquietas.

Meus amigos indianos viam com ceticismo meus esforços. "Você está pensando como um norte-americano, eles diziam, como se fosse uma doença mental. "Kailash é de uma *casta* mais baixa, uma casta mais baixa. Ele só pode ir até certo ponto. Encare os fatos."

Eles estão certos, eu dizia a mim mesmo, tentando me convencer da possibilidade de que esse indiano órfão e eu estaríamos vinculados por toda a vida. Ainda assim, eu não conseguia tirar da minha cabeça a ideia inocente de que um dia Kailash voaria livremente em uma vida construída por ele mesmo.

E foi o que aconteceu. A trajetória se mostrou mais irregular do que a versão de Hollywood, mas o fim foi tão feliz quanto. Kailash hoje vive em meio a uma vizinhança pobre com aspirações de classe média. Ele é marido e pai. E também um proprietário. Ele é dono de um prédio de dois andares. Ele e sua família vivem no último andar. No térreo, ele abriu uma pequena papelaria chamada Emma, em homenagem à filha.

Ele vende blocos de notas, canetas e carteiras Gandhi. Kailash e eu não estamos amarrados financeiramente. Nosso laço é mais robusto.

Nesse dia atipicamente quente de dezembro, caminhamos sob uma colunata de mármore que leva ao lugar no qual Gandhi morreu.

Kailash sabe de minha obsessão por Gandhi. Ele acha tocante e, eu suspeito, um pouco estranho. Muitos indianos conhecem Gandhi do mesmo jeito que muitos norte-americanos conhecem George Washington: uma figura paterna difusa, cujo nome é falado com reverência e cuja imagem dá o ar de sua graça no dinheiro de sua carteira.

Conforme pausamos por um momento, nos acalmando, e, absorvendo a beleza calma e quieta da Casa Birla, Kailash se vira e pergunta: "Por que você gosta tanto de Gandhi?"

Não sei bem como responder. Concordo que meu interesse em Gandhi faz pouco sentido. Não sou indiano. Não sou asceta. Pratico não violência, é verdade, mas de maneira inconstante e com subtons passivo-agressivos. Gandhi era um líder de seu povo. Não lidero ninguém, nem meu cachorro, Parker, que responde a um poder maior: comida. As posses mundanas de Gandhi, na época de sua morte, caberiam em uma pequena mochila. As minhas requerem um espaço consideravelmente maior e ainda estou comprando. Ainda assim, Gandhi falou comigo e eu ouvi. Durante meus três anos vivendo na Índia, Gandhi penetrou em meu cérebro. Como ele poderia não fazê-lo? Suas imagens, se não suas ideias, estavam em tudo que é lugar: no dinheiro, nos prédios comerciais. Mesmo as salas da companhia telefônica tinham uma foto de Gandhi usando um telefone, o gigantesco receptor diminuindo sua pequena cabeça.

Mohandas K. Gandhi foi muitas coisas: advogado, vegetariano, sadhu, experimentador, escritor, pai de uma nação, amigo de todos, inimigo de nenhum, trabalhador manual, dançarino fracassado, maqueiro, meditador, mediador, inoportuno, professor, estudante, ex-detento, humorista, caminhante, alfaiate, cronometrista, orador persuasivo de multidões. Mais do que tudo, era um lutador. Gandhi lutou contra a Inglaterra e contra o preconceito, com estrangeiros e com seu povo. Lutou para ser ouvido. Sua maior luta, entretanto, foi para mudar a maneira que lutamos.

Sim, Gandhi imaginava um mundo sem violência, mas era realista o suficiente para saber que isso era improvável de acontecer em breve. Nesse meio-tempo, precisamos aprender a lutar melhor.

Pense nas pessoas casadas que se gabam de "nunca brigar". Quando você ouve sobre seu divórcio, você não se surpreende. Lutar de maneira apropriada é produtivo. Ambos os lados podem chegar não apenas a uma solução boa para ambos, mas a algo mais: uma solução que nenhum dos dois acharia possível se nunca brigassem. Imagine uma partida de futebol que termina em empate, mas o campo está mais verde e mais sadio do que antes do jogo. Gandhi via a luta não como um mal necessário, mas como um bem necessário. Desde que lutemos bem.

Quando o jornalista e biógrafo norte-americano Louis Fischer encontrou Gandhi em seu ashram, se surpreendeu com o homem magro, de peito estufado com "longas e magras pernas musculosas", que parecia bem maior que seus 1,64m. "Era muito masculino e tinha uma força viril, tanto física como de vontade", escreveu Fischer.

Gandhi era obcecado com a virilidade. Palavras como "macheza", "força" e "coragem" eram frequentes em seus escritos. Mesmo suas reclamações sobre as ferrovias da Índia eram recheadas de termos de emasculação. "Que nós ordeiramente aceitemos as dificuldades das viagens sobre trilhos é um sinal de nossa falta de masculinidade."

Os britânicos, Gandhi acreditava, desmasculinizaram a Índia. Determinou-se a "remasculinizá-la", apesar de ter um tipo diferente de masculinidade em mente: que não tirava força da violência, mas do oposto.

Gandhi considerava "não masculino" obedecer a leis injustas. É preciso resistir a essas leis com grande força. Força não violenta. Isso, ele disse, demanda uma coragem genuína. "O que você acha? Onde a coragem é requerida — ao explodir os outros em pedaços atrás de um canhão ou se aproximar com um rosto sorridente e ser explodido em pedaços? Acredite em mim, um homem desprovido de coragem e masculinidade não pode ser um resistente passivo."

Gandhi detestava violência, mas tinha algo que ele odiava ainda mais: covardia. Se dado a escolha entre os dois, preferiria violência. "Um covarde é menos do que um homem." Daí o verdadeiro objetivo de Gandhi: recuperar a virilidade perdida de sua nação, e em seus próprios termos. Faça isso, ele acreditava, e a liberdade virá a seguir.

Não sou briguento. Evito confrontações físicas. Minha única luta com os punhos foi aos 17 anos às 2h no estacionamento da Howard Johnson, na Baltimore suburbana, e terminou com um nariz quebrado. O meu.

COMO LUTAR

Fujo de confrontações cotidianas, também: ligar para uma companhia aérea para mudar um voo, ou um restaurante para informar que vou me atrasar alguns minutos para minha reserva de 20h e se podiam, por favor, se não for pedir demais, segurar a mesa pra mim?

Sei que a maioria das pessoas, pessoas *normais*, não considera essas formas de interação cotidiana um confronto. Eu sim, e fujo delas sempre que posso. Sem falar dos confrontos (confrontos *antecipados*) que eu evito com os editores, família, vizinhos, e passageiros do metrô. Não tenho certeza do porquê e de quando adquiri essa estratégia evitativa, mas não me serve bem. Fugindo de pequenos confrontos hoje, me coloco em posição de ter maiores amanhã. Eu esperava que um grande lutador como Gandhi pudesse me mostrar outro caminho.

Pouco depois de me mudar para a Índia, comecei a ler Gandhi e sobre Gandhi. Um punhado de livros logo se tornou uma estante. Visitei os museus de Gandhi e os ashrams de Gandhi. Fiz matérias na faculdade sobre Gandhi. Comprei uma carteira de Gandhi, uma camisa de Gandhi, e uma cueca de Gandhi, a boxer menos violenta que já tive. Em um dia, enquanto estava em Déli, almocei com o neto de Gandhi, Rajmohan, um homem erudito e bom, agora também um idoso. Conforme ele mordiscava naan e chutney, notei traços do Mahatma: o jeito que a mandíbula de Rajmohan tinha certo ângulo, o jeito que seus olhos brilhavam de uma forma meio desdenhosa e meio maliciosa.

Nós não admiramos os deuses. Podemos temê-los ou reverenciá-los, mas não os admiramos. Nós admiramos mortais, versões melhores de nós. Gandhi não era um deus. Nem santo também. Com 12 anos, roubou dinheiro de seus pais e irmão para comprar cigarros. Ele se escondia para comer carne (proibida à sua casta), mastigando carne de bode na beira do rio com um amigo que, como Gandhi, estava convencido de que a dieta carnívora dos ingleses os tornava fortes.

Na tenra idade de 13 anos, Gandhi se casou. Não era um bom marido. Explodia de raiva com a esposa, Kasturba. Uma vez, ameaçou expulsá-la de casa a menos que ela fizesse algumas tarefas domésticas. "Você não tem vergonha?", perguntou ela chorosamente. "Para onde vou?"

O pai da nação era um péssimo pai para seus filhos. Na arena política, também cometeu erros. "Meu erro do Himalaia", ele chamava uma dessas campanhas estragadas. Quanto a seus experimentos, alguns foram longe demais. Aos 75 anos, decidiu testar seu voto de celibato dormindo pelado com mulheres jovens, como sua sobrinha-neta Manu.

Ainda assim, era um homem que assumia suas deficiências. Que não tinha medo de mudar sua mente. Que atraía "excêntricos, maníacos e loucos" e aceitava a todos. Que sobrepujou uma timidez e uma dúvida de si terríveis para liderar uma nação. Ali estava um homem disposto a morrer, mas não a matar, por uma causa. Ali estava um homem que encarou um império e ganhou. Ali estava um homem — não um deus ou santo, mas um homem de carne e osso — que mostrou ao mundo como é uma boa luta.

Gandhi era um onívoro espiritual. Ele provou quitutes de muitas religiões, do cristianismo ao islã, mas era o *Bhagavad Gita* hindu que sabidamente satisfazia sua fome.

Gandhi encontrou o poema espiritual a primeira vez enquanto estudava direito em Londres. Dois teosofistas ingleses perguntaram a Gandhi sobre a escritura. Envergonhado, ele admitiu não tê-la lido. Então, juntos, os três leram a tradução para o inglês de Edwin Arnold. Gandhi viajou ao ocidente para encontrar o oriente.

Gandhi passou a amar sua "Mãe Gita", como ele chamava o poema espiritual. Era sua inspiração e seu consolo. "Quando dúvidas me assolam, quando desapontamentos me encaram e eu não vejo nenhum raio de esperança no horizonte, eu vou ao Bhagavad Gita e encontro um verso que me conforta; então, eu imediatamente começo a sorrir no meio de toda a tristeza insuportável"

A história do *Gita* é simples. Príncipe Arjuna, um grande guerreiro, está pronto para a batalha. Mas ele perdeu a cabeça. Não só ele está desgastado pela carnificina, como descobriu que o exército inimigo tem em suas linhas soldados de seu próprio clã, bem como amigos amados e professores reverenciados. Como ele poderia lutar contra eles? Lorde Krishna, disfarçado do coveiro de Arjuna, o aconselha. A história se desdobra como um diálogo entre eles.

COMO LUTAR

A interpretação convencional do *Gita* é que se trata de uma exortação ao dever e se necessário, à violência. Afinal (alerta de spoiler!), Krishna termina por convencer Arjuna a guerrear contra seu próprio povo.

Gandhi o leu de forma diferente. O *Gita*, ele disse, é uma alegoria, uma que representa "o que ocorre no coração de cada homem hoje em dia." O verdadeiro campo de batalha está dentro de nós. A luta de Arjuna não era com o inimigo, mas consigo mesmo. Será que ele sucumbe a seus instintos mais basais ou ascende a um plano maior? O *Gita*, Gandhi concluiu, é uma ode disfarçada à não violência.

Outro princípio do *Gita* é o não apego aos resultados. Como Lorde Krishna, uma encarnação de Deus, diz a Arjuna: "Você tem o direito de trabalhar, mas nunca aos frutos do trabalho. Você nunca deve se engajar em uma ação por conta da recompensa nem deve ansiar pela inação." Separe o trabalho do resultado, o *Gita* ensina. Invista 100% do esforço em cada empreitada e zero porcento nos resultados.

Gandhi resumiu essa visão em uma ideia: falta de desejo. Não é um convite à indolência O yogi do karma é uma pessoa de ação. Ela está fazendo *muito*, exceto se preocupar com os resultados.

Esse não é nosso jeito. Somos orientados ao resultado. Treinadores fitness, consultores de negócios, doutores, faculdades, lavadoras a seco, programas de recuperação, criadores de dieta, conselheiros de finanças. Eles, e muitos, prometem resultados. Podemos questionar sua habilidade de entregá-los, mas não questionamos que resultado é bom.

Gandhi não era orientado a resultados, mas ao processo. Não mirava a independência da Índia, mas uma Índia digna de ser independente. Uma vez que isso ocorresse, a liberdade chegaria, como uma manga madura caindo da árvore. Gandhi não lutava para vencer. Lutava para lutar a melhor luta que fosse capaz. A ironia é que essa visão orientada ao processo produz resultados melhores do que a orientada ao resultado.

———

Meus esforços heroicos para assegurar um lugar no Expresso Yoga continuam a se provar fúteis. Ainda sou o número um na lista de espera.

Ainda me afogando. Clico "atualizar" no aplicativo do celular. Nada. Aperto e aperto, como um daqueles ratinhos puxando uma alavanca, esperando por um pedaço de comida. Nada.

O que Gandhi faria? Ele lutaria. Ele *lutou*. Chocado com as condições da terceira classe, ele fez "papel de doido". Ele reclamou às Ferrovias Indianas a respeito das salas de descanso "de aparência maligna" e das bebidas "sujas" e daquilo que passava por chá, "água de tanino com açúcar ruim e um líquido esbranquiçado que era chamado de leite por engano, que dava à água uma aparência turva." Ele escreveu aos gerentes e diretores e aos diretores-gerentes. Ele escreveu aos jornais.

Então persisto, como Gandhi também o faria. Subo em um táxi e me esgueiro pela cidade. O tráfego de Déli está pesado hoje, uma declaração tão autoevidente quanto "o ar está poluído hoje" ou "o metrô está entupido hoje". Uma certa consistência infeliz sustenta a aparente aleatoriedade da Índia.

Chego à estação que está naquela anarquia controlada de sempre, tão confiável quanto o tráfego pesado e o ar impuro. Passando por um posto de segurança superficial, ativo o detector de metais. O guarda acena pra mim. Acena com seus olhos, para não se mostrar demais.

Nado contra uma corrente no lago de humanos, então subo um lance de escadas. Em uma placa no lado de fora da sala, leio: "Gabinete Internacional de Turistas. Reservas de ferrovias para turistas estrangeiros." Sento, me juntando aos enlameados mochileiros.

Quando sou chamado ao balcão, olho rapidamente para minha ficha da lista de espera, como se fosse um cartão de bom comportamento ou um bilhete premiado da loteria.

"Sou o número um", digo.

"Eu sei", diz o homem atrás do balcão, nada impressionado.

Sr. Roy é um homem compacto e resoluto. Diz que é temporada de festival, esquecendo que, na Índia, casa de um punhado de grandes religiões e inumeráveis das menores, é sempre temporada de festival.

Há, ele me informa, um bilhete de segunda classe disponível em outro trem, o Rajdhani Express. "Um trem muito bom", assegura-me o Sr. Roy.

Tenho certeza de que é. Não é, no entanto, o Expresso Yoga, e é ele que meu coração quer.

"O que o senhor quer fazer, Sr. Eric?", pergunta-me o Sr. Roy, fazendo um gesto na direção dos mochileiros, como se para dizer: "Você não é único nesta terra de 1 bilhão de pessoas."

Estou travado.

"Então?" diz Sr. Roy, a irritação se imiscuindo em sua voz. "Você quer a passagem?"

"Por favor, me dê um segundo. Estou pensando."

"Pensar é muito bom, Sr. Eric, mas por favor pense rápido."

Quando Gandhi disse: "Não trago verdades novas", não era só humildade. Ele não inventou *ahimsa*, a não violência. Esse conceito tem milênios. No século 6 a.C., Mahavira, um líder espiritual Jain implorava aos seguidores para não "machucar, abusar, oprimir, escravizar, insultar, atormentar, torturar ou matar nenhuma criatura ou ser vivo".

Gandhi sabia sobre os Jainistas. Eles visitavam sua casa de infância. Um dos seus mentores espirituais era Jainista. Gandhi também leu Tolstói sobre o amor e Thoreau sobre desobediência civil. Não violência não era novidade, mas a aplicação que Gandhi fez dela, sim. O que foi reduzido a uma regra de dieta na Índia, vegetarianismo, "se transformou, nas mãos de Gandhi, em uma arma — uma arma universal — para lutar contra a opressão", explica seu neto, Rajmohan Gandhi.

Inicialmente, Gandhi chamou a técnica de "resistência passiva", mas logo descobriu que precisava de outro nome. Não havia nada passivo nela nem nele. Gandhi sempre estava *em ação*: falando, rezando, planejando, tendo encontros, respondendo correspondência, tecendo roupas khadi. Mesmo o pensamento de Gandhi tinha uma qualidade cinética, refletida em seus olhos alertas e sua face expressiva — um "espelho cintilante", diziam aqueles que o conheceram. Quando um jornalista pressionou Gandhi para um extrato de sua filosofia, demorou até dizer: "Não sou feito para escritos acadêmicos. Ação é meu domínio."

Gandhi instituiu um novo nome para sua resistência não violenta: *satyagraha*. *Satya* é a palavra em sânscrito para "verdade"; *agraha* significa "firmeza" ou "segurando firme." A força da verdade (ou "A Força da Alma", como é por vezes traduzida). Sim, era isso que Gandhi tinha em mente. Não havia nada passivo. Era ativo, "a maior e mais ativa força no mundo". Os *satyagrahi*, ou resistentes não violentos, são mais ativos do que o soldado armado — e mais corajosos. Não é necessária grande bravura ou inteligência para puxar o gatilho, Gandhi dizia. Apenas os realmente corajosos sofrem voluntariamente para mudar o coração humano. Os soldados de Gandhi, como os do mundo, estavam dispostos a morrer pela causa, mas não a matar por ela.

"Essas coisas acontecem em uma revolução", Lênin teria dito em defesa de uma execução em massa que ordenou. Não na revolução de Gandhi. Ele preferiria ver a Índia submissa aos britânicos a vê-la ganhar sua independência por meios sangrentos. Nenhum homem, disse Gandhi, "leva outro ao buraco sem descer junto." Quando brutalizamos os outros, nos brutalizamos. Por isso, a maioria das revoluções cai no fim. Confundindo meios e fins, elas devoram a si mesmas. Para Gandhi, os meios nunca justificam os fins. Os meios *eram* os fins. "Meios impuros resultam em fins impuros. Nós colhemos exatamente o que plantamos." Tanto quanto não se pode plantar uma roseira em solo tóxico, não dá para fazer crescer uma nação pacífica em solo ensanguentado.

Como Rousseau, Gandhi era um andarilho de marca maior. Diferentemente de Rousseau, suas caminhadas eram rápidas e com propósito. A caminhada determinada do protesto. Uma manhã em 1930, Gandhi e oitenta de seus seguidores saíram do ashram em Ahmadabad, para o sul, em direção ao mar. Caminhavam 19km em um dia, às vezes mais. Quando chegavam à costa, os seguidores já haviam se multiplicado em milhares. Olhavam enquanto Gandhi se banhava no mar arábico, depois pegava um pouco de sal dos depósitos naturais, violação das leis britânicas. A Grande Marcha do Sal era um marco fundamental na estrada rumo à independência. Gandhi caminhava nos corações de seus entusiastas de todo canto.

Um pouco depois, Gandhi anunciou sua intenção de incursão nos Dharasana Salt Works, perto de Bombaim. Webb Miller, um correspondente para a United Press International, testemunhou o confronto em primeira mão. Ele viu como os seguidores de Gandhi se aproximavam do estoque de sal em silêncio. A polícia os aguardava.

> Os oficiais ordenaram que recuassem, mas eles continuaram a caminhar. De repente, obedecendo a uma palavra de comando, vários dos policiais nativos correram em direção aos caminhantes e desferiram uma chuva de golpes em suas cabeças com seus cassetetes com pontas revestidas de aço. Nem um dos que marchavam levantou sequer um braço para aparar os ataques. Eles caíram como pinos.
> De onde eu estava, ouvi o barulho repugnante das pauladas do tacape em crânios não protegidos. As pessoas caíam e se esparramavam no chão, inconscientes ou se contorcendo com crânios ou ombros quebrados. Os sobreviventes, sem quebrar a formação, silenciosa e persistentemente marchavam até serem derrubados.

Conforme via a cena se desenrolar, Miller se debatia com sentimentos conflitantes. "A mente ocidental acha difícil a ideia de não resistência. Tive uma sensação indefinível de raiva desamparada e repugnância quase tão forte contra os homens que se submetiam sem resistência a serem espancados quanto contra os policiais usando seus bastões."

Como Miller, você pode se perguntar: o que está errado com os gandhianos? Por que não lutaram?

E lutaram, Gandhi responderia, só que de forma não violenta. Eles confrontaram a polícia com sua presença e intenções pacíficas. Se eles tivessem lutado fisicamente, teriam provocado mais raiva na polícia – raiva, na cabeça deles, agora justificada. Gandhi achava tolo tal aumento de escala. Toda vitória conseguida por meios violentos é ilusória; só atrasa a chegada do próximo capítulo sangrento.

É necessário tempo para amolecer os corações. O progresso não é sempre visível a olho nu. Após a incursão nos Salt Works e a resposta brutal, nada pareceu ter mudado. Índia ainda era uma colônia britânica. Ainda assim, algo estava diferente. A Inglaterra perdeu sua superioridade moral, bem como seu apetite para ensanguentar qualquer um que se recusava a responder ódio com ódio.

Gandhi nunca viu a não violência como tática acessória. É um princípio, uma lei tão inviolável quanto a lei da gravidade. Se ele está certo, então nós esperaríamos que a resistência não violenta teria sucesso em todos os lugares e em todos os tempos, tanto quanto a gravidade funciona quer você viva em Tóquio ou Londres, no século XVIII ou XXI. Ela funciona ou a de Gandhi foi um acaso?

Em 1959, Martin Luther King Jr. viajou para a Índia e conheceu os gandhianos, incluindo membros da família do Mahatma. A viagem causou uma impressão profunda em King e, alguns anos depois, ele colocou o "amor austero" da resistência não violenta no movimento pelos direitos civis. Não violência teve sucesso em outro lugar também: nas Filipinas, nos anos 1980, e na Europa Oriental, nos anos 1990. Em um estudo abrangente de mais de trezentos movimentos não violentos, os pesquisadores Erica Chenoweth e Maria Stephan descobriram que a estratégia funcionou mais do que metade das vezes (e foi parcialmente bem-sucedida em outro quarto de casos que elas estudaram).

Um caso óbvio no qual a não violência não funcionou e *não podia* funcionar foi com Adolf Hitler. Em 1939 e 1940, Gandhi escreveu uma série de cartas a Hitler, exortando-o a tomar o caminho da paz. Um pouco depois, no que foi uma das frases mais errôneas da história, Gandhi disse: "Eu não acredito que Herr Hitler seja tão ruim quanto o pintam." Mesmo após a Segunda Guerra Mundial, quando a enormidade do Holocausto se tornou conhecida, Gandhi sugeriu que os judeus "deviam ter oferecido a si mesmos à faca do açougueiro. Deviam ter se jogado do mar nos penhascos. Isso teria levantado o mundo e o povo da Alemanha".

O que concluir de um comentário tão mal orientado e inocente?

Seria o "faquir quase nu", como Churchill chamava Gandhi, uma fraude?

Não acho. Seria um erro jogar fora suas ideias porque elas não funcionam todo o tempo em todo canto. Talvez a lei de Gandhi sobre o amor seja menos como a gravidade e mais como um arco-íris: um fenômeno natural que só se manifesta algumas vezes, sob certas circunstâncias, mas, quando o faz, não há nada mais belo.

Aprendi o poder da resistência não violenta com meu cachorro, Parker. Parte beagle, parte basset hound, ele é 100% gandhiano. Parker possui a teimosia de Mahatma e seu compromisso com a não violência.

Como Gandhi, Parker sabe aonde e quando ir. Se sugiro uma direção alternativa, ele expressa seu desprazer plantando seu nada insignificante peso nas patas de trás, recusando se mover. Às vezes ele deita de bruços, patas abertas, olhos afastados. Ele faz essa manobra — eu a chamo "Totalmente Gandhi" — em público: nas calçadas, em lojas de pet, no meio de ruas cheias. É bem constrangedor.

Parker não morde. Ele não golpeia. Não late ou rosna. Fica simplesmente ali sentado, em paz, e ainda assim persistentemente resistindo. Ele não vai me machucar nem me ajudar.

Minha reação, confesso, é igual à de Raj. Eu fico frustrado. E irritado. Parker, como Gandhi, está conduzindo um experimento e eu sou o sujeito. Como vou responder a uma irritante, porém completamente pacífica, provocação? Com raiva? Com violência? Se eu o fizer, quando vou notar o desvario da minha raiva? Talvez hoje, talvez amanhã. Tudo bem. Parker tem tempo.

Se tivesse atacado, o experimento se provaria menos útil. Preocupado com minha indignação — *você me mordeu!* —, eu perderia de vista minha culpabilidade e meu coração endureceria. A recusa rápida de Parker a retaliar ou ceder deixa nua minha capacidade para violência e, uma vez exposta, me permite rejeitá-la conscientemente. Só podemos rejeitar o que podemos ver. Parker me ajuda a ver.

Não é suficiente rejeitar a violência, Gandhi pensava. Precisamos encontrar caminhos criativos de converter adversários em amigos. Muito da violência vem não de um impulso imoral, mas de uma falha da imaginação. Uma pessoa violenta é uma pessoa preguiçosa. Sem vontade de fazer o trabalho difícil de resolver o problema, ele soca ou procura uma arma. Respostas clichês, todas. Gandhi olharia para o dilema proposto por Parker e me exortaria a pensar criativamente. Experimente.

É o que faço, e estou feliz de anunciar que, depois de alguns experimentos falhos, os episódios Totalmente Gandhi de Parker cederam. Sim, ele ainda está propenso a recaídas, mas elas não duram muito porque descobri que, diferente de Mahatma, Parker pode ser comprado com guloseimas com gosto de bacon.

Isso é roubar? Talvez, mas prefiro pensar nisso como uma forma criativa de lutar. Parker consegue o que quer, e eu, o que quero: ir para casa. Uma solução imperfeita, talvez, mas satisfatória. Gandhi uma vez comparou seu movimento não violento com a linha de Euclides, uma linha sem amplitude. Nenhum humano conseguiu desenhá-la, nem vai. É impossível. Ainda assim, a ideia da linha, como os ideais de Gandhi, tem valor. Inspiram.

Kailash e eu nos sentamos em um banco fora da Casa Birla, em silêncio. É o silêncio confortável de duas pessoas com uma história compartilhada. Nenhum de nós se sente compelido a preenchê-lo com palavras.

Muitos indianos não apreciam Gandhi, Kailash me diz. Apreciam o dinheiro com sua foto. É isso. "As pessoas dizem que Gandhi era um covarde. Pensam: 'Se o outro é mais forte, tenho que ser como Gandhi. Se sou mais forte, posso fazer o que quiser.'" Isso é um triste erro de percepção comum. A não violência de Gandhi era a arma dos fortes.

Mas e Kailash? O que ele pensa de Gandhi? "Gandhi é muito sábio", diz. "Ele tem um cérebro claro."

Eu rio da palavra "claro". A Índia, Gandhi disse uma vez, precisa "ser a líder em ações claras e em pensamentos limpos".

Quando li isso a primeira vez, fiquei desorientado. O que ele quis dizer? Como são pensamentos e ações "limpas"?

Por pensamento limpo, Gandhi quis dizer pensamento livre de "violência velada." Nós podemos agir de maneira pacífica em relação a alguém, mas, se mantivermos secretamente pensamentos violentos, nós não estamos limpos. Ele uma vez proibiu seus seguidores de gritar "vergonha, vergonha" àqueles de quem discordavam. Gandhi não olharia com bondade para aqueles que hoje atrapalham as refeições dos políticos de quem não gostam. Esses protestos podem não causar um mal físico a ninguém, mas quem age assim apenas "colocou o manto da não violência".

Meus pensamentos são tão limpos quanto o ar de Déli. Aquiesço aos desejos dos outros para evitar confronto. Registro meu descontentamento ebulindo silenciosamente. Luto de maneira dissimulada, não limpa. Pareço gentil, mas sou beligerante. Gandhi não era passivo-agressivo. Suas ações pareciam agressivas, ao menos assertivas, mas era só ir além da superfície que você não encontraria animosidade. Só amor.

Em sua autobiografia, Gandhi se lembra do tempo em que escreveu um bilhete ao seu pai, confessando ter roubado, fumado e comido carne. Com mãos tremendo, Gandhi entregou a ele o pedaço de papel. O Gandhi pai sentou, leu o bilhete e, conforme lia, "gotas de pérolas derramaram por suas bochechas, molhando o papel", lembra-se Gandhi. "Essas gotas perolizadas de amor limparam meu coração e limparam meus pecados. Só quem experimentou um tal amor sabe o que ele é."

Tal amor é raro, e com frequência não direcionado para dentro. Como alguém que é muito brutal consigo mesmo, acho animador aprender que Gandhi também tinha momentos de autoaversão. Durante seus episódios de raiva, ele às vezes se socava no peito, com força. Ele superou essa autoagressão e, no fim da vida, aconselhou um amigo: "Não perca sua calma com ninguém, nem mesmo consigo."

Muitos de nós não lutam contra um império. Nossas lutas são mais cotidianas, mas, para nós, não menos importantes. Por sorte, a filosofia de resistência não violenta de Gandhi também funciona para discussões maritais, diferenças no escritório e balbúrdias políticas. Vamos examinar uma disputa simples da perspectiva de Gandhi. Você e sua parceira estão saindo para jantar para celebrar uma data especial. Você quer comida indiana, ela quer italiana. Você tem certeza que os indianos são superiores na cozinha, enquanto sua parceira tem a mesma certeza sobre os italianos. Há um conflito. O que fazer?

A solução mais rápida é uma "vitória forçada". Você poderia compelir sua parceira a jantar com você no Bombay Dreams colocando-a em uma armadilha. Há lados ruins nessa abordagem. De maneira alternativa, poderia insistir em comida indiana e ponto. Sem discussões posteriores. Digamos que sua parceira concorde. Você ganhou, certo?

Não. A calma e a tranquilidade de seu jantar são ilusórias. Ninguém gosta de ser forçado à submissão. "O que parece ser o fim de uma disputa pode ser só a abertura de outro ponto do conflito, diz Mark Juergensmeyer, autor de *Gandhi's Way: A Handbook of Conflict Resolution*". E usando "violência velada" você machuca não apenas seu parceiro, mas também a si mesmo.

Da mesma forma, você poderia "acalmar" sua parceira concordando com a comida italiana, mas passando o jantar inteiro fervendo por dentro. Esse resultado é só outra forma de violência — pior, é desonesta, "suja". Melhor lutar por seus princípios do que fingir não ter nenhum.

Você poderia sugerir um meio-termo no qual ninguém ganha. Comida japonesa, por exemplo.

Mas isso significa que nenhum de vocês consegue o que quer e, enquanto isso, o conflito subjacente aumenta. Gandhi era cauteloso com esses meios-termos. Era a favor do "toma lá, dá cá", mas não quando tinha a ver com princípios. Comprometer princípios é se render — "dar tudo e nada pegar", disse. Uma solução melhor e mais criativa é uma na qual ambos os lados ganham o que nem sequer sabiam que queriam.

Gandhi sugeriria dar um passo atrás. Examine sua posição, tendo em mente que você tem só um pedaço da verdade. Tem certeza de que comida indiana é superior? Talvez a culinária italiana tenha méritos que você ainda precisa apreciar. Examine sua atitude com relação à parceira também. Você a vê como oponente ou inimiga? Se for o segundo, o problema está aí. "Um oponente nem sempre é mau simplesmente porque se opõe", dizia Gandhi. Ele tinha muitos oponentes, mas nenhum inimigo. Ele se esforçava para ver não só o melhor nas pessoas, mas sua bondade latente, também. Via as pessoas não como elas eram, mas como podiam ser.

Seja criativo, Gandhi aconselharia. Você poderia, por exemplo, defender seu caso em relação à comida indiana, enfatizando quanto seria bom não só para você, mas para sua parceira também. Talvez faça tempo que ela comeu comida indiana ou exista um novo prato em Bomday

Dreams que ainda não experimentou. Você pode defender seu ponto de vista de modo gentil, porque seu objetivo, como Gandhi diz, não é condenar, mas converter.

———

Agora é meio-dia, e o sol de Déli está mais forte. Pergunto a Kailash das altercações que teve. Sei que houve algumas. Espaços adequados são uma mercadoria escassa na Índia. Como os porcos-espinhos de Schopenhauer, as 1,3 bilhões de almas da Índia calculam a melhor distância. É uma ciência imperfeita. Às vezes, você é picado.

Quando frequentava o internato franciscano no qual minha esposa e eu o matriculamos, Kailash entrava em briga corporal com outros garotos para pegar um par de meias roubadas ou uma camisa. Agora que ele tem sua casa e tem propriedades alugadas, Kailash não precisa se preocupar com meias roubadas. O dinheiro não nos livra das disputas, no entanto. Ele as modifica para arenas mais caras. E assim é com Kailash.

Ele me conta sobre a disputa com uma inquilina. Ele pediu a ela para desligar a luz fora de sua loja no fim do dia, já que um vizinho estava usando a luz como permissão para estacionar seu carro ali, bloqueando a entrada para a papelaria.

"Eu disse, 'por favor, desligue a luz', de novo e de novo." Ela ficou irritada, mas Kailash manteve a calma. Por um tempo. Um dia, ele a viu sair deixando a luz ligada mais uma vez. Quando ele lhe pediu para desligar, ela indicou que ela, não Kailash, pagava a conta de eletricidade. Ele gritou com ela. Ela gritou de volta. Não foi uma luta gandhiana.

"Ela tinha razão em alguma coisa?", perguntei a Kailash. "Ela estava certa?"

"Ela estava certa, mas ao mesmo tempo errada", diz.

Isso é, eu acho, uma resposta gandhiana. Cada lado do conflito possui uma fatia da verdade, não a torta toda. Em vez de trocar os pedaços, tente aumentar a torta.

———

Na última hora do último dia de sua vida, Mahatma Gandhi encontrou um ministro do novo governo indiano. Posteriormente, Manu lhe levou seu jantar: 400g de leite de cabra, 100g de suco de vegetais e três laranjas. Enquanto comia, tecia tecido khadi com seu *charkha*, ou tear. Ele se deu conta do tempo — alguns minutos após as 17h — e se levantou. Estava atrasado para as rezas da noite. Gandhi odiava se atrasar.

Com suas sobrinhas-netas — minhas "muletas", ele as chamava de maneira carinhosa — em cada lado, ele rumou em direção ao local das orações, onde algumas centenas de apoiadores o aguardavam. Gandhi retirou suas mãos dos ombros das sobrinhas-netas e as colocou em posição de Namastê, cumprimentando o público.

Naquele momento, um homem robusto usando uma túnica cáqui se aproximou de Gandhi. Manu pensou que o homem fosse tocar os pés de Gandhi em uma demonstração de reverência. Acontecia frequentemente. Gandhi odiava. "Eu sou um humano comum." Ele dizia. "Por que você quer pegar a poeira dos meus pés?"

Manu interveio, repreendendo o homem por fazer Gandhi se atrasar mais. "Você quer deixá-lo constrangido?", perguntou.

O homem respondeu com um empurrão nela — tão forte que ela tropeçou enquanto caminhava para trás, deixando cair o rosário e a caixa do monóculo de Gandhi. Quando ela se abaixou para pegá-los, três tiros soaram em rápida sucessão. A fumaça preencheu o ar, lembra Manu, "as trevas prevaleceram". Ouviu-se de Gandhi, ainda de pé, as mãos ainda em posição de saudação, as palavras *Hey Ram*, "Ó, Deus", antes de cair.

Os últimos passos de Gandhi estão marcados aqui. Um caminho de pegadas em pedras brancas nos leva por uma passarela de grama, terminando onde as balas do assassino o atingiram. Kailash e eu estamos de pé nos últimos marcadores agora. Dois pés descalços: um marrom, outro branco. A pedra parece fria pressionada contra minha pele, e não é a primeira vez que me pergunto o que há nos lugares em que ocorreram mortes para que eu os ache tão cheios de paz.

"Você o faria?", pergunta Kailash.

"Faria o quê?"

"Viver com Gandhi. Você teria se juntado ao seu ashram se pudesse? Gandhi tinha milhões de admiradores, mas seus seguidores mais próximos se contavam apenas em centenas. A vida com Gandhi era muito rigorosa. Seus acólitos aderiam a onze votos, desde os fáceis (não roubar) aos complicados (trabalho físico) até os onerosos (castidade). Gandhi não era sempre, como vimos, um homem gentil. Ele era exigente e, algumas vezes, severo. "Viver com Gandhi é caminhar na lâmina de uma espada", disse um seguidor. Sou capaz de um tal ato de equilíbrio?, pergunto-me. "Sim", digo a Kailash. "Eu me juntaria a Gandhi."

Conforme escuto minhas próprias palavras, como se tivessem sido ditas por outrem, me dou conta de que são verdadeiras. Às vezes não reconhecemos a verdade até que a falemos.

Eu me juntaria a Gandhi — não apesar das exigências de uma tal vida, mas por causa delas. Eu gasto tempo e dinheiro consideráveis me empenhando em aumentar meu conforto quando, eu sei, não é disso que preciso. O que Epicuro disse? *Nada é suficiente para o homem cujo suficiente é muito pouco.* Quando morreu, as posses mundanas de Gandhi consistiam em um par de óculos, uma tigela de madeira (para suas refeições), um relógio de bolso e, presente de um amigo japonês, três macacos de porcelana, que significavam "não ver o mal, não ouvir o mal, não falar o mal".

Inalando pedaços do ar de Déli, olho para o trânsito pela janela do táxi e noto que está mais pesado do que o normal hoje. Nós estamos a caminho da estação de trem. Kailash insistiu em me ver partir, mesmo sendo tão tarde. Não resisti.

Conforme esperamos pelo trem, dou uma boa olhada em Kailash. Ele não é mais a criança magricela que conheci muitos anos atrás. Ele engordou e cresceu. É um homem. Um bom homem. Eu vejo traços de Gandhi em Kailash. A persistência. A abertura a novos modos de pensar. A honestidade inabalável. A bondade inata.

Não menciono essa observação a Kailash. Ele acharia absurdo, tenho certeza, além de um pouco mais do que simples blasfêmia. *Gandhiji? Eu? Só houve um Gandhiji.*

Talvez sim, talvez não. Gandhi nunca viu a si mesmo como extraordinário. Ele não era um deus ou um santo. Era simplesmente um homem que experimentou novos modos de lutar, bem como experimentou uma força poderosa chamada amor. Um Einstein do coração.

O trem entra na estação, e a já frenética atividade na plataforma acelera: carregadores puxando malas do tamanho de pequenos barcos; *chai wallahas* gritando em tons de cantoria, na esperança de vender um copo ou outro; famílias segurando suas mãos conforme são levadas pela enxurrada de humanos. O trem é lento para parar. Um letreiro ao lado diz: "Rajdhani Express."

Eu decidi aceitar a oferta do Sr. Roy do último tíquete no "bom trem." O trem-que-não-é-o-Expresso-Yoga. É uma rendição, um curvar-se à realidade. Eu perdi a batalha. Falhei. Como Gandhi. Seu sonho de uma transição pacífica para uma Índia unificada nunca se materializou. Em seus últimos dias, ele se sentiu à deriva em um "mundo dolorido, lançado à tempestade e cheio de fome". O desespero ameaçava afogá-lo.

Ainda assim, ele nunca parou de lutar. Quando os indianos celebraram a independência, à meia-noite do dia 15 de agosto de 1947, Gandhi passou o dia jejuando e rezando. Pouco depois, ele cruzou a jovem nação de trem e a pé, tentando estancar o sangue. Ele atingiu seus meios, se não seus fins.

Como você luta é mais importante do que aquilo pelo qual luta. Eu lutei bem. Reconheci a injustiça e a confrontei. Lutei de maneira criativa e limpa contra um adversário recalcitrante: Ferrovias Indianas. Eu não recorri à violência, embora estivesse muito tentado a isso. Verdade, os resultados não foram o que eu queria, mas é não querer os resultados que obtive que está na raiz de meus sofrimentos. Ademais, existirão outras lutas. Sempre as há.

Kailash me ajuda a puxar minha bagagem a bordo, me lembrando de fechar minhas malas durante a viagem noturna. Prometo a ele que vou. Nós nos abraçamos em despedida antes que ele pule do trem para a plataforma. Eu o observo por alguns segundos, e logo ele se vai, engolido pela noite morna de Déli, densa de poluição e pessoas: incontáveis almas em movimento, negociando pequenos espaços e relações complexas, amando e lutando, lutando e amando, normalmente de forma sequencial, mas, de vez em quando, ao mesmo tempo.

———

COMO LUTAR

Mahatma Gandhi fez uma última viagem de trem. Treze dias depois de seu assassinato, suas cinzas foram colocadas a bordo de um trem em direção a Allahabad, na confluência de três rios sagrados. O lugar de descanso final de Gandhi.

Ao longo da rota, as pessoas lutavam por uma olhadela no trem, os olhos em lágrimas, as mãos juntas para um Namastê final. De noite, os aldeões acenderam fogueiras e tochas, e gritavam *Mahatma Gandhi, ki-jai!* Vitória para Gandhi. O trem, equipado para a jornada, consistia exclusivamente de vagões de terceira classe.

9.

Como Ser Gentil: Confúcio

17h34. Em algum lugar do baixo Manhattan. A bordo do trem F do metrô de Nova York, a caminho de lugar nenhum.

Estou no trem F há muito tempo — mais do que muitos viajantes e profissionais de saúde mental recomendariam. Peguei o trem para Jamaica, Queens e Coney Island, Brooklyn e muitos outros lugares. Por uma densa semana, o trem F foi minha casa.

Não sou louco, garanto-lhe. Sou um homem em uma missão. Estou à procura da gentileza. Admito que o metrô de Nova York é um lugar improvável para encontrá-la. Muitos o consideram um submundo sem coração. É por isso que estou aqui. Acho que, se você encontra gentileza no metrô de Nova York, pode encontrá-la em qualquer lugar.

Olho os arredores com olhos de Thoreau e ouvidos de Schopenhauer, atentos ao menor sinal de gentileza. Três jovens. Colegas, claramente. Pego trechos da conversa deles. *Ela precisa sair. Não, ela precisa ser demitida.* Não há gentileza lá.

Vejo um hispânico usando um boné dos Yankees, que acidentalmente empurra outro passageiro. "Com licença", diz ele. Escaneio. Uma mulher segurando um pequeno cachorro branco apertado contra o peito tropeça e ricocheteia em nada menos que três passageiros. "Desculpe", diz ela. Ambos foram certamente educados, mas foram gentis? A polidez é uma vaselina social, a supercola social da gentileza. Culturas educadas não são necessariamente gentis.

O jovem sentado ao meu lado usa um moletom com capuz e jeans rasgados. Fones firmemente inseridos; ele está caído, dormindo. Eu acho. Quando um adolescente se aproxima, vendendo chocolate para arrecadar dinheiro para a escola, o jovem se anima, tira uma nota de um dólar do bolso e a entrega a ele. Então, sem perder o ritmo, volta à música e a parecer dormir. Lembro-me, mais uma vez, de questionar suposições.

O EXPRESSO SÓCRATES

Meu companheiro no trem F é uma mixórdia peculiar, o livro chamado *Os Analectos*. É assim que conhecemos Confúcio. Ele não escreveu. Seus discípulos o fizeram, destilando sua sabedoria em sua essência e, talvez, acrescentando uma pitada de seus próprios pontos de vista, como Platão temperou Sócrates. *Os Analectos* é a leitura de metrô perfeita. Consistindo em uma série de diálogos curtos e frases pontuais, é facilmente digerido aos poucos, entre as paradas nas estações. O ritmo arregalado do livro reflete o do trem F. Em um momento, Confúcio expõe as virtudes da piedade filial; no outro, aconselha que cor de manto usar.

É tentador concluir que o livro não contém temas unificadores nem ideias convincentes. Mas não. O trem F pode se mover aos trancos e barrancos, mas ainda está indo para algum lugar, como Confúcio.

Quando entramos na estação East Broadway, em Manhattan, desembarco e subo as escadas, e sou recebido por um daqueles dias cruéis do início da primavera que parecem inverno. Fecho minha jaqueta e enrolo meu cachecol com força, e vou para o oeste, no encalço do homem.

Após alguns quarteirões, viro uma esquina e sou ofuscado por um complexo habitacional e comercial com uma estética soviética impessoal. O Confucius Plaza tem o charme de uma rodoviária de Greyhound.

Passo pela creche social Confucius e pela farmácia Confucius, viro à direita na floricultura Confucius e lá, imprensado entre Confucius Optical e Confucius Surgical Supplies... Confúcio. Ele deve ter 3m de altura, mas de alguma forma não me faz sentir pequeno.

Ele ostenta sua barba de marca registrada, longa e fina, ao mesmo tempo pura e indisciplinada. Suas mãos estão entrelaçadas, seus olhos são sábios. Visando a rua Bowery, os olhos sábios de Confúcio veem tudo. Veem a Lin Sister Herb Shop e a Abaco Federal Savings Bank. Veem o estúdio de dança ("Aprenda dança de salão/Ritmos latinos!") e a padaria Golden Manna. Também veem bondade: um bando de crianças em idade escolar, de 5 anos, guiadas por seus responsáveis, enquanto um vento frio percorre o Confucius Plaza.

Faço uma pausa na parte inferior da estátua, onde uma inscrição, em chinês e inglês, diz: "O Capítulo da Grande Harmonia." Nessa passagem, Confúcio imagina uma utopia em que governantes são sábios; os criminosos têm medo, espantados, e todos são uma família. Era uma visão ousada, já que, na época — no século V a.C. — a gentileza era uma ideia nova.

Fico ali por um longo tempo, alheio ao frio da primavera, imaginando esse mundo perfeito e o homem imperfeito que o concebera há muito, muito tempo.

———

Confúcio teve uma vida difícil, mesmo para um filósofo. Nasceu em uma família bastante rica, mas, quando tinha apenas 3 anos, seu pai, oficial militar, morreu. Confúcio foi criado pela mãe, que lutava para sobreviver. Confúcio ajudava com vários subempregos. Durante todo o tempo, estudou clássicos chineses, como *I Ching, O Livro das Mutações*.

Quando olhou em volta, viu um povo dividido em facções em guerra e conduzido por governantes mais interessados em ganhos pessoais do que no bem público. Isso não era apenas imoral, ele pensava, mas impraticável. Confúcio sentiu que havia uma maneira melhor, diz o jornalista Michael Schuman em sua excelente biografia: "Espadas e escudos não ganhariam um império; impostos onerosos e servidão militar não atrairiam súditos leais. A benevolência era a única e correta rota para o poder e o prestígio." Nós nos afastamos do Caminho, proclamou Confúcio. Precisamos voltar ao curso.

Sua mensagem aterrissou com um silêncio ensurdecedor. De qualquer forma, a corrupção e a má conduta pioraram. A gota d'água para Confúcio veio na forma de dançarinas. Centenas delas foram despachadas de um estado vizinho. O governante local, claramente distraído, não compareceu à corte real por três dias.

"Ainda tenho que encontrar um homem que ama a Virtude tanto quanto o sexo", disse Confúcio, antes de partir para um exílio de treze anos. Viajou de estado a estado, oferecendo seus serviços de sábio conselheiro a todo governante que quisesse ouvi-lo. Nenhum quis.

Confúcio voltou para casa, cansado, mas não derrotado. Decidiu ensinar, graças a Deus por isso. Se tivesse conseguido uma posição de conselheiro real, talvez não o conhecêssemos. Não recusou nenhum aluno, independentemente de histórico ou condição financeira. O ensino era pago com um pacote de seda ou um pouco de carne curada.

Confúcio era uma presença intimidadora em sala de aula. O Mestre, como era conhecido, era "um antiquado cabeça-dura, defensor incansável de questões de propriedade", escreve Schuman. Ele não se sentava em um tapete que não fosse reto e mantinha uma postura perfeita, mesmo sozinho. Quando viu um jovem sentado "com as pernas bem abertas", demonstrando desleixo, Confúcio o repreendeu, chamando-o de "praga", batendo em sua canela com a bengala.

No entanto, o Mestre também podia ser gentil, alegre até. Cantava e tocava alaúde. Ele ria e brincava com os amigos e encontrava prazer no dia a dia: usava o cotovelo como travesseiro, por exemplo, enquanto comia arroz castanho.

Milhares de quilômetros separavam Confúcio e Sócrates, mas os dois filósofos tinham muito em comum. Eram quase contemporâneos. Sócrates nasceu menos de uma década após a morte de Confúcio, em 479 a.C. Ambos ocupavam posições precárias, admiradas por seus discípulos, questionadas pelas elites. Ambos tinham um estilo de ensino informal e conversacional. Questionavam suposições. Valorizavam muito o conhecimento e a ignorância, mais. Nem se importavam com especulações metafísicas. (Quando um aluno perguntou a Confúcio sobre a vida após a morte, o Mestre respondeu: "Se você não entende a vida, como entender a morte?") Ambos defendiam definições. "Se as palavras não estão certas, os julgamentos não são claros", disse Confúcio.

Palavras importavam para Confúcio, mas nenhuma importava mais do que *ren*. Aparece 105 vezes em *Os Analectos*, muito mais do que qualquer outra. Não há tradução direta (o próprio Confúcio nunca a define explicitamente), mas *ren* foi traduzido de várias maneiras, como compaixão, altruísmo, amor, benevolência, verdadeira bondade, ação consumada. Minha favorita é "coração humano".

Uma pessoa de *ren* pratica regularmente cinco virtudes fundamentais: respeito, magnanimidade, sinceridade, seriedade e bondade. Confúcio não inventou a gentileza, é claro, mas a elevou: de indulgência a um ponto de apoio filosófico e à base para a boa governança. Foi o primeiro filósofo a colocar gentileza e amor no topo da pirâmide. "Não imponha aos outros o que você não deseja", disse Confúcio, articulando a Regra de Ouro cerca de quinhentos anos antes de Jesus. Para Confúcio, gentileza não é fraqueza. Não é fácil. É prática. Estenda-a a todos, diz um confucionista, "e transforme o mundo todo na palma de sua mão".

―――――――

O trem F não é apenas um trem. É uma cultura, e, como em todas as culturas, certas regras se aplicam a ela. Algumas são escritas, outras, implícitas. Olho em volta e vejo a variedade escrita em todos os lugares. Não encostarás nas portas nem as segurarás. Não passarás entre carros. Não comerás nem beberás. Ficarás longe das portas que se fecham.

Confúcio poderia ter escrito essas regras. Ele viu grande valor em *li*, ou "conduta ritual adequada", conforme expresso em textos clássicos chineses, como *O Livro dos Ritos*. Aqui está uma pequena amostra, sobre hábitos alimentares adequados.

> Não enrole o arroz em uma bola, não prenda os vários pratos, não esfregue a sopa. Não faça barulho ao comer, não triture os ossos com os dentes, não coloque de volta o peixe que você come, não jogue os ossos aos cães, não pegue o que deseja. Não espalhe o arroz para esfriá-lo, não use pauzinhos para comer milho.

Leio isso e suspiro. Esta é minha imagem do confucionismo: uma filosofia baseada em regras em que alguém honra os pais, não questiona a autoridade e sempre, sempre, fica longe das portas que se fecham. Não é de admirar que seja Lao-Tzu, com seu acolhedor e confuso *wu wei*, ou "não faça", o queridinho da multidão da Nova Era, e não Confúcio. Se Lao-Tzu é o surfista da filosofia chinesa, Confúcio é o professor substituto.

Confesso: as palavras "conduta ritual adequada" não me atraem. Nem um pouco. Para mim, ritual é algo contra o qual você se rebela, não adere. Seguir cegamente a tradição voa diante do grito de guerra da filosofia, conforme articulado por Kant: "Ouse pensar por si mesmo!" Mas há mais no confucionismo. Muito mais. Não defende a lealdade irracional ao ritual. Motivação é importante. "Ritual realizado sem reverência é algo que não suporto ver!", disse Confúcio.

E há uma razão para sua pontualidade, que se relaciona diretamente com *ren*, gentileza. Gentileza não existe por si. Precisa de uma forma. Para Confúcio, essa forma é uma conduta ritual adequada. Você pode não ver valor nesses rituais. Tudo bem, diz Confúcio. Endireite o tapete *como se* você se importasse, coma sua comida da maneira prescrita *como se* importasse. Esses assuntos podem parecer banais. Mas é nesse fundamento cotidiano que a gentileza reside.

O objetivo de Confúcio era desenvolver o caráter: a aquisição de habilidades morais. E nenhuma habilidade era mais importante que a devoção filial. Cada página de *Os Analectos* é marcada por um tom paternal. Um filho é obrigado a honrar os pais, mesmo que isso signifique encobrir crimes. E essas obrigações não terminam com a morte. O filho obediente deve continuar a se comportar como os pais desejavam.

Confúcio exige devoção inabalável, mas não irrefletida. Se um pai idoso se desviar do curso, redirecione-o de todos os modos, mas faça-o de maneira criteriosa e respeitosa. A piedade filial é um meio, não um fim. Assim como vamos à academia não para suar, mas para ficar em forma, praticamos a piedade filial não por si só (apenas), mas para desenvolver a gentileza. Cuidar de um pai idoso é pesado. Confúcio reforça que o façamos alegremente, com um sorriso genuíno.

A família é nossa academia *ren*. É onde aprendemos a amar e a ser amados. A proximidade é relevante. Comece tratando gentilmente as pessoas mais próximas a você e siga em frente. Como uma pedra jogada em um lago, a bondade ondula para fora em círculos cada vez maiores, à medida que expandimos nossa esfera de preocupação de nós mesmos para nossa família, nosso bairro, nossa nação e para todos os seres. Se podemos sentir compaixão por uma criatura, podemos sentir por todas.

Com frequência, porém, falhamos em ampliar a gentileza familiar. Muitas vezes, a paternidade continua sendo "uma ilha de gentileza em um mar de crueldade", como dizem dois autores contemporâneos. Precisamos escapar da ilha, ou melhor, convidar outros a se juntarem a nós.

———

"Fique longe das portas que se fecham." Fico, claro, seguindo uma conduta ritual adequada. Nas proximidades, uma mulher segura uma enorme xícara de café Dunkin' Donuts, em clara violação da regra de não comer ou beber. Um homem a menos de 1,5m de distância supera-a, comendo uma pizza inteira que sacou da mochila.

Um anúncio gravado me surpreende com sua franqueza: "Atenção, passageiros, não carregue sua carteira ou telefone no bolso de trás." É um lembrete de que não se pode confiar nos outros, de que a gentileza não tem lar na cidade grande. Se você quer gentileza, vá para uma cidade pequena, ou assim pensamos.

Quando entramos na estação da Fifty-Third Street, as portas se abrem e o carro se enche com o som de um músico andarilho cantando "Imagine", de John Lennon. Ele está um pouco desafinado, mas é tocante, apesar desse fato ou, talvez, por causa dele.

A música, percebo, é o utópico "Great Harmony" de Confúcio definido como música. A insensibilidade é o resultado não de intenções cruéis, mas de uma falha de imaginação. A pessoa cruel não consegue imaginar o sofrimento do outro, não consegue se colocar no lugar dele. E, no entanto, *é fácil se você tentar*, diz John Lennon, e Confúcio, também. "Como você deseja status, ajude os outros a alcançá-lo, pois, se você deseja sucesso, então ajude outros a alcançá-lo."

A breve explosão de John Lennon afetou o clima no trem? Isso nos tornou mais propensos à humanidade? É impossível quantificar, é claro, mas eu gostaria de pensar assim. Eu gostaria de pensar que bondade gera gentileza.

Saio na Canal Street e decido parar em um restaurante chinês para almoçar. Está lotado, como o trem F, embora menos instável e com um aroma mais agradável.

"Mesa para quantos?", rosnou o anfitrião, acusadoramente, como se eu tivesse interrompido uma reunião importante.

"Um", digo, timidamente mostrando o indicador.

"Você se senta com outros clientes, tudo bem?"

Não está tudo bem, mas não digo isso. Não quero decepcionar o rosnador. Ele me senta com um grupo de turistas alemães.

Um restaurante chinês da cidade de Nova York não é um lugar gentil, como o trem F. O serviço é bruto, na melhor hipótese. Os garçons não só rosnam, também esperam que você peça e coma rapidamente.

No entanto, uma corrente de benevolência subterrânea percorre o local, infunde o dim sum e o bok choy, íngremes nos bules de metal. É uma gentileza que honra o bem comum. Se deseja compartilhar uma mesa, todos se beneficiam. Se comer rapidamente, os que estiverem esperando também poderão desfrutar do shumai de camarão. Essas regras não estão escritas, são tácitas. Constituem o *li*, a conduta ritual apropriada de um restaurante chinês. São a forma da gentileza.

Meu restaurante chinês marca muitas das cinco caixas de renome de Confúcio: respeito, magnanimidade, sinceridade, seriedade e bondade. A equipe me trata com respeito, até certo ponto, e eles são certamente sinceros, algo que não se pode dizer de estabelecimentos mais arrogantes. Eles são sinceros e, à sua maneira, gentis. Magnânimos? Não tanto, mas quatro em cada cinco não são ruins.

De volta ao trem F, serpenteando pelo Queens, olho meus companheiros de viagem e me pergunto: eles são boas pessoas? Gentis? Todos nós possuímos *ren*, humanidade, ou apenas alguns seres excepcionais, os quais Confúcio chama de *junzi*, uma "pessoa superior"?

A questão da natureza humana é uma das mais espinhosas da filosofia. Alguns filósofos, como Thomas Hobbes, achavam que os seres humanos são egoístas; a sociedade modera essa disposição. Pensadores como Rousseau acreditavam que o homem nasce bom; a sociedade o corrompe. Outros, como a existencialista francesa Simone de Beauvoir, duvidam de que haja natureza humana; nossa natureza é não a ter.

Confúcio estava do lado de "o homem é bom", uma noção expandida um século mais tarde por um filósofo chamado Mêncio. "O coração de nenhuma pessoa suporta o sofrimento alheio", disse ele, e sugeriu um experimento mental para expressar sua opinião. Imagine que você está passando por uma vila, cuidando de seus negócios, quando vê uma criança na beira de um poço, prestes a cair. Como você reage?

Provavelmente, diz Mêncio, você sente "alarme e compaixão". Instintivamente, quer ajudar — não para ganhar favores dos pais da criança ou elogios de vizinhos e amigos, mas porque você é humano e "o sentimento de comiseração é inerente". Apenas ouvindo esse conto, experimentamos uma "agitação em nossos corações". Se não, ele diz, você não é totalmente humano. (Em nenhum momento Mêncio prevê que as pessoas realmente ajudariam a criança. Uma lacuna considerável separa compaixão e ação, e muitas boas intenções caíram nela, para sempre.)

Cada um de nós possui a mesma bondade latente, diz Mêncio. Assim como em uma montanha nua ainda vicejam pequenos brotos, mesmo a pessoa mais cruel mantém uma bondade adormecida. "Dado o alimento certo, não há nada que não cresça e, privado dele, não há nada que não murche."

Nossa capacidade de gentileza é como a da linguagem. Todos nascemos com uma capacidade inata de falar um idioma. Mas isso deve ser ativado pelos nossos pais ou pela Pedra de Roseta. Da mesma forma, nossa gentileza inerente deve ser mobilizada, e a maneira de fazer isso, acreditam os confucionistas, é por meio do estudo. A linha de abertura de *Os Analectos* canta os louvores de estudar. "Não é um prazer estudar e praticar o que se aprendeu?"

Por "estudar" Confúcio não quer dizer memorização mecânica ou mesmo aprendizado, por si só. Tem algo mais profundo em mente: cultivo da moral pessoal. Aprendemos o que somos ensinados. Absorvemos o que cultivamos. Não há pequenos atos de gentileza. Cada ação compassiva é como regar uma semente de sequoia. Você nunca sabe que altura ela pode alcançar.

Tenho uma pergunta para Confúcio: se a natureza humana é inerentemente boa, por que o mundo é tão cruel? De Genghis Khan a Hitler, a história da humanidade foi escrita em sangue. Ligue a TV ou o notebook, Mestre, e você verá que ainda é assim que funciona. As notícias são todas ruins: ataques terroristas, desastres naturais e brigas políticas. A gentileza é verdadeira. Ou assim parece.

A gentileza está sempre presente, percebamos ou não. "A Grande Assimetria", como o paleontólogo Stephen Jay Gould, de Harvard, chamou o fenômeno. "Todo espetacular incidente do mal será equilibrado por dez mil atos de bondade", disse ele. Testemunhamos esses atos todos os dias em nossas ruas e em nossas casas e, sim, no metrô de Nova

York. Uma mulher idosa enfrenta um dia frio de inverno para alimentar os animais do bairro; um empresário, atrasado para uma reunião, para e ajuda uma mãe a levar as compras para o carro; um adolescente, de skate na mão, saca as últimas moedas do bolso e as entrega a um morador de rua. Mesmo que esses atos comuns de gentileza raramente aparecem nos noticiários, isso não os torna menos reais ou heroicos.

É nosso dever, quase uma responsabilidade sagrada, diz Gould, "registrar e honrar o peso vitorioso dessas inúmeras pequenas gentilezas". Gould, um cientista obstinado, viu uma razão prática para registrar a gentileza. Gentileza honrada é multiplicada. É contagiosa. Testemunhar atos de beleza moral desencadeia uma enxurrada de respostas físicas e emocionais. Observar atos de gentileza nos encoraja a agir da mesma forma, um fenômeno confirmado em vários estudos recentes.

Vivi o contágio da gentileza em primeira mão. Depois da minha semana no trem F, hipersensível a atos de bondade, tornei-me mais gentil. Seguro portas para as pessoas. Tiro o lixo. Agradeço ao barista — e deixo uma gorjeta quando ele não está olhando. Esses pequenos atos não me renderão o Prêmio Nobel da Paz ou santidade, eu sei. Mas é um começo. Mais algumas gotas na semente de sequoia.

Adquira o hábito de pegar o trem F e você começará a notar padrões. Eu noto. Atos de gentileza não são constantes. Oscilam. Nos horários mais tranquilos, observo relativamente poucos. No entanto, na hora do *rush*, muitos: um jovem musculoso oferecendo seu lugar a uma idosa; um "com licença" aqui, um "desculpe" lá. As pessoas não têm menos gentileza no coração ao meio-dia do que às 17h, claro. Simplesmente há menos oportunidades. A gentileza se expande conforme a necessidade.

Na hora do *rush*, essa necessidade aumenta para proporções galácticas. À medida que avançamos ao Brooklyn, mais e mais pessoas embarcam em cada parada. Pela Union Square, o trem está cheio. Não dá para entrar mais ninguém, mas damos um jeito.

Tudo acontece mais rápido: as pessoas correm para o assento mais rápido, digitam mais rápido. Até os anúncios do condutor se aceleram. *TremFconexãoemConeyIslandcuidadocomovãoentreotremeaplataforma.*

"Os nova-iorquinos não são rudes", disse minha amiga Abby, nova-iorquina nativa, quando lhe contei meu plano sobre buscar gentileza no trem F. "Eles são rápidos."

Ela pode estar certa. Será possível, eu me pergunto, agir com gentileza em um ritmo rápido, ou ela exige lentidão? O cozimento lento é melhor que o fast-food e, como vimos, a boa filosofia também leva tempo. Enquanto o trem F cruza o East River, contemplo a relação entre velocidade e bondade. A gentileza diminui à medida que você acelera? Confúcio parece pensar assim. Ele descreve a pessoa gentil como "de modos simples e fala tranquila".

Não tenho tanta certeza. Sim, as pessoas que se deslocam rapidamente têm menos probabilidade de perceber uma pessoa em perigo, mas às vezes a rapidez é mais gentil. Se sua casa estivesse pegando fogo, você preferiria um bombeiro pacífico ou impetuoso? Se estivesse doente, gostaria de um socorrista reflexivo ou ligeiro? Se eu caísse bem aqui no trem F, sofrendo um mal súbito desencadeado por pensamentos excessivos, gostaria que meus colegas de viagem ajudassem rapidamente, não devagar.

Um amigo me contou recentemente que testemunhou uma emergência no metrô de Nova York. Uma mulher desabou no chão de um trem quando ele entrou na estação. Por instinto, os passageiros entraram em ação. Um segurava a porta para que o trem permanecesse na estação, outro alertou o condutor, um terceiro administrou os primeiros socorros. Mêncio reconheceria essa demonstração de compaixão instintiva. A gentileza vem naturalmente. A crueldade é aprendida.

Eu sou gentil?, pergunto-me. Sim, demonstrei renúncia confucionista, coração humano, quando ajudei Kailash na Índia. Mas não procurei Kailash. Ele me encontrou. Ele era a criança no poço. Não mereço mais crédito por essa reação instintiva do que por espirrar em uma sala empoeirada. O mundo, agora mais do que nunca, exige não apenas bondade instintiva, mas também uma variedade dela mais assertiva.

―――

Eu a ouço antes de vê-la. Uma voz lamentosa e ferida que me atravessa como uma faca enferrujada. "Eu tinha um rosto jovem", diz ela, abordando ninguém e todos. "O que aconteceu? Eu tinha um rosto jovem? Por quê?"

Ela veste roupas que são quase trapos. Está instável, seu corpo grande balança, como se fosse atingido por um vendaval.

Olho para baixo e vejo a fonte de sua instabilidade (uma fonte de qualquer maneira). No começo, presumo que ela esteja usando sapatos velhos, mas não está. Está descalça. Seus pés, inchados e deformados, são grotescos. Nem parecem pés humanos.

Por um longo tempo, ela fica ali, balançando, sem solicitar dinheiro ou ajuda de qualquer tipo. Esta é a pior parte: a ambiguidade da situação. Sinto alarme e compaixão, mas não sei o que fazer.

Gentileza é difícil. Mesmo se quisermos ajudar, não sabemos como. Melhor não fazer nada, dizemos a nós mesmos. Meus colegas de viagem também se sentem desconfortáveis com esse jeito sutil de Nova York. Alguns abrem caminho para ela. Outros desviam o olhar. Enterro minha cabeça em Confúcio. A mulher vai para o outro extremo do carro. Não posso mais vê-la, mas ainda posso ouvi-la. "Eu tinha um rosto jovem."

Então ela se vai. Todo mundo solta o ar dos pulmões, ou pelo menos imagino. Levanto minha cabeça e reflito sobre o que aconteceu. O que fazer ao ser confrontado com esse sofrimento? Sim, eu *poderia* ter ajudado a mulher, mas, como eu disse, não sabia por onde começar. Ninguém sabia. Como, então, o contágio da gentileza se firma? Alguém tem que começar.

Gentileza é difícil. Inclui empatia, mas ela não é suficiente. É necessário ritual. Há uma razão para recorrermos a rituais durante os momentos mais pesados da vida — casamento, formatura, morte. Esses eventos evocam sentimentos tão fortes que corremos o risco de ficar descolados. O ritual nos mantém unidos. O ritual é a forma de nossa substância emocional. Nós, pegadores de trem, precisávamos de uma forma quando essa mulher triste entrou. Infelizmente, não havia nenhum, então não fizemos nada.

"O fardo é pesado, e a estrada é longa", disse Confúcio. Gentileza é difícil. Mas vale toda pena.

10.

Como Apreciar as Pequenas Coisas: Sei Shōnagon

11h47. A bordo da Japan Rail East, trem nº 318. Deixando Tóquio, a caminho de Quioto. Velocidade: 300km/h.

Aprendi que a velocidade é inimiga da atenção. A rapidez fragmenta nossa consciência em um milhão de pedaços minúsculos, nenhum grande o suficiente para ser compreendido.

E a beleza? Também diminui conforme aceleramos? Ou a velocidade possui sua própria beleza turva? As asas de um beija-flor batendo oitenta vezes por segundo. Um relâmpago arqueando-se no céu. O barulho silencioso de um *shinkansen* japonês, o trem-bala, cortando cidades.

Quando embarquei no que estou agora, na brilhante estação Shinagawa, de Tóquio, não sabia se ficava surpreso ou achava graça. Com o nariz plano de ornitorrinco preso ao corpo de um nadador tonificado, o trem é ridículo. E bonito. O *shinkansen* é o Robin Williams dos trens: um absurdo que desrespeita descaradamente as leis da física, mas a uma velocidade tão espantosa que tudo é perdoado.

Como Robin Williams não competiu com outros comediantes, o *shinkansen* não compete com outros trens. Concorre com as companhias aéreas. A Japan Rail fez o possível para imitar a sensação de uma cabine de avião. Eu poderia estar a bordo de um Airbus, com a notável ausência de cintos de segurança e anúncios gravados sobre o que fazer no caso improvável de um pouso na água.

Quando saímos da estação de Shinagawa, pontualmente, os ecos das viagens aéreas ficaram mais altos: o uivo agudo, as forças G pressionando-me gentilmente contra o assento — sem problemas, sem nem uma pitada de tremor e chacoalhada, como na Amtrak.

O EXPRESSO SÓCRATES

Se tudo correr conforme o planejado, e no Japão quase sempre acontece, percorreremos os 370km de Tóquio a Quioto em duas horas e oito minutos. Estamos voando. Não estamos. Somente quando olho pela janela — não o horizonte, mas uma casa ou cruzamento de ferrovia próximo — percebo nossa excepcional mobilidade. A velocidade é relativa. Sem pontos de referência, não faz sentido. Um condutor passa e pega uma lasquinha de um chopstick que alguém (ok, eu) deixou cair. Na minha opinião, era pequena demais para se qualificar como lixo. Claramente ele achou o contrário. Aquele pedacinho perdido de madeira havia perturbado a harmonia estética do trem. No Japão, algo ou é certo ou errado.

Saco meu caderninho preto, não a joia que perdi na Inglaterra (é insubstituível), mas um modelo mais comum. Desdobro o elástico que contém meus pensamentos. Abro uma página nova, em branco, a possibilidade, e começo uma lista. Gosto de listas. A elaboração de listas é, acredito, uma atividade profundamente filosófica. Não postulei a ideia. Pergunte a Platão. Ele fazia listas. Listava os atributos da boa vida e do rei filósofo. Seu aluno Aristóteles o superou. Aristóteles foi o grande criador de listas da filosofia. Apaixonado por sobrepor a ordem à realidade confusa, criava camadas de categorias e subcategorias.

Cerca de 2 mil anos depois, Susan Sontag ofereceu esta defesa eloquente e caracteristicamente cerebral de sua lista crônica: "Percebo valor, confiro valor, crio valor, até crio — ou garanto — a existência. Por isso, minha compulsão por fazer 'listas'." Umberto Eco definiu de forma mais sucinta: "As listas são a origem da cultura."

Minhas listas são consideravelmente menos grandiosas. Não garantem a existência nem estabelecem culturas. Até onde sei, não percebem valor, mas me ajudam a encurtar meus pensamentos. Elas me ajudam a entender o mundo, a mim mesmo, e o que é mais filosófico que isso?

O segredo para fazer uma boa lista é acertar a categoria. Deve ser grande o suficiente para abranger uma variedade de entradas, mas pequena o suficiente para envolver sua mente. "A Melhor Música de Todas" é algo muito amplo, enquanto "A Melhor Polca Composta por Poloneses-americanos de 1930 em Chicago", muito restrito.

Olho para a lista que acabei de criar no meu caderno. "Países estrangeiros onde vivi." Não é uma lista longa, há só três entradas, mas, mais do que qualquer outra lista, moldou como penso e quem sou.

Cada país da lista me ensinou algo importante, mesmo que inadvertidamente. A Índia me ensinou a encontrar a quietude no caos. Israel, a importância de *savlanut*, paciência. Lições valiosas, mas nada comparado ao Japão. O Japão me ensinou, uma pessoa dos livros, um aficionado por palavras e pelas pessoas que as usam, a calar a boca por cinco minutos e experimentar uma maneira diferente de ser. O Japão abriu meus olhos para a filosofia das coisas. As belas pequenas coisas.

O Livro de Cabeceira. Que título estranho, pensei, quando soube de sua existência, quase duas décadas atrás. Eu morava em Tóquio, trabalhando como correspondente da NPR. Despertou meu interesse. Qual é esse livro peculiar que recebeu esse nome e foi escrito um milênio atrás por um cortesão pouco conhecido de Quioto? E como atrai leitores dez séculos depois?

Minhas investigações começaram e terminaram aí. Ocupava-me preenchendo relatórios sobre a economia japonesa ou o envelhecimento da população do país, ou saindo de aviões para cobrir conflitos inflamados na Indonésia ou no Paquistão. Não tinha tempo — ou, para ser sincero, inclinação — para ler um livro milenar sobre nada em particular. O livro, no entanto, sua ideia, ficou comigo, relegado na agitação do meu cérebro, esperando pacientemente pelo espaço no palco.

Aconchego-me com o livro enquanto deito ao lado da mesa de cabeceira. Estou em um quarto de hotel no bairro de Shibuya, em Tóquio, embora no Japão "quarto" seja uma questão de opinião.

Tanto em estilo quanto em escala, o pretenso quarto me lembra uma cabine de navio. Uma obra-prima da eficiência espacial que supostamente acomoda três, mas há um problema. Esses três corpos devem permanecer em repouso. Qualquer moção requer o tipo de coordenação prévia exigida de visitas presidenciais e sexo antes do casamento. É menos quarto e mais canto.

Os cantos não recebem o valor devido. Não de adultos, pelo menos. As crianças apreciam um cantinho. Instintivamente o procuram e, se não houver, criam um. Lembro-me, como uma criança melancólica de 5 anos, de transformar nossa sala em Baltimore em um labirinto de cantos, amarrando dezenas de cobertores e lençóis, ancorando-os a qualquer coisa ao alcance: cadeiras, sofás, o cachorro. Eu era jovem demais para articular meus motivos, mas agora percebo o que ansiava: a combinação sublime de aconchego e admiração, confinamento e expansividade, segurança e aventura, que apenas um canto oferece.

Ainda gosto de cantos. Sofro (se essa é a palavra certa) do oposto da claustrofobia. Sou atraído por espaços confinados, prospero neles. Talvez seja por isso que gosto tanto do Japão. Ninguém confina como os japoneses. Pessoas do Canto. Amontoam-se em vagões do metrô, bares e pretensos quartos de hotel. Surpreendentemente, sem se matar.

Viro a primeira página. O *Livro de Cabeceira* parece um diário, por boas razões: ele é um diário. "Simplesmente escrevi para minha diversão pessoal coisas que eu pensava e sentia", escreve sua autora, Sei Shōnagon. Ela não esperava que suas palavras fossem lidas por outros, o que explica por que acham uma alegria lê-la. *Livro de Cabeceira* é escrito com a honestidade nua, tipicamente reservada aos anônimos e moribundos.

Enquanto viro as páginas, ajeitando-me perto da cabeceira, sou atraído pelo mundo de Shōnagon, seduzido por sua ousadia, por seu amor pelos detalhes — e como vê beleza nos lugares mais inesperados.

O título, como grande parte do livro, é um mistério. Por que cabeceira? Talvez Shōnagon deixasse o manuscrito ao lado da cama, na cabeceira. Talvez tenha encontrado conforto naquelas palavras como encontramos em nossa cama. Ninguém sabe.

O *Livro de Cabeceira* não é um livro, pelo menos não no sentido convencional. Não contém tópicos narrativos, caracteres recorrentes ou tema abrangente. É uma mixórdia de grandes e (principalmente) pequenas observações, "uma colcha de opiniões e anedotas loucas", observa Meredith McKinney, que traduziu *Makura no Sōshi*, *O Livro de Cabeceira*, para o inglês.

O livro que não é um livro se organiza em 297 entradas numeradas, variando em tamanho, de uma única frase a várias páginas. Algumas entradas transmitem anedotas do Palácio Imperial de Quioto, enquanto outras são simplesmente listas opinativas. As listas são minhas favoritas. Em Shōnagon, encontrei um espírito afim, uma aliada das listas.

Shōnagon se recusa a seguir uma única linha. Desvia-se de "Coisas refinadas e elegantes" para "Coisas sem valor" e se volta a "Coisas verdadeiramente esplêndidas". É tentador concluir que ela está perdida. Ela não está. Pratica *zuihitsu*, ou "seguindo o pincel". É uma técnica literária japonesa que não é uma técnica, que me parece a maneira perfeita de escrever um livro que não é um livro. Um escritor praticando *zuihitsu* não tem medo de seguir um palpite, arranhar uma coceira intelectual e depois voltar ou não. O escritor não se impõe estrutura, mas permite que surja.

Acho que todos nós poderíamos usar um pouco mais de *zuihitsu*, e não apenas quando se trata de escrever. Defina metas claras e canalize todas as suas energias para alcançá-las, aconselham os livros de autoajuda. Essa abordagem pressupõe que identificamos nosso destino antes de iniciar a jornada. A vida não funciona assim. Às vezes você não sabe para onde está indo até começar a se mexer. Então se mexa. Comece onde você está. Dê uma única pincelada e veja para onde o leva.

Shōnagon não descreve o mundo. Ela descreve *seu* mundo. Nenhuma observação é neutra. Sabe do que gosta e do que não. Adota o perspectivismo, a teoria que Nietzsche propagou séculos depois. Não há uma verdade, mas muitas. Escolha uma, diz Shōnagon. Crie a sua.

Você pode objetar que é um excesso, não uma escassez de opiniões que nos atormentam. Graças às mídias sociais, qualquer pessoa pode opinar sobre qualquer coisa a qualquer momento. Essas opiniões, no entanto, são fortemente mediadas — por amigos e "especialistas" e, mais insidiosamente, por algoritmos. O resultado: vemos o mundo através de uma lente nublada; nossas convicções são frágeis. Você gosta dessa nova lanchonete de sushi ou pensa que gosta porque as pessoas dão cinco estrelas? O Taj Mahal é realmente bonito ou todas essas postagens desbotadas do Instagram o convenceram de que é? Sei Shōnagon se esforçou para garantir que suas lentes estivessem limpas e claras, que suas opiniões fossem totalmente suas.

Para cada coisa de que Shōnagon gostava, havia três que considerava desagradáveis, perturbadoras, repulsivas ou, por último, irritantes. Entre elas, estavam: "Um visitante que chega quando você tem algo urgente a fazer. Uma pessoa comum que sorri insanamente enquanto tagarela. Um cachorro que descobre um amante clandestino quando entra rastejando e late. Pulgas. Alguém que se intromete quando você está falando e presunçosamente conclui sua fala. (Na verdade, qualquer pessoa que se intrometa, criança ou adulto, é muito irritante.) Insetos. Um mosquito que se anuncia com o pequeno gemido quando você se acomoda na cama com sono. Chuva ininterrupta na véspera do Ano Novo."

Shōnagon é opinativa, mas flexível. Considere as flores de uma pereira. Os japoneses as consideravam feias e usavam como insulto, como "tem cara de flor de pera". Já os chineses, contudo, as adoravam, observa ela, de modo que "deve haver algo nelas, afinal de contas". Com certeza, após uma reflexão mais aprofundada, conclui que possuem uma certa beleza. Se você der uma "olhada cuidadosa e ampla, perceberá que nas pontas das pétalas há uma pequena sugestão de brilho adorável".

Como Gandhi, Shōnagon era exigente. Considere esta observação: "Não suporto pessoas que usam camisa branca levemente amarelada." Normalmente, esse tipo de meticulosidade me irrita sem fim, mas aprecio Shōnagon. Mais do que exigente, ela é sensível.

Como Epicuro, Shōnagon inventa uma taxonomia do prazer. Distingue o meramente prazeroso do que é verdadeiramente um *okashii*, ou deleite.

O deleite, diferente do prazer, contém um elemento de surpresa, um frisson inesperado. E, diferentemente do prazer, não deixa um sabor amargo. Você nunca o vê chegando, nem o perde quando se vai.

Para Shōnagon, o menor detalhe influencia a balança. Aprova um ventilador de três pás, mas não um de cinco pás ("muito grosso, e a base é feia"). É deleite a sensação de neve no ar, mas "isso estraga o clima da ocasião se os céus estiverem pesados com a ameaça de chuva". A filosofia dela é a do "só assim". Algo *está certo* ou não está. Perca um centímetro e você pode ter perdido um quilômetro. Um boi deve ter um pouquinho de branco na testa, enquanto os gatos devem ser completamente pretos, "exceto pela barriga, que deve ser muito branca". Apresentações musicais são encantadoras, mas apenas à noite, "quando você não pode ver o rosto das pessoas".

COMO APRECIAR AS PEQUENAS COISAS

Não há necessidade de que algo seja perfeito para Shōnagon declará-lo um deleite, basta a adequação. Ele deve ser adequado. Compatível com o clima ou a estação do ano. Deve se alinhar à sua essência. Assim, "o verão é melhor quando está extremamente quente, e o inverno, extremamente frio".

Shōnagon envolve todos os seus sentidos, mas especialmente o olfativo. Sente o "cheiro repentino e não familiar da garra de couro do boi" e "tira uma soneca do meio-dia aconchegada sob um quimono acolchoado que exala um leve cheiro de transpiração". Adorava "armações perfumadas", engenhocas de madeira projetadas para infundir uma peça de roupa com o cheiro de um certo incenso, e desfrutava de uma boa competição "feroz" para ver quem fazia o incenso mais aromático.

A maioria dos filósofos descarta o cheiro. Foram escritos tomos sobre a estética da visão e a filosofia da música, mas dificilmente uma palavra sobre o perfume. (Kant negou ao sentido qualquer status estético.) No entanto, o olfato é o sentido mais profundamente enraizado. Uma criança de seis semanas já mostra uma forte preferência pelo cheiro da mãe em relação ao de outra mulher. O cheiro aciona a memória de maneiras que os outros sentidos não fazem. Infelizmente, o cheiro é agora o sentido bastardo. Dizer que algo "cheira" é implicar que cheira mal. Se algo é suspeito, dizemos que "não cheira bem".

Como Thoreau me ensinou, só vemos o que estamos preparados para ver. A maioria de nós está mal preparada para ver as pequenas coisas. Não Shōnagon. Ela sabia que nossas vidas nada mais são do que a soma de 1 milhão de pequenas alegrias. "Gelo raspado com uma calda doce, servido em uma tigela de metal nova e brilhante. Um rosário de cristal. Flores de glicínias. Neve em flores de ameixa. Uma criança adorável comendo morangos. Uma pequena folha de lótus colhida em um lago."

Como muitos japoneses, da época e de hoje, Shōnagon gostava de *sakura*, flores de cerejeira. As árvores são famosamente fugazes. Florescem por dois ou três dias e depois desaparecem. Outras flores — de ameixa, por exemplo — duram consideravelmente mais. Por que se esforçar tanto para cultivar algo tão frágil?

O conceito budista de *mujo*, ou impermanência, deixa pistas. A vida é efêmera. Tudo o que conhecemos e amamos um dia deixará de existir, inclusive nós. A maioria das culturas teme esse fato. Alguns o toleram. Os japoneses o comemoram.

"A coisa mais preciosa da vida é a incerteza", escreveu Yoshida Kenkō, um monge budista do século XIV. Sugere que prestemos mais atenção aos galhos prestes a florescer ou a um jardim repleto de flores desbotadas, em vez de às flores em plena floração. A flor de cerejeira é adorável, não apesar da curta vida útil, mas por causa dela. "A beleza está em seu próprio desaparecimento", diz o estudioso do Japão Donald Richie.

Apreciar os pequenos prazeres fugazes da vida exige segurá-los com desprendimento. Segure-os com muita força e se quebram. O que foi dito de Thoreau se aplica a Shōnagon. "Ele presta atenção às coisas, mas não as compreende, não as manipula nem tenta descobri-las."

Essa habilidade não me é natural. Seguro muito firme. Estou sempre tentando descobrir as coisas, desenterrando significados ocultos que podem ou não existir. A impermanência me aterroriza.

Shōnagon ama muitos objetos, mas nada mais que o papel. Escrevendo como uma conhecedora de vinhos na Borgonha, lembra a vez em que pôs as mãos "em algum papel Michinoku". Pensa-se que papel e madeira possuem um *kami*, ou espírito divino. Os artesãos faziam os objetos mais queridos da madeira: caixas lacadas a ouro contendo pergaminhos sutra, caixas de sândalo incrustadas com madrepérola, telas pintadas, espelhos, pincéis de escrever, tinteiros, instrumentos musicais, conjuntos *go*. Ainda hoje no Japão, materiais cotidianos como papel, madeira e palha recebem tanta atenção e celebração — às vezes mais — quanto materiais luxuosos, como ouro ou pedras preciosas.

Sinto o amor de Shōnagon pelo papel. Sempre que estou em Tóquio, faço questão de visitar Itoya, no distrito de Ginza. Itoya é uma papelaria, mas é como dizer que Yo-Yo Ma é violoncelista: tecnicamente correto, mas reducionista. Espalhada em dois prédios e dezoito andares, é uma ode vertical ao analógico: planejadores de couro italiano, cadernos sublimes, canetas requintadas. Todos, compradores e funcionários, compartilham o amor pelo tátil. Ninguém o apressa. Incentiva. Eu passaria horas — dias! — em Itoya, e tenho certeza de que Shōnagon também.

Algo não precisa estar em perfeitas condições para ela achá-lo um deleite. Muitos dos objetos que celebra são antigos, gastos — até sujos. Prefere lagos não minuciosamente cuidados, mas "do tipo que foi deixado de lado pela erva daninha da água, onde manchas de luz da lua refletida brilham na água aqui e ali entre as faixas de verde".

Os japoneses chamam esse gosto pelo imperfeito de *wabi*. *Wabi* é um quimono desgastado, uma flor de cerejeira abandonada no chão ou uma coleção "completa" de Shakespeare a que faltam peças. Se já comprou jeans rasgados ou uma bolsa de couro desgastada, venerou o *wabi*.

Para alguém tão rápido em expor os outros, a focar uma luz brilhante em seus encantos e falhas, Sei Shōnagon revela pouco de si mesma nas páginas. Sabemos apenas o básico. Nasceu em 966 d.C. e foi integrante da corte da Imperatriz Teishi. Fez o que a imperatriz Teishi quis ou precisou, ou iria querer ou precisar no futuro. Em troca, Shōnagon recebeu espaço e sustento no Palácio Imperial de Quioto e acesso a um mundo de beleza. Não foi um acordo ruim.

O mundo de Shōnagon era altamente circunscrito, geograficamente delimitado pelas paredes do Palácio Imperial e pelos jardins adjacentes, socialmente demarcados pela parede invisível, mas não menos formidável, que separava a aristocracia de todos os outros. Você pensaria que um mundo tão confinado embotaria os sentidos de seus habitantes, mas tinha o efeito oposto: aumentava as percepções das pessoas. Shōnagon morava em um canto. Um canto bonito.

Estou em um táxi indo para o Palácio Imperial. Decido andar pelos últimos quarteirões. Eu gostaria de dizer que ando atentamente, como Rousseau, mas seria mentira. Ando sem pensar, cabeça e pés não falam.

Cruzo as paredes do palácio e os jardins adjacentes, tão atraentes hoje quanto no século X. É um composto enorme; fileiras de flores de cerejeira e laranjeiras levam a uma coleção de edifícios em cedro que se mesclam ao ambiente.

Enquanto caminho, o sol de verão quente no meu pescoço, suando a camisa, imagino o mundo de Sei Shōnagon. Ela atingiu a maioridade no período Heian. Heian significa "paz". Facções em guerra embainharam suas espadas e pegaram o pincel do calígrafo. O historiador Ivan Morris chama o período, de 794 d.C. a 1185 d.C., de "o culto da beleza".

Amo isso. Se algum dia eu ingressar em um culto (sempre uma possibilidade, dadas minhas inclinações utópicas e ingenuidade comprovada), será neste. Nenhuma outra civilização, com a possível exceção da Itália renascentista, manteve a beleza em tão alta consideração e se esforçou tanto para cultivá-la como o Japão Heian. Escreviam poesia. Tocavam música. Criavam jardins estupendos. Misturavam incensos com a feroz determinação hoje reservada ao café Kona e ao futebol fantasy.

Os japoneses Heian internalizaram o impulso artístico, tornando-o invisível da mesma forma que as vigas e as outras estruturas de apoio de um edifício bem projetado são invisíveis. A vida era arte e a arte era vida, tão intimamente ligadas que eram inseparáveis. Os japoneses da época valorizavam mais a experiência estética do que a especulação abstrata. Mais importante do que saber era a forma como via, como ouvia e, sim, como cheirava.

O Japão Heian valorizava todas as artes, mas nada como a poesia. A poesia pontuava todos os marcos da vida: nascimento, namoro e até morte. Um respeitável cavalheiro Heian deixava aquele mundo com um poema de despedida. O bom poeta conquistava o coração de um amante ou ganhava uma promoção. O mau era impiedosamente zombado.

Não bastava escrever um belo poema. Você tinha que empacotá-lo muito bem também. Imagine que você mora em Quioto, no ano 970 d.C., e deseja enviar uma mensagem para alguém. O que faz?

Primeiro, deve escolher o papel. Não pode ser qualquer um. Deve ter "espessura, tamanho, design e cor adequados para se adequar ao clima emocional que se deseja sugerir, bem como à estação do ano e até ao clima do dia". Então você produz vários rascunhos, experimentando diferentes composições e pincéis. Depois de satisfeito com as palavras e a caligrafia, dobra o papel em um dos vários estilos aceitos e, em seguida, anexa um ramo ou spray de cheiro apropriado. Por fim, convoca "um mensageiro inteligente e bonito", despacha-o para o destinatário e espera a resposta. Seu poema pode ser recebido com aprovação ou escárnio ou, pior, silêncio. O *ghosting* não é uma invenção do século XXI.

Quando conheço esses elaborados rituais de poesia, é inevitável compará-los aos nossos rituais de e-mail. Claro, escolho a fonte e talvez um emoji ou dois, mas ninguém nunca questiona o cheiro dos meus e-mails ou o aroma das minhas mensagens de texto. O e-mail é conveniente, mas a conveniência nunca é gratuita. Sempre carrega um custo oculto, um "imposto de conveniência", exigido na intimidade perdida e na beleza perdida. Conscientemente ou não, pagamos com prazer esse imposto. O povo do Japão Heian não.

Encontrariam nossas correspondências sem alma e sem perfume, não apenas o desejo estético, mas a suspeição ética. Imoral. No Japão, a beleza era — e até certo ponto ainda é — uma virtude moral. Uma pessoa moralmente íntegra é esteticamente sintonizada. A beleza é um ingrediente essencial não apenas para a boa vida, mas também para a boa pessoa. Tornar o mundo um pouco mais bonito é um ato generoso e altruísta. É um comportamento ético, não difere da bravura de um soldado corajoso ou da compaixão de um juiz sábio ou, como Simone Weil acreditava, o coração amoroso de uma pessoa atenta.

Sei Shōnagon era claramente uma escritora espirituosa e perspicaz, mas era filósofa? Consulte qualquer compêndio dos grandes filósofos da história e não encontrará o nome dela. É compreensível. Ela não desenvolveu um sistema filosófico, nenhuma teoria sobre o Universo e nosso lugar nele. Manifestou pouco interesse em ideias em si. Foram pessoas e coisas, coisas bonitas, que a fascinaram.

No entanto, se a tarefa do filósofo é, como diz um estudioso, "demonstrar que as coisas podem ser de outro modo", Shōnagon é claramente filósofa. Ela nos mostra o mundo, seu mundo, e diz, em tantas palavras: *Veja-o. Não é maravilhoso? Tão pequeno, mas tão bonito.* Se a tarefa da filosofia é, como Nietzsche disse, "melhorar nosso gosto pela vida", Shōnagon é filósofa. Após lê-la por algumas horas, as cores ficam mais vivas, o sabor da comida se intensifica.

Está implícito na filosofia de Shōnagon: quem somos é moldado, em grande parte, por aquilo de que escolhemos nos cercar. É uma escolha. A filosofia revela as escolhas ocultas que fazemos. Perceber que algo é uma escolha é o primeiro passo para fazer escolhas melhores. Como disse o escritor alemão Hermann Hesse: "O homem que, pela primeira vez, colhe uma flor pequena para poder tê-la perto dele enquanto trabalha deu um passo em direção à alegria na vida."

Sento em uma mesa em Vermont, escrevendo. Venho aqui todo verão. Sempre a mesma casa, cercada pelos mesmos objetos. Lá está meu notebook, com o brilho suave, quase etéreo, de suas teclas iluminadas e o clicar agradável que fazem enquanto digito. Aqui está minha xícara de café. Aprecio a agradável sensação do peso da caneca e a maneira como aquece minhas mãos nesse dia de verão fora de estação. Sinto o suave movimento do líquido quando levo a xícara à boca, tocando seu lábio no meu e saboreando o café, quente e agradavelmente amargo.

Depois, há a mesa em si, sólida e séria. Embutida na madeira está a intenção do designer, sua mão norteadora sugerindo que a mesa seja usada para um determinado propósito e de uma certa maneira. Há a história da mesa, sua biografia, pois os objetos também têm histórias para contar. Há a presença persistente do artesão que a fabricou, das pessoas que a possuíam antes, dos transportadores que a trouxeram, da bela mulher que a limpa aos domingos. É apenas uma mesa, sim, mas contém multidões.

Li *Livro de Cabeceira* e, ao longo dos séculos, Shōnagon e eu trocamos olhares. O dela é um olhar determinado. Ele me avalia. Vê a cabeça careca, as queratoses endêmicas, as roupas incompatíveis. Imagino as listas em que eu apareceria. *Coisas que Você Deseja que Não Sejam. Coisas que, Socorro, Nem Sei.* Claro, ela também vê uma mente que gosta de lutar com grandes ideias, mas, ainda assim, não se impressiona, pois aqui está um homem que carece do impulso estético.

Ela está certa. Não sou uma pessoa detalhista. A preparação é para reles mortais. Eu, homem das ideias, não tenho tempo para insignificâncias. Tenho um orgulho perverso da minha negligência, acreditando que a profundidade intelectual é inversamente proporcional à nitidez.

Minha mente favorece o grande, como uma câmera presa em grande angular. Negligencia os detalhes e busca o grande e o universal.

Meu "tamanhismo" estende-se a quase todos os cantos da minha vida. Destaco-me em abrir recipientes para alimentos (grande), mas me esqueço de fechá-los (pequeno). Lembro-me de alimentar o cachorro (grande), mas não o gato (pequeno). Escrevo livros (grande), mas tenho uma caligrafia horrível (pequeno). Nunca pensei muito em meu tamanho — quem tem tempo para essas trivialidades? — até agora. Percebo que minha falta de atenção aos detalhes tem um custo. Isso me atrapalhou, me restringiu. Uma vez, quase me matou.

Ainda adolescente, tive aulas de voo. Estava indo bem. Até certo ponto.

"Você acertou as grandes coisas, mas não as pequenas", disse-me meu instrutor de voo depois de uma lição. Eu não tinha certeza se isso era um elogio ou um insulto. Tudo depende, suponho, do quanto você valoriza o pequeno. Ele valorizava. Eu, não.

Um dia, após o término da aula, taxiei o avião de volta à rampa e desliguei o motor. Eu estava soltando meu cinto de ombro quando ele disse, indiferente: "Estou parando por aqui. Por que não toma a frente?"

"Mesmo?"

"Você está pronto."

"Estou?"

"Sim, você está."

Meu primeiro voo solo. Eu tinha 16 anos e ainda não tinha dirigido nem um carro sozinho. Engoli em seco audivelmente.

"Você pode fazer isso, Eric", disse uma voz que parecia notavelmente familiar, pois era a minha.

"Sim, eu posso fazer isso", respondi para mim mesmo.

"Não tenho dúvidas", disse meu instrutor, "mas deixe-me sair primeiro".

"Ah, sim, claro."

Ele saiu do avião, deixando o assento direito assustadoramente vazio. Enviei um rádio pelo controle de solo e solicitei permissão para taxiar e decolar.

"Permitido. Táxi para a pista 14", veio a resposta nítida.

Guiei o avião até pouco antes da pista e percorri minha lista de verificação pré-voo.

Flaps? Checados.

Combustível? Completo.

Altímetro? Checado.

Tudo parecia bom. Mandei um rádio para a torre de controle. Liberado para decolar, acelerei o acelerador para frente. Velocidade no ar subindo bem. Potência do motor na pista. Espere, que barulho é esse?

Algo estava errado. Tive segundos para decidir se continuaria descendo a pista ou se abortaria a decolagem. À medida que ganhei velocidade, o barulho ficou mais alto. Olhei para cima e vi que a maçaneta da porta estava na posição aberta.

Droga. Esqueci-me de — qual é o termo técnico? — fechar a porta. Com uma das mãos no controle, estiquei a outra e tranquei a porta. Segundos depois, eu estava no ar. O resto do voo seguiu o caminho que todos os voos deveriam: sem intercorrências. Depois, aterrissei.

Enquanto eu voltava para a rampa, o controlador de tráfego aéreo interrompeu a lenga-lenga clínica habitual e transmitiu um rápido: "Parabéns, Eric."

"Obrigado", disse eu, o tempo todo pensando, *se você soubesse. Se ao menos você soubesse.*

De volta para casa, naquela noite, repassei o incidente em minha mente. Era uma pequena checagem, uma mera maçaneta de porta, mas potencialmente desastrosa. Meu instrutor estava certo. Eu não era bom nas pequenas coisas. Pequenas coisas podem matá-lo. E salvá-lo.

Ninguém sabia disso melhor do que Sei Shōnagon. Um dia, a imperatriz Tei-shi, observando a alegria que Shōnagon derivava de um tapete de tatame finamente tecido, comentou: "As ninharias mais simples consolam você, não é?" Shōnagon não registra sua resposta, mas posso imaginar o que pensou. *Sim, Majestade, só que elas não são tão ninharias quanto você pensa.*

A tristeza parece um grande peso, mas talvez isso seja uma ilusão. Talvez seja mais leve do que pensamos. Talvez não sejam necessárias manobras heroicas. Talvez as chamadas ninharias da vida — a grande beleza das pequenas coisas — possam nos salvar. Talvez a salvação esteja mais perto do que parece. Tudo o que precisamos fazer é estender a mão — e fechar a porta.

Ainda há algum "culto à beleza" no Japão? Dê uma olhada nos arranha-céus sombrios e nos rios revestidos de concreto e concluirá que não. E, desse ponto de vista, você estaria certo. O grande Japão é feio.

Observe os detalhes, porém, e tudo será diferente. Sinto-me como uma criança de 10 anos olhando pela primeira vez através de um microscópio, maravilhada com esse mundo oculto que estava lá o tempo todo. Vejo microbeleza em todos os lugares: o brilho suave das máquinas de venda automática; o *onigiri*, pequenos triângulos de arroz e peixe, embrulhados para que as algas permaneçam nítidas e crocantes até a hora de mordê-las; um copo de saquê servido em uma caixinha perfeita de madeira.

De volta ao *shinkansen*, marcando em direção a Tóquio, pego minha bentô box na sacola de compras que o atendente da estação havia guardado. A sacola é feita de papel e é linda. Alças sólidas. Um design atraente na frente. Retiro a caixa com cuidado, grato pela gentileza do funcionário.

Depois do almoço, pego meu caderno e escrevo, em maiúsculas: "TREM-BALA JAPONÊS: LISTAS." Um bom começo. Muito amplo, no entanto. Preciso ser específico. Preciso ver os detalhes. *Coisas deliciosas sobre um trem de passageiros japonês.* Melhor.

1. A maneira como o condutor passa pelo corredor, vira-se e, de frente para os passageiros, faz uma reverência. 2. A maneira como uma jovem de salto alto oscila levemente enquanto caminha pelo corredor, mas se firma com a graça de uma bailarina. 3. A sensação da xícara de café de isopor, uma daquelas sólidas e grossas que irradiam um calor agradável, não doloroso. 4. A maneira como a xícara diz, em inglês, "Aroma Express Café", e o "o" tem formato de grão de café. 5. A maneira que, ao se aproximar de Tóquio, a vista se torna cada vez mais urbana, mas gradualmente, para que a cidade não pareça materializada. 6. Os banheiros impecáveis. 7. O vislumbre inesperado do mar. 8. O som estridente feito

por um trem passando na direção oposta, movendo-se tão rápido que não há tempo para se preocupar com uma colisão. 9. A maneira como as gotas de chuva se espalham pela minha janela, formando riachos e afluentes, movendo-se com entusiasmo e aparente motivação própria.

Coisas Desanimadoras ao Pegar um Trem-bala Japonês. 1. Essa emoção momentânea de avistar o Monte Fuji só deve ser seguida pela forte pontada de decepção quando você percebe que não, não é o Monte Fuji, mas apenas outra montanha, nada de especial. 2. Revelar à vista um assento vazio a seu lado, apenas para vê-lo ser ocupado no último minuto por um homem que parece um lutador de sumô de folga. 3. Os assentos datados. 4. O fato de todo mundo a bordo ficar quieto, nem um pio, mesmo que você não esteja no carro silencioso.

Escrevo minhas listas em papel de qualidade — não o Michinoku, mas, ainda assim, um bom. Sem ácido, vai durar muito tempo. Alguns séculos, talvez mais. Não para sempre, no entanto. Em algum momento, minhas listas se desintegrarão e se juntarão às outras vítimas da impermanência. Esse fato entristece, mas não me destrói. É a tristeza da van em movimento, da formatura do ensino médio, da festa da aposentadoria. É a tristeza de um dia atrasado do outono, quando uma rajada de vento agita uma pilha de folhas caídas e elas dançam.

Chegamos a Tóquio a tempo. Perfeito. Vou encontrar meu amigo Junko em um bar e não quero me atrasar. Não é qualquer bar. É um bar *otaku*. Um *otaku* é um nerd, e, apenas no Japão — uma nação de nerds —, a palavra é menos pejorativa do que em outros lugares. *Otaku* é, em certos círculos, um distintivo de honra.

O bar é um bar de trem *otaku*. Um bar para *geeks* de trem. No meio da sala, um modelo de trem opera com pontualidade *shinkansen*. Tal arranjo poderia facilmente tornar-se enigmático, mas não aqui. O trem e a cidade em miniatura por onde passa parecem naturais e completamente *okashii*, deliciosos. Nenhum detalhe era pequeno demais, insignificante demais para a pessoa que projetou essa pequena cidade ferroviária. Nem as placas minúsculas em frente à pequena loja, nem os carros minúsculos no estacionamento minúsculo, nem os arbustos minúsculos que ladeiam a estrada minúscula. O bar em si também é pequeno: seis ou sete cadeiras dispostas em círculo com o trem no meio. Um canto.

Junko pede uma cerveja, e eu, um Suntory. Meu uísque chega em um copo forte e sério que exala elegância silenciosa. O barman, um homem sorridente, cinzelara um único cubo de gelo, como se fosse *Davi* e ele, Michelangelo.

Enquanto ele trabalha, pergunto sobre — o que mais? — trens. Ele explica como, quando criança, via trens passando pela janela do quarto, uma presença tranquilizadora durante os anos instáveis da juventude. A maioria das crianças supera os trens. Ele, não. Como assalariado infeliz, passava o tempo livre viajando de trem para lugar nenhum. "Andar de trem me faz sentir calma e felicidade", explica. "Em um trem, penso mais claramente sobre a vida." Concordo com a cabeça e saboreio meu uísque, deliciando-me com a solidez do copo sério, o sabor de carvalho e o aroma levemente adocicado olhando para o mundo minúsculo e bonito que estava diante de mim.

PARTE TRÊS

CREPÚSCULO

11.

Como Não Se Arrepender: Nietzsche

14h48. Em algum lugar dos Alpes suíços. A bordo das Ferrovias Federais Suíças, trem nº 921, deixando Zurique, a caminho de St. Moritz.

A bandeja do assento trava com um clique certeiro de dever cumprido. Bom. Minha janela revela uma vista *Heidi* de picos altos e campos de esmeralda. Bom. Poucos minutos depois, um pensamento estranho tranca meus devaneios: tudo isso é bom, mas demasiado bom.

Demasiado bom? Isso é possível? Todo mundo gosta do bom. Norte-americanos em particular. Aspergimos "bom" [*nice*] nas conversas como páprica. Às vezes, alongamos: boooom. O bom nunca basta. Quando dizemos instintivamente: "Tenha um bom dia", não adicionamos "mas não demasiadamente". Bom em excesso é como muito brownie ou muito amor: teoricamente possível, mas ninguém experimentou.

Até agora. Depois de várias horas de bom implacável, anseio por granulação, aspereza. Sujeira.

Talvez eu esteja viajando há muito tempo e não esteja "batendo bem". Talvez, me pergunto quando o trem se infiltrou em um belo túnel (eu não sabia que túneis podiam ser bons), eu tenha despertado meu masoquismo latente e em breve ficarei cheio em Rousseau, expondo minhas costas e convidando uma boa surra.

Há outra possibilidade, no entanto, que me ocorre na medida em que a comissária de bordo, perfeitamente penteada, empurrando um carrinho perfeito repleto de doces perfeitos e café perfeitamente preparado, pergunta se há algo que ela possa fazer para tornar minha jornada mais agradável. Talvez, penso, ao considerar sua pergunta, o sofrimento seja essencial para a boa vida. Talvez o sofrimento seja, à sua maneira, bom.

"Senhor? Posso lhe oferecer algo?"

Sim, você pode, acho. Você pode me machucar um pouco, me atirar sujeira e dejetos. Me machuca. Me faz sofrer, por favor.

Mais de um século atrás, outro viajante de um trem suíço tinha pensamentos semelhantes. Compositor e poeta frustrado, um tipo acadêmico que abandonou o sucesso inicial para viver nas montanhas, um "aeronauta do espírito" que comemorava risos e dança e cujo lema era "Viva perigosamente!", também ansiava pelo sofrimento.

Feitiço do Tempo é o meu filme favorito. De longe. Devo ter assistido dezenas de vezes. *Feitiço do Tempo* é o meu filme favorito. De longe. Devo ter assistido dezenas de vezes. *Feitiço do Tempo* é o meu filme favorito. De longe...

Não apenas assisti ao filme, comuniquei-me com ele, absorvi seu etos. Adorei quando foi lançado, em 1993. Adorei antes que se tornasse um meme[1] cultural, antes que as pessoas usassem a palavra "meme" nas conversas. Ainda o amo. Mais do que nunca.

O protagonista é o meteorologista Phil Connors. Está em Punxsutawney, na Pensilvânia, para cobrir o festival anual do Dia da Marmota. De novo. Phil não está satisfeito e aproveita todas as oportunidades para compartilhar sua infelicidade com a equipe. Arquiva o relatório e vai dormir. Na manhã seguinte, acorda e descobre que é o Dia da Marmota de novo. E de novo, e de novo. Phil está preso no Punxsutawney plebeu, destinado a reviver o mesmo dia e a cobrir a mesma história insípida, repetidamente. Ele responde à sua situação com incredulidade, indulgência, raiva, engano, desespero e, finalmente, aceitação.

O filme é classificado como uma comédia romântica, mas *Feitiço do Tempo* é, acredito, o filme mais filosófico já feito. Enquanto Phil Connors luta com as bênçãos e maldições que são seus dias eternamente recorrentes, também luta com os principais temas da filosofia: o

---

1 Meme aqui é no sentido de hábito, de padrão cultural. Então, o autor faz um jogo de ideia com o "meme" (piada, que também tanto reforça quanto explicita um padrão cultural, de alguma forma) que é comum nos nossos dias. [N. da T.]

que constitui ação moral? Temos livre-arbítrio ou nossa vida é fadada? Quantas panquecas de mirtilo um adulto pode comer sem explodir?

Agrada-me, embora não surpreenda, saber que o filme se baseia em uma teoria fascinante e intricada, formulada há mais de um século pelo filósofo alemão Friedrich Nietzsche. Nietzsche é o menino mau da filosofia ocidental. Delinquente inteligente e presciente demais para ignorar. Por mais que quiséssemos tirá-lo de louco, antissemita ou desorientado, não era nada disso. Ele era, e é, o mais sedutor e inevitável filósofo.

Chego a Sils-Maria 124 anos após Nietzsche. Vejo por que ele gostava. As casas de gengibre, autênticas por serem adoráveis; o ar, afiado e limpo; e, de todo lugar que olho, os Alpes estendem-se para o céu. Se há um lado feio, não vejo nem evidência. Até as latas de lixo são impecáveis.

Ando alguns metros do meu hotel até a pequena casa onde Nietzsche morava. Na época, uma loja que vendia chá, especiarias e itens análogos ocupava o térreo. Nietzsche alugava um quarto no segundo andar. Foi fielmente preservado, mobiliado de maneira simples, como na época, com uma cama estreita, uma pequena escrivaninha, um tapete oriental, uma lâmpada de querosene.

Simples, como aprendi no Japão, não precisa significar falta. Simples pode ser bonito, e há uma qualidade elegante e esteticamente agradável na sala. Nietzsche escolheu o papel de parede. Como Sei Shōnagon, via beleza nas pequenas coisas. "Queremos ser os poetas da nossa vida — antes de tudo, nos menores e mais cotidianos assuntos", escreveu ele.

Nietzsche ansiava por rotina. Acordava cedo, tomava um banho frio e sentava-se para um café da manhã de monge: ovos crus, chá, biscoitos de anis. Durante o dia, escrevia e caminhava. À noite, entre as 19h e as 21h, ele ainda estava sentado no escuro. Uma rotina admiravelmente rígida, mas dificilmente heroica. Onde, eu me pergunto, está o filósofo audaz, o aeronauta do espírito?

Fisicamente, Nietzsche não era super-herói, como atestam as fotos em preto e branco do local. Retratam um feixe de pessoa, mais bigode do que homem. Tinha olhos grandes e escuros que impressionavam as pessoas — assim como Lou Salomé, a fascinante escritora e iconoclasta russa que partiu seu coração. Os olhos dele, lembrou, "não tinham nada do aspecto inquiridor que faz os míopes parecerem inconscientemente invasivos". Em vez disso, diz ela, sua visão defeituosa "conferia a seus traços um tipo especial de magia, pois, em vez de refletir as mudanças das impressões de fora, descortinavam seu interior". O bigode, espesso e bismarckiano, realçava a opacidade cultivada por Nietzsche. Levava as pessoas a pensarem que ele era alguém que não era.

Um dos poucos filósofos a celebrar a saúde como virtude, Nietzsche desfrutava de pouco dela. Desde os 13 anos, sofria de enxaquecas que, com uma panóplia de outras doenças, atormentaram-no por toda a vida. Sua visão terrível piorou ao longo dos anos. Tinha crises de vômito que duravam horas. Em alguns dias, não conseguia sair da cama.

Tentou muitas intervenções médicas e, para alguém tão cético, era notavelmente suscetível ao charlatanismo. Um médico lhe prescreveu um tratamento de nada: "Sem água, sem sopa, sem legumes, sem pão." Nada, exceto as sanguessugas que aplicou aos lóbulos de suas orelhas.

Nietzsche sentia profundamente a sombra da morte. Seu pai morreu aos 36 anos. "Amolecimento do cérebro", disseram os médicos. (Câncer, provavelmente.) Nietzsche temia que um destino semelhante o aguardasse. As referências à destruição iminente apimentavam suas correspondências. Seus livros são a prosa urgente de um homem que sabia que seus dias estavam contados.

Foi prolífico de um modo quase sobre-humano, publicando quatorze livros de 1872 a 1889. Sem exceção, foram um fracasso de vendas. Nietzsche custeou a impressão de alguns. O mundo não estava pronto para ouvir o que o "eremita de Sils" tinha a dizer.

Particularmente, eu teria desistido após a terceira derrota. Nietzsche, não. Persistiu, nem sequer reduziu o ritmo, apesar da rejeição e das patologias. Como ele fazia isso? O que ele sabia?

A casa contém uma pequena biblioteca, livros dele e sobre ele, e algumas partituras, testemunho de suas ambições musicais abortadas. O que mais me atrai são as letras. Escreveu muito sobre o clima e era extremamente sensível às nuances meteorológicas. Aonde quer que fosse, anotava a temperatura e a pressão barométrica, registrava as chuvas e os pontos de orvalho. Dias nublados o deprimiam. Ele ansiava por "um céu imutavelmente feliz".

Ele o encontrou em Sils-Maria. Se é possível que um lugar salve uma vida, Sils-Maria salvou a de Nietzsche. Sim, ainda tinha dores de cabeça e de estômago, mas esses ataques eram muito mais leves. O ar alpino acalmava seus nervos, também. Ele podia respirar novamente.

Ele deu à luz suas maiores ideias aqui. Foi em Sils-Maria que proclamou: "Deus está morto", uma das afirmações mais descaradas da filosofia. Foi em Sils-Maria que conjurou o profeta dançarino e alter ego, Zaratustra, uma versão fictícia do profeta persa que desce da montanha para compartilhar sua sabedoria com a humanidade. E foi em Sils-Maria que seu maior pensamento — "o pensamento dos pensamentos" — o atingiu com uma ferocidade que não achava possível.

Era agosto de 1881. Nietzsche estava em uma de suas caminhadas habituais ao longo das margens do lago Silvaplana, bem acima do nível do mar, "2km além do homem e do tempo". Acabara de encontrar "um poderoso bloco de pedra piramidal" quando o pensamento dos pensamentos chegou espontaneamente — um terremoto de uma ideia que o levou a repensar o Universo e nosso lugar nele, além de um grande filme estrelado por Bill Murray e Andie MacDowell. A ideia o atingiu com força e rapidez, aquecida e expandida para um tamanho inimaginável. Só mais tarde esfriou e se congelou nestas palavras:

> E se um dia ou uma noite um demônio se esgueirasse em tua mais solitária solidão e te dissesse: "Esta vida, assim como tu vives agora e como a viveste, terás de vivê-la ainda uma vez e ainda inúmeras vezes: e não haverá nela nada de novo, cada dor e cada prazer e cada pensamento e suspiro e tudo o que há de indivisivelmente pequeno e de grande em tua vida há de te retornar, e tudo na mesma ordem e sequência — e do mesmo modo esta aranha e este luar entre as árvores, e do mesmo modo este instante e eu próprio. A eterna ampulheta da existência será sempre virada outra vez, e tu com ela, poeirinha da poeira!"

Nietzsche não está falando de reencarnação. Você não volta com a mesma alma em um corpo diferente. É o "eu mesmo" que volta sempre e sempre. Você não se lembra de suas iterações anteriores, como Phil Connors, do *Feitiço do Tempo*. Você não pode, como Phil, editar sua vida recorrente. Tudo já aconteceu antes e acontecerá novamente, exatamente da mesma maneira, para sempre. Tudo isso. Até a adolescência.

Como você reagiria ao demônio?, pergunta Nietzsche. Você "rangeria os dentes e o amaldiçoaria? Ou se curvaria diante do demônio e diria: 'Você é um deus e nunca ouvi algo mais divino!'"?

Nietzsche chamou sua ideia de Eterno Retorno. Isso o encantava. Isso o aterrorizava. Ele caminhava, praticamente corria, de volta ao seu quarto simples em Sils-Maria e, nos próximos meses, apesar da dor excruciante na cabeça e nos olhos, não conseguia pensar em mais nada.

———

Acordo para outro dia em Sils-Maria. Escovo os dentes, como ontem, e espirro água fria no rosto. Faço a barba, entalhando as bochechas, novamente, e desço as escadas para a sala do café da manhã — a mesma sala em que Nietzsche jantava regularmente. Vejo a mesma anfitriã de ontem e de anteontem que, mais uma vez, tolera meu *guten morgen* ilegível e me assenta na mesma mesa para a mesma janela.

No balcão de bufê, encontro as mesmas opções: os mesmos pedaços de Jarlsberg, os mesmos croissants e a mesma salada de frutas organizada no mesmo semicírculo perfeito. Encomendo um café, como fiz ontem e anteontem, e despejo exatamente a mesma quantidade de leite. Quando me levanto para sair, a anfitriã diz: "Tenha um bom-dia", como fez ontem e no dia anterior e, mais uma vez, penso, mas não digo: *Sim, mas não demasiado bom*. Passo pela recepção novamente e digo olá para Laura, que hoje, como ontem e anteontem, veste *lederhosen*. Saio para um dia perfeito na Suíça, como ontem e anteontem, para uma das trilhas próximas. É uma trilha diferente da de ontem e, como diz o personagem exasperado de Bill Murray, diferente é bom. Estou em uma missão. Não de Deus (nós O matamos, lembra-me Nietzsche), mas de Zaratustra, o profeta dançarino de Nietzsche. Estou determinado a encontrar a poderosa pedra, o lugar onde o filósofo pensou no Eterno Retorno. Ao vê-la, tocá-la, espero pensar no que ele pensava naquele dia — melhor ainda, sentir o que sentiu. Ando como Rousseau, como se eu tivesse todo o tempo do mundo. É bom, não apenas a cadência melódica dos meus passos, mas a maneira como o sol e a sombra se alternam quando entro e saio pelos pinheiros que se alinham ao lago Silvaplana. O chão é macio e esponjoso sob os pés, como se conversasse comigo.

Ando e ando um pouco mais. Minhas pernas doem. Ainda ando. Ando apesar da dor, *por causa* da dor. Nietzsche aprovaria, observando que estou exercitando minha "vontade de poder", superando um obstáculo, a caminho de me tornar um *Übermensch* (literalmente, "super-homem"), um passo de cada vez.

Fico tentado a parar e ler Nietzsche, mas o filósofo me dissuade: "Como alguém pode se tornar um pensador se não passa pelo menos um terço do dia sem paixões, pessoas e livros?"

A visão precária era uma bênção secreta. Ela o libertou da tirania do livro. Quando não conseguia ler, caminhava. Ele caminhava horas seguidas, cobrindo grandes distâncias. "Não acredite em nenhuma ideia que não nasceu ao ar livre e de livre circulação", disse. Escrevemos com as mãos. Escrevemos bem com os pés.

"Toda verdade é tortuosa", disse Nietzsche. Todas as vidas, também. Só em retrospecto endireitamos a narrativa, atribuímos padrões e sentidos. Na época, são todos zigue-zagues. E espaços em branco: quebras no texto que separam nossos eus anteriores de algum eu futuro incipiente. Esses espaços em branco parecem omissões. Não são. São transições mudas, pontos em que as correntes da nossa vida mudam de curso.

Uma dessas bifurcações ocorreu no início da vida de Nietzsche. Estudava teologia na Universidade de Leipzig quando um dia entrou em um sebo. Sentiu-se atraído, lembrou, por um livro em particular: a obra-prima de Schopenhauer, *O mundo como Vontade e Representação*. Ele geralmente hesitava antes de comprar um livro. Não dessa vez.

Uma vez em casa, Nietzsche se jogou no sofá e "deixou que aquele gênio enérgico e sombrio opere sobre mim". Nietzsche ficou encantado — e horrorizado. "Vi doenças e saúde, exílio e refúgio, inferno e céu." Logo depois, ele mudou seu estudo de teologia para filologia, o estudo da linguagem e da literatura. Isso pode não parecer importante, mas, para o filho e neto de pastores luteranos, era um ato de rebelião.

Nietzsche se destacou. Aos 24 anos, foi nomeado professor de filologia clássica na Universidade de Basileia, na Suíça. A lua de mel se mostrou breve.

Seu primeiro livro, *O Nascimento da Tragédia*, desrespeitou as normas acadêmicas. Nenhuma nota de rodapé, nenhuma prosa seca e medida. Um antigo mentor chamou de "pedaço de mistificação religiosa pseudoestética e não acadêmica produzida por um paranoico". O brilho da maravilha tinha diminuído. A academia não se agrada de um rebelde inteligente.

A segunda bifurcação ocorreu em 1879. Sua saúde se deteriorou. Às vezes, mal enxergava e pedia aos alunos que lessem para ele. Sua tentativa de obter um cargo de professor de filosofia, sua nova paixão, fracassara. Imagino que a maioria das pessoas se atrapalhe, procure melhores médicos, ajeite-se com chefes de departamento, faça as pazes com o antro que é a academia. Ninguém se afasta de uma posição de titularidade em uma das universidades de maior prestígio da Europa.

Mas Nietzsche fez. Juntou suas coisas e enviou uma breve carta ao editor: "Estou à beira do desespero e quase não tenho mais esperança", assinando a carta em maiúsculas: "UM HOMEM MEIO CEGO."

E assim, com esse gesto dramático, trocou a vida estabelecida de professor pela vida de filósofo feroz, responsável por ninguém além de si mesmo, não afiliado e não vinculado. Foi um movimento incrivelmente corajoso, ou cabeça-dura. "Talvez ninguém", diz o escritor Stefan Zweig, "tenha chutado uma vida anterior tão longe de si como Nietzsche".

Como Rousseau, Nietzsche vagava. Ao contrário de Rousseau, sua caminhada tinha um padrão, uma cadência: Suíça no verão, Itália ou sul da França no inverno. Sua única propriedade eram as roupas que vestia, o papel em que escrevia e o grande baú onde os guardava.

Ele viajava de trem. Ele odiava trens. Odiava as carruagens não aquecidas. Odiava o chacoalhar. Ele vomitava muito e pagava pela jornada de um único dia com três dias de recuperação.

Trocar de trem o atrapalhava. Às vezes, acabava indo na direção errada. Certa vez, enquanto visitava o compositor Richard Wagner, Nietzsche deixou uma sacola na estação ferroviária. Dentro havia um volume precioso dos ensaios de Ralph Waldo Emerson e uma cópia autografada das óperas *Ring des Nibelungen*, de Wagner. Nietzsche, como Hemingway e T. E. Lawrence, não crucificava o incidente. Às vezes, uma perda é apenas uma perda.

Ainda não encontrei o "poderoso bloco de pedra piramidal de Nietzsche" e decido parar de andar e ler, um ato de rebelião que tenho certeza de que ele entenderia. Encontro um banco. Sento-me e abro o livro de Nietzsche, *A Gaia Ciência*. Depois de poucas frases, percebo que Nietzsche não fala comigo. Ele grita comigo! Se Sócrates era o filósofo da interrogação, Nietzsche é o da exclamação. Ele as ama! Às vezes amarra duas ou três juntas!!!

Ler Nietzsche é um deleite e um fardo. É um deleite porque a prosa dele rivaliza com a de Schopenhauer em clareza e simplicidade revigorante. Escreve com a exuberância descarada de um adolescente com algo importante a dizer. Escreve como se sua vida dependesse disso.

Nietzsche achava que a filosofia devia ser divertida. É brincalhão e engraçado de maneira mordaz. Toda verdade, ele disse, deve ser acompanhada de pelo menos uma risada. Brinca com ideias e com dispositivos literários. Escreve em aforismos, cantigas de ninar, canções — e na voz bíblica falsa de sua invenção mais famosa, Zaratustra. Suas frases curtas e rápidas se sentiriam em casa no Twitter.

Nietzsche é um fardo porque, como Sócrates, exige que questionemos crenças arraigadas, e isso nunca é agradável. Sempre presumi que a filosofia era movida por uma razão árdua e uma lógica fria. Se Rousseau se preocupou com essa crença, Nietzsche a destruiu. Infundir as páginas é uma celebração silenciosa (e frequentemente não tão silenciosa) do impulsivo e do irracional. Para Nietzsche, as emoções não são uma distração ou um desvio da lógica. São o destino. Os virtuosos são irracionais, e o mais nobre de todos "sucumbe a seus impulsos, e, nos seus melhores momentos, sua razão é totalmente *caducada*".

Rousseau abraçou o coração. Nietzsche tem objetivos mais baixos. É o filósofo das vísceras — naquele local, diz o estudioso Robert Solomon, "no qual crescem dúvidas e rebeliões, as partes do corpo não são facilmente domadas por argumentos meramente válidos ou pela autoridade dos professores".

Nietzsche não era fã de pensamentos puramente abstratos. Esses rumores difusos nunca inspiraram ninguém a fazer nada, argumentou. "Temos que aprender a pensar de forma diferente [...] sentir diferente", disse ele. Sofria de uma espécie de sinestesia afetiva. Pensava como a maioria de nós se sente: instintivamente e com uma ferocidade fora de seu controle. Nietzsche não formulava ideias. Ele as dava à luz.

Estou imerso em suas palavras tensas, possivelmente à beira do "fluxo", quando sinto uma presença. Olho para cima e vejo uma borboleta. Ela pousa em Nietzsche, suas asas marrom-douradas flutuando no topo da página 207. Não sei o que fazer. Fico tentado a fazer uma foto, mas temo que possa assustá-la. Além disso, gravar o momento parece um substituto ruim para experimentá-lo.

A borboleta pousou em uma passagem chamada "À Vista de um Livro Aprendido". Boa escolha. Nietzsche clássico. "Nossa primeira pergunta sobre o valor de um livro, um homem ou uma peça musical é: sabe andar? Ou ainda melhor: sabe dançar?"

Alguns filósofos surpreendem. Muitos inflamam. Alguns inspiram. Apenas Nietzsche dançou. Para ele, não havia expressão mais fina de exuberância e *amor fati*: amor ao destino. "Eu só poderia crer em um Deus que soubesse dançar", escreveu. O Zaratustra de Nietzsche dança selvagemente, fervorosamente, sem nenhum traço de autoconsciência.

O espírito de todo bom filósofo, disse Nietzsche, é o de um dançarino. Não é necessariamente de um bom dançarino. "É melhor dançar ponderadamente do que andar sem graça", disse. Ele não conseguia dar nem uns poucos passos decentes na pista de dança. Que fosse. O bom filósofo, como o bom dançarino, dispõe-se a fazer papel de bobo.

A filosofia de Nietzsche dança soberbamente. Tem ritmo. Pula e baila pela página e, ocasionalmente, faz *moonwalks*. Como a dança não tem propósito — ela é o objetivo —, o mesmo ocorre à filosofia de Nietzsche. Para ele, a dança e o pensamento caminham para objetivos semelhantes: uma celebração da vida. Ele não tenta *provar* nada. Ele simplesmente quer que você veja o mundo e a si mesmo de maneira diferente.

Como um artista, um filósofo como Nietzsche nos entrega um par de óculos e diz: "Olhe o mundo através deles. Você vê o que vejo? Não é milagroso?" O que vemos pode ou não ser verdade no sentido científico, mas esse não é o ponto. O filósofo transmite a verdade não do cientista, mas do artista ou romancista. É uma abordagem "como se". Veja o mundo *como se* outro nível de realidade, o númeno, estivesse embaixo da superfície. Viva sua vida *como se* ela se repetisse sem parar. Veja o que acontece. Olhar o mundo dessa maneira ilumina seu mundo? Bom. Então vale. Ver o mundo de modo diferente — até mesmo de um "incorreto", diferente de Thoreau espiando pelas pernas — enriquece a vida.

A borboleta parte, suas asas marrom-douradas levantam-na para o céu, e continuo minha caminhada ao longo da margem do lago. O ar é leve e fresco. Entendo pelo que Nietzsche ansiava. O ar quente embota a mente. O ar frio afia. Cobri vários quilômetros, mas, ainda assim, nenhum sinal da poderosa pedra de Nietzsche. Olho para todo lado. Olho para onde deveria estar e para onde não deveria. Nada. Volto de novo e odeio voltar atrás. Nada ainda. Estou exausto e considero desistir, mas não, devo perseverar. A vontade de poder de Nietzsche exige isso. Ele não desistiu quando foi rejeitado por amantes e ignorado por leitores. Nem eu.

Nietzsche não foi o primeiro a sugerir que o Universo se repete. O filósofo grego Pitágoras postulou uma ideia semelhante cerca de 2.500 anos antes, e os Vedas indianos, ainda mais cedo. Nietzsche certamente conhecia essas teorias. Como Marco Aurélio, ele era um carniceiro da sabedoria, lançando sua mente por toda parte.

Nietzsche queria levar a ideia adiante. Queria, quanto ao Eterno Retorno, convertê-lo do mito para a ciência. Por dias, semanas, rabiscou possíveis "provas" em blocos de notas. Em um, compara o Universo a um par de dados. As combinações são limitadas. Em algum momento, você rolará todas. No jogo da velha, há muitas mais: 26.830. É um número grande, mas finito. Sempre, todo jogo possível se repete, movimento a movimento. No xadrez, consideravelmente mais jogos são possíveis: 10^{120} (1 seguido por 120 zeros). É um número impressionante, mas ainda finito. Pode levar muito tempo, mas dois jogadores de xadrez podem esgotar todas as combinações, fazer todas as jogadas possíveis. O Universo é como um jogo grande e complexo. Em algum momento, tudo se repete.

A crença de Nietzsche, no entanto, era exatamente isto: suposição sustentada por mitos antigos e probabilidades estatísticas fascinantes, porém duvidosas. Nietzsche nunca se sentiu confiante o suficiente para publicar suas anotações. Hoje, a maioria dos físicos considera o Eterno Retorno mais ficção do que ciência.

Há outra possibilidade, diz Nietzsche. Talvez a questão da prova não importe. A falta de evidências científicas não torna o Eterno Retorno — a "hipótese impossível" — menos atraente. "Mesmo o pensamento de uma possibilidade pode nos destruir e transformar", diz ele, referenciando o conceito cristão de condenação eterna. O inferno pode não ser real, mas a ideia dele motiva. Não precisamos provar o Eterno Retorno para agir como se fosse verdade e ver o que acontece.

Considere o caso de Robert Solomon. Nos anos 1960, era um "infeliz estudante do primeiro ano de medicina" da Universidade de Michigan. Por capricho, decidiu fazer um curso chamado Filosofia na Literatura. Quando o professor apresentou o Eterno Retorno, de Nietzsche, Solomon ficou chocado. Isso provocou um "turbilhão" de emoções e pensamentos. Dúvidas, também. Ele realmente queria viver essa vida infeliz repetidamente, para sempre? Isso o atingiu como brasa escaldante.

Após a aula, Solomon abandonou a faculdade de medicina e seguiu uma vida de filosofia, tornando-se um dos principais estudiosos de Nietzsche do mundo. Foi uma decisão da qual ele não se arrependeu.

COMO NÃO SE ARREPENDER

O Eterno Retorno é um experimento mental. Um teste de estresse existencial. Quando se trata de momentos agradáveis da vida, passamos no teste facilmente. Teríamos o prazer de reviver comendo aquele sorvete ou aquele momento de vitória. Desesperado com sua situação em Punxsutawney, Phil Connors, o personagem de Bill Murray, pensa: "Já estive nas Ilhas Virgens. Conheci uma garota. Comemos lagosta e bebemos Piña Coladas. Ao pôr do sol, fizemos amor como lontras. *Esse* foi um dia bom. Por que não consegui repetir *esse* dia?"

O Eterno Retorno não funciona assim. É tudo ou nada. Um pacote. Sua vida se repete *exatamente* da mesma maneira: "Nada diferente, nem para a frente, nem para trás, nem para toda a eternidade", diz Nietzsche. Não é permitida edição. Você deve reviver *esta* vida, com todas as suas falhas e longo diálogo. O corte do diretor. Nietzsche sabe que esse cenário faz você se contorcer. Ele sabe que você adoraria revisar sua vida, excluir algumas cenas, adicionar outras, retocar mais alguns esboços, contratar um dublê.

Adoraria voltar ao dia do meu primeiro voo solo, só que desta vez fechar a porta *antes* de decolar. E daria tudo para voltar a uma noite quente de Chicago. Eu estava viajando com minha filha, 6 anos na época. Era tarde. Ela estava com sono e, às vezes, quando as crianças dormem, surgem medos recalcados. Enquanto caminhávamos, ela olhou para mim e perguntou: "Você é meu pai de verdade?"

Como pai adotivo, tive a chance de dar uma resposta carinhosa e estimulante. Em vez disso, por motivos que ainda não entendi, respondi rapidamente, friamente. "Claro que sim", joguei. "Por que você pergunta uma coisa dessas?" Os olhos dela se encheram de lágrimas e de mágoa. Estraguei tudo. Se eu ao menos pudesse reviver aquele momento, responderia sua pergunta com amor.

Não, diz Nietzsche. Sem edição. Você não estava prestando atenção? Afirme a totalidade da sua vida, em todos os detalhes, ou de modo algum. Sem exceções.

Não admira que Nietzsche chame o Eterno Retorno de "a carga mais pesada". Nada é mais pesado do que a eternidade. Se tudo se repetir infinitamente, não haverá momentos leves nem triviais. Todo momento, por mais inconsequente que seja, possui o mesmo peso que os outros. "Todas as ações são igualmente grandes e pequenas."

Pense no Eterno Retorno como um check-in diário consigo mesmo: você está vivendo a vida que deseja? Tem certeza de que deseja beber a garrafa de tequila e suportar uma ressaca infinita? O Eterno Retorno exige que, impiedosamente, auditemos nossas vidas e perguntemos: o que é digno da eternidade?

Uma maneira de pensar no Eterno Retorno é fazer o que um estudioso chama de "Teste de Casamento". Imagine que você se divorciou recentemente após um longo casamento. Sabendo o que você sabe agora, você diria "sim" novamente?

Esse não é um teste ruim, mas criei outro: o Teste do Adolescente. Em casa, eu estava jantando com minha filha. Entre conversas sobre projetos científicos e programações de futebol, expliquei o Eterno Retorno de Nietzsche. O que ela achou? Ela se arriscaria?

Sonya sabe do que gosta e do que não gosta, e não gostou nada do Eterno Retorno. Logo declarou "a ideia de um sociopata". De jeito nenhum ela gostaria que sua vida se repetisse para sempre. "Pense em quão miserável isso seria, preso em um loop infinito. Todo mundo cometeu um grande erro na vida — eu ainda não, mas sei que isso vai acontecer —, então imagine reviver isso. Como, imagine, se você fosse assassinado a machadadas. Você quer reviver isso repetidamente? E se tivesse câncer? Gostaria de reviver isso?"

"Bom ponto", disse eu, antes de defender o argumento de Nietzsche. "Mas e as coisas boas da vida: shows, amigos e nuggets de frango? Não compensam as ruins?"

"Não", disse ela, sem hesitar. "A vida de ninguém é tão boa. Nada na minha vida poderia me fazer querer reviver as coisas ruins que potencialmente faço." Eu me vi em um estado atípico: silêncio. Não fiz tréplica. Os maus momentos da vida parecem compensar os bons. O prazer de um mil folhas diminui quando comparado à agonia da quimioterapia. Ou Nietzsche sabia algo que Sonya — e o resto de nós — não sabe?

Se alguém tinha motivos para entender Schopenhauer e concluir que vivemos "o pior dos mundos" era Friedrich Nietzsche. Em vez disso, no final de sua vida conturbada e curta demais, ele se declara grato por tudo e acrescenta um caloroso *Da capo!* De novo.

O sofrimento é inevitável — você não precisa de um filósofo para lhe dizer isso —, mas como sofremos, pelo que, importa mais do que pensamos. Experimentamos "sofrimento essencial", como Nietzsche chamou, mais ou menos? Toleramos o sofrimento ou o valorizamos?

Nietzsche não era masoquista. Via o sofrimento como um ingrediente da boa vida, um meio de aprender. "Somente o sofrimento leva ao conhecimento", disse. Sofrimento é a ligação não solicitada, mas que temos que atender. Respondemos entorpecendo-nos ou, como sugere Schopenhauer, recuando para a arte e o ascetismo? Ou respondemos ao sofrimento nos envolvendo mais profundamente com o mundo? Imprudentemente, até? A essa opção, Nietzsche chamou de modo Dionisíaco, em homenagem ao deus grego que amava vinho, teatro e vida. "Quero aprender cada vez mais a ver como belo o que é necessário nas coisas; então serei um daqueles que tornam as coisas bonitas", disse ele. Não ame a vida apesar do sofrimento, ele diz, mas por causa dele.

Escrevendo para sua irmã, em 1883, Nietzsche oferece o que acho que é seu relato mais honesto do papel que o sofrimento desempenhou em sua vida. "Todo o significado do terrível sofrimento físico ao qual fui exposto reside no fato de que, graças apenas a isso, fui afastado de uma estimativa da minha tarefa de vida que não era apenas falsa, mas cem vezes mais baixa. Alguns meios violentos eram necessários para lembrar-me de mim mesmo [...] um ato de superação da mais alta ordem."

Amo esta frase, em particular: "Lembrar-me de mim mesmo." Você não precisa procurar significado fora de si mesmo, diz Nietzsche. Também não precisa olhar para dentro de si. Olhe para cima. "Seu verdadeiro ser não está profundamente oculto em você, mas imensuravelmente acima ou de qualquer forma acima do que usualmente se considera seu 'eu'."

O Eterno Retorno desfaz nossas ilusões e desmente nossas realizações. Você fechou o negócio, terminou o livro, ganhou a promoção? Parabéns — exceto que agora isso evaporou e você deve recomeçar. De novo, e de novo. Para sempre. Somos todos Sísifo, o pobre patife da mitologia grega condenado pelos deuses a empurrar uma pedra para cima de uma colina, apenas para vê-la rolar novamente, por toda a eternidade. Penso naquele deque em Montclair, Nova Jersey, e na pergunta da minha amiga Jennifer: "Como é o sucesso?" Sei como Nietzsche responderia: uma aceitação radical do seu destino. Um Sísifo feliz.

———

Como muitos filósofos, Nietzsche era melhor em distribuir sabedoria do que em agir sobre ela. "Morra na hora certa", disse ele, mas não morreu. Ele morreu cedo demais — e tarde demais.

Ele estava em Turim, na Itália, em 1889, quando viu um homem chicoteando um cavalo. Nietzsche correu em direção ao animal, abraçou-o e desmaiou. A última ação consciente de Nietzsche foi uma tentativa de aliviar o sofrimento de outro ser. Quando ganhou consciência, estava louco. Começou a assinar suas cartas "Dionísio" e sugeriu que era Deus.

Amigos preocupados intervieram e levaram Nietzsche para casa, na Alemanha. Incapacitado, provavelmente devido à sífilis, com apenas 44 anos, nunca mais escreveria. Durante a década seguinte, os membros da família cuidaram dele — primeiro a mãe e, depois que ela morreu, a irmã. Embora silenciado, sua fama crescia a cada ano que passava.

Esse Nietzsche destruído e acabado é, infelizmente, imortalizado em fotografias e explorado por sua ambiciosa e antissemita irmã. O mau uso do legado dele levou ao abraço mercenário que Hitler lhe deu.

Na época do colapso, Nietzsche trabalhava no livro *A Reavaliação de Todos os Valores*. Um título desajeitado, mas uma ideia profunda, que se tivesse terminado poderia ter oferecido informações importantes sobre o Eterno Retorno. Se nossa vida — de fato, o Universo inteiro — se repete, o que controlamos? Não são nossas ações, pensou Nietzsche, mas nossa atitude. Sua filosofia era, em sua essência, "um experimento em reorientar-se em um mundo de total incerteza". Normalmente, corremos da incerteza para a certeza. Mas isso, diz Nietzsche, não é imutável. É um valor, e qualquer coisa que valorizamos pode ser revalorizada.

Podemos *escolher* encontrar a alegria, não na certeza, mas no contrário dela. Depois que fazemos isso, a vida — a mesma, da perspectiva de alguém de fora — parece-nos bem diferente. Encontre alegria na incerteza e o tumulto no escritório será motivo de comemoração, não ranger de dentes e uma taça a mais de vinho no final do dia. Encontre alegria na incerteza e até a doença, fisicamente dolorosa, não aterroriza mais. Essa mudança de perspectiva é sutil, mas profunda. O mundo fica diferente. Essa reorientação não é fácil, reconhece Nietzsche, mas possível — e o que é filosofia, se não a exploração de possibilidades inéditas?

Minha caminhada termina em fracasso. Apesar de muita pesquisa e ainda mais retrocesso, não encontro a pedra piramidal. Ah, bem, sempre há o amanhã. Depois, lembro-me das palavras de Phil Connors, em *Feitiço do Tempo*: "E se não houver amanhã? Não haveria um hoje."

No Eterno Retorno, todo amanhã é hoje, e todo dia é amanhã. Seguirei esse mesmo caminho um número infinito de vezes. Na versão de Hollywood, sou capaz de fazer correções, ajustes grandes e pequenos, até encontrar a pedra e pegar a garota, e tudo está bem. Rolem os créditos.

A versão de Nietzsche do Eterno Retorno não confere um final tão feliz. Sim, seguirei o mesmo caminho várias vezes, mas sem desvios. Escolherei o mesmo banco, encontrarei a mesma borboleta e procurarei, mas não encontrarei a pedra de Nietzsche. *Toda vez. Para sempre.*

Você pode aceitar esse fracasso sem fim?, pergunta Nietzsche. Mais do que isso, pode aceitá-lo? Pode *amá-lo*?

Quanto à pedra perdida, certo, Friedrich. Já quanto às maiores decepções da vida — entrevistas de emprego fracassadas, pais duvidosos, amigos inconstantes —, não tenho tanta certeza. Posso me resignar à existência deles, aceitá-los até. Mas amá-los? É pedir muito. Ainda não consigo. Talvez eu nunca o faça, não importa quantas vezes o Universo e eu repitamos.

Há uma razão para *Feitiço do Tempo* ser uma comédia. Se vivermos a mesma vida repetidamente, da mesma maneira, para todo o sempre, o que podemos fazer senão rir?

Melhor ainda: dançar. Não espere um motivo para dançar. Apenas dance. Dance febril e desprendidamente, como se ninguém estivesse assistindo. Quando a vida for boa, dance. Quando doer, dance. E quando seu tempo acabar e a dança terminar, diga — não, grite — *Da capo!* De novo e de novo.

12.

Como Lidar: Epiteto

16h58. Algum lugar em Maryland. A bordo do Capitol Limited, da Amtrak, deixando Washington, D.C., a caminho de Denver, via Chicago.

Não mais de trinta minutos em nossa jornada, paramos. Esperamos. E esperamos. Faço isso com impaciência, sabendo que estou decepcionando Simone Weil, mas incapaz de me conter.
    Não é a espera em si que me irrita, mas não saber o porquê. Uma árvore caída nos trilhos? Um trem de carga com direito de passagem? Um ataque nuclear iminente? Olho para o telefone como se tivesse as respostas. (Não.) Eu me mexo. Olho para o relógio. Eu me mexo mais.
    Vamos ficar aqui sentados por horas, temo. Sentirei falta da minha conexão em Chicago. Isso não é bom, nem um pouco bom. A situação, decido, exige preocupação. Então me preocupo.
    Estou ciente da beleza do lado de fora da minha janela: fileiras de carvalhos de castanheiros e galhos floridos que revestem o Canal C&O e, lá em cima, um rico céu azul. Não gosto dessa visão, pois atrapalha minha aflição. Preciso de ajuda. Preciso do Stoic Camp.
    Soube disso assim que vi o anúncio. Nada chamativo. Preto e branco, sem gráficos sofisticados. "Tenha uma sensação de 'calma estoica' acampando no sopé das montanhas Snowy Range", diz o cartaz.
    Voltamos a nos mover. Talvez minha preocupação tenha sido inútil, ou talvez sua energia insistente tenha nos impulsionado para a frente. Sempre acreditei que minha preocupação organiza o mundo e, se eu parar de me preocupar, por um segundo, o Universo deixará de existir.

O EXPRESSO SÓCRATES

Faço minha conexão em Chicago e, em breve, vou para o oeste, em direção a Denver, e acabo no Snowy Range, de Wyoming. A Amtrak vai a muitos lugares. Não vai para Laramie, Wyoming. Devo fazer o último trajeto de ônibus. Exceto quando chegamos à Union Station, de Denver, não há sinal do ônibus. Instintivamente, catastrofizo e me irrito. O ônibus saiu sem mim ou ele não existe, nunca existiu e nunca existirá.

Depois do que parecem horas, mas pode ter durado doze minutos, o ônibus chega. Subo e encontro um assento atrás. Estamos nos movendo, atravessando o espaço, como um trem. Só que não é a mesma coisa.

Uma exortação estoica comum é "viver de acordo com a natureza". Os organizadores do Stoic Camp acatam isso literalmente. Os terrenos estão aconchegados na densa floresta do Wyoming, a quilômetros da cidade, que não é bem uma cidade — um posto de gasolina e três bares.

Nós, campistas estoicos, reunimo-nos no alojamento principal para as orientações. É uma sala ampla, pé direito alto, e em uma das extremidades, uma lareira sisuda, muito necessária, mesmo no final de maio. Fala-se de neve. De uma parede, um alce gigante de pelúcia olha para nós. Os chamados móveis da pousada consistem em uma mistura de sofás incompatíveis e cadeiras rígidas de plástico — uma estética chocante que desagradaria Sei Shōnagon. Se uma loja de esqui se acasalasse com uma prisão de segurança mínima, este seria o resultado.

Somos um grupo estranho, nós campistas estoicos. Há Greg, um empresário digital de 30 e poucos anos de Nova York, e Alexander, um alegre consultor alemão, bem como um punhado de estudantes de graduação da Universidade de Wyoming: homens e mulheres jovens e sérios que parecem sofrer pela existência, pelo *pensamento* da existência e que, durante os intervalos, correm ao ar livre, independentemente do clima e da fumaça. Depois, há os "barbas grisalhas", como fomos apelidados: aqueles atraídos pelo estoicismo em um momento determinado.

Reunimo-nos em círculo, a geometria universal das sessões de filosofia e terapia de grupo, tomando o café das xícaras de isopor. Um homem robusto convoca a reunião. Rob Colter é de meia-idade, com uma barriga impressionante, um cavanhaque cinza e olhos rápidos e sondadores. Parece um Papai Noel envelhecido e moderno. Quando transmite algo profundo, o que geralmente acontece, acaricia o cavanhaque.

"Bem-vindos", diz Rob, em um tom que não revela nada. "Se vocês viram a previsão do tempo, sabem que nossas habilidades estoicas serão desafiadas." É final de maio, mas ainda há neve na previsão. Muita neve. Estou preocupado. Fiz malas para a primavera, não para o inverno, e tenho um voo para pegar depois do Stoic Camp.

Rob é tão paradoxal quanto a filosofia que ele ama. Lê grego antigo e sobre pesca com iscas de mosca. Leva uma vida saudável ao ar livre, mas também confessa um "problema com comida chinesa". Possui um profundo entendimento da filosofia, mas também não tem medo de confessar ignorância. "Eu não sei", diz quando lhe fazem uma pergunta particularmente complicada. "Vou ter que pensar sobre isso." Eu gosto do Rob.

Alguns anos atrás, detectou uma onda de interesse no estoicismo. "E eu pensei, bem, o lema estoico é: 'Viver de acordo com a natureza', e, ei, temos muita natureza por aqui." Ele apresentou a ideia de um acampamento estoico de Wyoming a seus colegas filósofos da universidade, que responderam filosoficamente: "Isso é loucura. Nunca vai funcionar, mas vá em frente e tente." Então ele foi. E aqui estamos.

Rob nos conta como passou a amar o estoicismo. Foi na década de 1990. Ele estudava filosofia em Chicago, lar de "uma verdadeira cena de Platão". Rob estudou Platão e seu protegido Aristóteles, não porque amasse suas ideias, mas porque era isso que estudantes sérios de filosofia faziam. "Eram filósofos de verdade, *cacete*", diz ele, batendo no punho para enfatizar. Claro, estava ciente dos outros: Epicuro, os cínicos e, sim, os estoicos, mas estes não eram filósofos "reais", ou assim ele pensava.

Diferentes filósofos apelam para pessoas diferentes em momentos diferentes. O espírito rebelde de Thoreau atrai adolescentes. Os aforismos de Nietzsche que lançam chamas atraem jovens adultos. A ênfase do existencialismo na liberdade apela para a meia-idade. O estoicismo é a filosofia de uma pessoa idosa.

É uma filosofia para quem enfrentou batalhas, alguns contratempos, teve derrotas. É uma filosofia para os remendos difíceis da vida, grandes e pequenos: dor, doença, rejeição, chefes irritantes, pele seca, engarrafamentos, cartão de crédito, humilhação pública, trens atrasados, morte. Questionado sobre o que aprendeu com a filosofia, Diógenes, um protoestoico, responde: "Estar preparado para tudo."

O estoicismo, descendência improvável de um naufrágio, atingiu a maioridade em um período de grande revolta na Grécia Antiga e prosperou no agitado Império Romano. Seus praticantes mais famosos foram exilados, executados e ridicularizados. Porém, como Marco, estoico, demonstra, também tiveram um grande sucesso. Os adeptos mais recentes incluem heróis de guerra e presidentes norte-americanos.

Um fio estoico percorre a história dos EUA: dos Pais Fundadores, incluindo George Washington e John Adams; a Franklin Roosevelt, que, quando disse: "A única coisa que temos a temer é o próprio medo", expressou uma ideia essencialmente estoica; a Bill Clinton, que tem *Meditações*, de Marco, como livro favorito e o considera maravilhoso.

"Sabedoria" é uma daquelas palavras que todos conhecem, mas ninguém define. Os psicólogos lutam há décadas para defini-la. Nos anos 1980, um grupo de pesquisadores do Instituto Max Planck de Desenvolvimento Humano, em Berlim, sentou-se para fazê-lo de uma vez por todas. O Berlin Wisdom Project identificou cinco critérios que definem a sabedoria: conhecimento factual, conhecimento processual, contextualismo ao longo da vida, relativismo de valores e gestão de incertezas.

O último critério, acho, é o mais importante. Vivemos na era do algoritmo e da inteligência artificial, com sua promessa tácita de gerenciar a incerteza, a bagunça da vida. Não deu. Na verdade, a vida parece menos previsível e mais confusa do que nunca.

É aqui que o estoicismo brilha. O ensino básico da filosofia — mude o que puder; aceite o que não pode — é atraente em nossos tempos difíceis. O estoicismo é um corrimão, um rumo a seguir. Eu sabia disso após ler Marco. O que eu não sabia era o quanto exigente e divertido era.

———

O estoicismo, a filosofia dos tempos difíceis, nasceu da catástrofe. Por volta de 300 a.C., um comerciante fenício chamado Zenão navegava para o porto ateniense de Pireu quando seu navio afundou, sua preciosa carga de tinta roxa foi perdida. Zenão sobreviveu ao naufrágio e acabou em Atenas, quebrado. Um dia, encontrou uma biografia de Sócrates, que já estava morto há muito tempo.

"Onde posso encontrar um homem assim?", perguntou Zenão ao livreiro. "Siga aquele homem", respondeu, apontando para um ateniense de vestes gastas que passava por ali.

Era Crates, um adepto do Cinismo. Os cínicos eram os hippies do mundo antigo. Viviam com pouco, não possuíam nada e questionavam a autoridade. Zenão achou esse caráter "do contra" admirável, até certo ponto. Tinha lacunas, achava, era uma filosofia abrangente, então fundou sua própria escola. Zenão estabeleceu uma loja sob o *stoa poikile* (literalmente, "alpendre pintado"), uma longa colunata onde as pessoas iam fazer compras, negociar e conversar. Lá, em meio a murais retratando batalhas reais e mitológicas, palestrava enquanto andava vigorosamente. Desde as reuniões no *stoa*, ficaram conhecidos como estoicos [*stoic*].

Diferente dos epicuristas, abrigados atrás do muro de seus jardins, os estoicos praticavam sua filosofia publicamente, tendo em vista mercadores, padres, prostitutas e qualquer um que passasse. Para os estoicos, a filosofia era um ato público. Eles nunca se esquivaram da política.

No final de sua vida, Zenão brincava: "Fiz uma boa viagem quando naufraguei." Isso se tornaria um tema importante do estoicismo: na adversidade, está a força e o crescimento. Como o senador romano e o filósofo estoico Sêneca disseram: "Nenhuma árvore fica enraizada e resistente, a menos que um vento a ataque. Pois, ao ser chacoalhada, aperta e contrai suas raízes com mais segurança [...] O desastre é a oportunidade para a virtude."

———

No primeiro dia do Stoic Camp, descubro que tudo o que eu pensava sobre estoicismo está errado. O estereótipo do estoico pedregoso e sem coração é tão errôneo quanto o do epicurista glutão. O estoico não é um frio. Não reprime sentimentos fortes, ostentando um rosto corajoso enquanto treme por dentro. Os estoicos não descartam as emoções, apenas as negativas: ansiedade, medo, ciúme, raiva ou qualquer uma das "paixões" (ou *pathe*, a palavra grega antiga mais próxima de "emoção").

Os estoicos não são autômatos apáticos. Não são o Dr. Spock. Não suportam o lado ruim da vida com um lábio superior rígido ou qualquer outra parte do corpo. "Não é ruim e não há o que suportar", diz Rob.

Os estoicos não são pessimistas. Eles acreditam que tudo acontece por uma razão, o resultado de uma ordem completamente racional. Ao contrário do mal-humorado Schopenhauer, acreditam que estamos vivendo no melhor dos mundos possíveis, o *único* possível. O estoico não apenas considera o copo meio cheio; acha um milagre ter um copo — não é lindo? Ele modela o fim do copo, despedaçado em cem pedaços, e o aprecia ainda mais. Imagina a vida se nunca tivesse possuído o copo. Imagina o copo de vidro de um amigo quebrando e o consolo que ofereceria. Divide seu belo copo com os outros, pois também fazem parte do *logos*, ou ordem racional.

"Estoico emocionado" não é um oxímoro, diz William Irvine, professor de filosofia da Wright State University e adepto. Explica: "Nossa prática de estoicismo nos tornou suscetíveis a pequenas explosões de alegria. Do nada, nos sentimos encantados por ser a pessoa que somos, vivendo a vida que vivemos, no Universo em que habitamos." Confesso: soa atraente.

Os estoicos não são egoístas. Eles ajudam os outros — não por sentimentalismo ou pena, mas porque é racional fazê-lo, à maneira como os dedos ajudam a mão; e ficam felizes em suportar desconforto e até dor enquanto o fazem.

Às vezes, o altruísmo estoico parece clínico, mas é excepcionalmente eficaz. Tenho uma amiga, Karen, que é estoica, embora não saiba. Eu a conheci em Jerusalém, onde trabalhávamos como jornalistas. Há muitos gatos vadios em Jerusalém, mais do que na maioria dos lugares. Partia meu coração ver aqueles felinos desalinhados, com o pelo emaranhado e feridas abertas. Eu me senti mal por eles. Esta foi a extensão da minha "ajuda".

Respondi ao sofrimento deles sofrendo, como se isso de alguma forma constituísse ajuda.

Karen não. Entrou em ação, pegando um gato malhado aqui, um siamês ali. Ela os alimentou e os levou a uma clínica veterinária. Encontrou lar para eles. Fez mais do que apenas sentir.

Rob entrega a cada um de nós uma pasta do Stoic Camp e um texto antigo. Mais um panfleto, na verdade. Apenas dezoito páginas. *O Enquirídio*, ou *Manual de Epiteto*. Os ensinamentos do ex-escravo romano transformaram-no em filósofo. Estoicismo destilado à sua essência.

Passamos para a primeira linha da primeira página, que Rob lê em voz alta: "Algumas coisas dependem de nós e outras não." Isso me parece extremamente verdadeiro e extremamente óbvio. *Claro* que algumas coisas dependem de nós e outras não. Viajei quase 4.000km para isso?

Mas essa única frase expressa a essência do estoicismo. Vivemos em uma época em que nos dizem que tudo depende de nós. Se você não é mais inteligente, mais rico ou mais magro, é porque não está se esforçando o suficiente. Se fica doente, é por causa de algo que comeu ou não comeu, ou de um exame que não fez ou que fez, ou de um exercício que não fez ou que exagerou, ou de uma vitamina que tomou ou que não tomou. A mensagem é clara: você está no controle de seu destino. Você está? Onde exatamente reside sua soberania?

Não onde você pensa, os estoicos respondem. A maior parte do que consideramos estar sob nosso controle não está. Não na riqueza, fama ou saúde. Não em seu sucesso ou no de seus filhos. Sim, você pode se exercitar regularmente, mas também pode ser atropelado por um ônibus a caminho da academia. Você pode comer apenas os alimentos mais saudáveis, mas não garantirá a longevidade. Você pode passar quatorze horas no escritório, mas talvez seu chefe não goste de você e sabote sua carreira.

Os estoicos têm uma palavra para essas circunstâncias e realizações que estão além do nosso controle: "indiferentes". A presença delas não adiciona um pingo ao nosso caráter ou à nossa felicidade. Não são boas nem ruins. O estoico, portanto, é "indiferente" a elas. Como Epiteto diz:

"Mostre-me um homem que, embora doente, seja feliz, que, embora em perigo, seja feliz, que, embora morra, seja feliz, e que, apesar de desonrado, seja feliz. Mostre-o a mim! Pelos deuses, eu veria um estoico!"

Um inimigo pode prejudicar seu corpo, mas não você. Como Gandhi, que havia lido os estoicos, disse: "Ninguém pode me machucar sem a minha permissão." Mesmo a ameaça de tortura nas mãos de um tirano não precisa roubar sua tranquilidade e nobreza, acrescenta Epiteto. Seus ensinamentos ajudaram James Stockdale, um piloto norte-americano abatido no Vietnã do Norte, a suportar sete longos anos de prisão e tortura.

Ajudaram Rob Colter também. Ele estava na Nova Zelândia, procurando dar uma palestra, quando começou a sentir dores de estômago. No início, achou que se tratava de uma dor de barriga decorrente da longa jornada. Logo, porém, ficou pior, muito pior. "O tipo de dor que a morfina não aplaca", lembra Rob. No hospital, os médicos diagnosticaram um intestino obstruído, uma condição potencialmente fatal. Em meio às ondas de dor, Rob conseguiu lembrar as palavras de Epiteto: "Você não é nada para mim." Ele repetiu isso várias vezes, abordando as ondas de dor que se chocavam contra ele. *Você não é nada para mim.* Ele se sentiu melhor — não muito melhor, mas melhor. "Meu corpo não está sob meu controle — qualquer ilusão disso me foi arrancada."

O mundo de Rob encolheu: o quarto do hospital, os médicos e as enfermeiras. E a dor dele. Cinco tubos se projetavam de seu corpo. Não tomava banho há seis dias. Enfrentou uma cirurgia difícil, que poderia deixá-lo dependente de uma bolsa de colostomia pelo resto da vida. Fez sua escolha da maneira estoica, racionalmente. "Se eu não fizer isso, vou morrer, então vamos fazê-lo."

A cirurgia foi um sucesso. Sem bolsa. Sua recuperação foi lenta, mas constante. Sua companhia de seguros conseguiu um assento de primeira classe para o voo para casa. Os estoicos chamam esse tipo de presente de "indiferente preferido", algo agradável para desfrutar ocasionalmente, mas não central para nossa felicidade.

Olhando para o episódio, Rob sabe que sua atitude estoica não mudou o resultado, mas mudou sua forma de suportar o processo. Sofreu, mas não agravou seu sofrimento desejando que a vida fosse diferente.

COMO LIDAR

Epiteto nasceu escravo em 55 d.C. no que é hoje a Turquia. Seu mestre, um conselheiro do imperador Nero, batia nele. Epiteto suportou os maus-tratos estoicamente. Um dia, a história continua, o dono de Epiteto começou a torturá-lo torcendo sua perna. "Se você continuar com isso, vai quebrá-la", disse calmamente. O proprietário continuou torcendo a perna de Epiteto até ela se quebrar. "Eu não disse que quebraria?", disse Epiteto com naturalidade. Ficou coxo pelo resto de sua vida.

Quando ficou livre da escravidão, mudou-se para Roma, onde estudou filosofia e logo ganhou uma reputação de professor dedicado e eficaz. Quando, em 93 d.C., o imperador Domiciano baniu todos os filósofos de Roma, Epiteto se mudou para Nicópolis, uma próspera cidade costeira no oeste da Grécia. Lá, atraiu ainda mais estudantes, famosos, como Adriano, um futuro imperador, mas principalmente jovens comuns que viajavam muito para chegar a Nicópolis. Muitos estavam com saudades de casa. Todos estavam ansiosos para aprender.

Epiteto admirava Sócrates e, de várias maneiras, o imitava. Como Sócrates, vivia de forma simples, em uma cabana, com apenas um colchão como mobília. Como Sócrates, Epiteto não tinha interesse em metafísica; sua filosofia era rigidamente prática. Como Sócrates, Epiteto valorizava a ignorância como um passo necessário no caminho para a verdadeira sabedoria. A filosofia começa com a "consciência de nossa própria fraqueza", disse ele.

Grande parte da vida está além do nosso controle, mas comandamos o que mais importa: nossas opiniões, impulsos, desejos e aversões. Nossa vida mental e emocional. Todos nós possuímos força hercúlea, poderes de super-herói, mas é o poder de dominar nosso mundo interior. Faça isso, dizem os estoicos, e você será "invencível".

Com muita frequência, colocamos nossa felicidade nas mãos dos outros: um chefe tirânico, um amigo mercurial, nossos seguidores do Instagram. Epiteto, o ex-escravo, compara nossa situação à escravidão autoimposta. Somente é livre a pessoa que não deseja nada.

Imagine, diz Epiteto, que você entregue seu corpo a um estranho na rua. Absurdo, certo? No entanto, é isso que fazemos com nossa mente todos os dias. Cedemos nossa soberania aos outros, permitindo que colonizem nossa mente. Precisamos despejá-los. Agora. Não é tão difícil.

É muito mais fácil mudar a nós mesmos do que mudar o mundo. Esse é um problema com as chamadas de advertência, tão comuns nos campi das faculdades. Reforçam a suposição de que os estudantes universitários são incapazes de controlar suas reações a conteúdos potencialmente perturbadores. Isso não os empodera. Não é o caminho estoico.

Pense em um arqueiro, diz Cícero. Ele puxa o arco, tão habilmente quanto suas habilidades permitem, mas, uma vez liberado, suspira, sabendo que a trajetória da flecha não está mais em suas mãos. Como dizem os estoicos: "Faça o que deve; deixe acontecer o que pode." Podemos nos inocular contra a mordida do desapontamento, mudando de objetivos externos para internos: não ganhando a partida, mas jogando o melhor jogo; não vendo nosso romance publicado, mas escrevendo o melhor e mais honesto livro que somos capazes. Nada mais, nada menos.

A fogueira se reduz a cinzas quentes, o café esfria, mas ninguém percebe. Estamos atolados até o estoicismo e prontos para mergulhar mais fundo. Um por um, lemos as entradas nítidas do Manual de Epiteto. Algumas merecem uma longa discussão, outras, um simples aceno de cabeça. Então nos deparamos com isto: "O que incomoda as pessoas não são as coisas em si, mas seu julgamento sobre elas". Ficamos em silêncio, absorvendo essa pepita de 2 mil anos, tão óbvia quanto profunda.

Os estoicos acreditam que nossas emoções são o produto do pensamento racional, mas é um pensamento imperfeito. Podemos mudar a maneira como nos sentimos, mudando como pensamos. O estoico não visa não sentir nada, mas sentir-se do modo correto. Percebo que isso soa estranho. Não pensamos em nossas emoções como corretas ou incorretas. Elas simplesmente são. Não temos controle sobre elas.

Não é verdade, dizem os estoicos. As emoções não caem sobre nós como ondas na praia. Elas acontecem por uma razão. Como explica o clássico A.A. Long: "Normalmente não ficamos zangados ou com ciúmes *sem motivo*, mas precisamente porque pensamos que alguém está nos tratando mal ou alguém está obtendo um sucesso que nós, e não ele, merecemos." Somos tão responsáveis por nossas emoções quanto por nossos pensamentos e ações. São o resultado de julgamentos que fazemos, e esses julgamentos geralmente são defeituosos. Não são equivocados ou confusos, dizem os estoicos, mas empiricamente errados.

Imagine um engarrafamento. Dois motoristas ficam parados. Um está cansado e zangado, batendo no volante e xingando. O outro senta-se calmamente, ouvindo a NPR e lembrando uma refeição de ravióli de lagosta de que desfrutou recentemente. Claramente, dizem os estoicos, ambos os motoristas não podem estar "certos". E não estão. O motorista cansado está incorreto, tão incorreto como se tivesse concluído que dois mais dois são três. Desejar que a vida seja de outra forma representa uma falha flagrante da razão.

Vamos examinar como nasce uma emoção defeituosa. Começa com uma reação reflexiva (chamada "pré-emoção" ou "protopaixão") a um evento externo (uma "impressão", na fala estoica). Rasgamos o dedo do pé e depois gritamos. Ficamos presos no trânsito e depois xingamos. Isso é natural. Somos humanos, afinal. Esse choque inicial não é uma emoção, mas um reflexo, como corar quando você está envergonhado. Torna-se uma emoção quando você "concorda" com ela, dizem os estoicos. Quando você concorda, eleva seu status de reflexão para paixão. Tudo isso acontece rapidamente, mas nada acontece sem a nossa permissão. Toda vez que escolhemos honrar e amplificar essas protopaixões negativas, *escolhemos* a infelicidade. Por que no mundo, pergunte aos estoicos, você gostaria de fazer isso?

Devemos cortar o vínculo entre impressão e assentimento. É aqui que a pausa socrática — a "Pausa Poderosa", chamo — é útil. Epiteto diz: "Não se deixe levar pela vivacidade da impressão, mas diga: 'Impressão, espere um pouco. Deixe-me ver o que você é e o que representa. Deixe-me experimentá-la.'" Só quando percebemos que nossa reação a dificuldades não é automática, podemos fazer escolhas melhores.

Mas todo mundo não fica chateado quando está preso no trânsito ou machuca o dedo do pé? Não, nem todos e, além disso, diz Rob: "Só porque muitas pessoas ficam chateadas nessas situações não significa que você também deve." Estamos sempre livres para negar o consentimento. *Isso* depende totalmente de nós.

Se deve concordar com essas protopaixões, a direção é diferente, sugere Epiteto. Transforme-as. Se estiver sozinho, rotule novamente sua solidão como tranquilidade. Se estiver preso na multidão, rotule-o como festival, "e aceite tudo com satisfação". Outro truque mental? Claro, mas útil. Sua mente está sempre fazendo truques com a realidade de qualquer maneira. Por que não os usar?

Há uma cena no filme *Lawrence da Arábia* em que Lawrence, interpretado por Peter O'Toole, apaga calmamente o fogo de um fósforo com os dedos.

Um colega tenta e grita de dor. "Ai, isso dói muito", diz.

"Dói bastante", responde Lawrence.

"Bem, qual é o truque, então?"

"O truque", diz Lawrence, "é não se importar com a dor".

A resposta de Lawrence foi estoica. Claro, ele sentiu a dor, mas continuava sendo uma sensação sensorial crua, um reflexo. Não se transformou em uma emoção completa. Lawrence *não se importava* com a dor, no sentido literal da palavra: não permitia que sua mente experimentasse e amplificasse o que o corpo sentia.

O Stoic Camp não é apenas um salão de filosofia situado na floresta de Wyoming. É um laboratório. Nós, campistas, somos cobaias. Uma série de experiências está em andamento. Como esta: pegue um homem de meia-idade, acostumado a certos confortos — incluindo, entre outros, travesseiros, cobertores e malte — e mergulhe-o em uma cabana rústica com quinze alunos malcheirosos. Não lhe dê roupas de cama e malte. Faça com que haja ruído contínuo; tempere com luzes fluorescentes. Interfira com frequência. Não aqueça o ambiente no frio.

É da minha natureza reclamar. *Quero* gemer, lamentar, bufar, resmungar e choramingar. Contenho-me, lembrando uma máxima estoica: "Nenhum homem bom lamenta, nem suspira, nem geme." Reclamar, Marco me lembra, não diminui a dor e pode exacerbá-la. "De qualquer maneira", diz, "é melhor não reclamar".

COMO LIDAR

Procuro uma caixa de sugestões — uma sugestão, decido, tecnicamente não é uma reclamação —, mas não há. Claro. Este é o acampamento estoico. Então eu paro. Dou um tempo. Não é uma Pausa Poderosa, mas uma micropausa, mas aceito. Desacelero e pergunto: que aspectos dessa situação dependem de mim? Não é a falta de calor ou de cobertores. Isso está além do meu controle. Se eu quiser malte, posso andar 5km até a cidade. É escolha minha. Os maltes escoceses, assim como o calor e os cobertores, são indiferentes, mesmo que sejam os que prefiro. Não estão sob meu controle. Só minha atitude, meu consentimento ou falta dele, está. Epiteto usa a analogia de um cachorro amarrado a uma carroça. A carroça está se movendo e continuará, não importa o que aconteça. O cão tem uma escolha: ser arrastado ou trotar. Preciso começar a trotar.

Além disso, estou envolvido no que os estoicos chamam de Privação Voluntária. (Tudo bem, não tão voluntária no meu caso.) Sêneca, entre os mais ricos dos romanos, recomendou praticar a pobreza por alguns dias por mês. Coma o "mais escasso e barato" e use "roupas grossas e ásperas", aconselhou. Quando os estoicos praticam a Privação Voluntária, estão, em um nível, aderindo à sua máxima: "Viver de acordo com a natureza." Suar quando está quente, tremer quando está frio, sentir fome quando faminto. O objetivo da Privação Voluntária, contudo, não é a dor, mas o prazer. Ocasionalmente, negando certos confortos a nós mesmos, nós os apreciamos mais e diminuímos seu domínio sobre nós.

A Privação Voluntária ensina o autocontrole, que tem todos os tipos de benefícios. Evite comer aquele pedaço de bolo de chocolate e você se sentirá bem consigo mesmo. Renunciar ao prazer é um dos maiores prazeres da vida.

A Privação Voluntária cultiva a coragem. Também nos inocula contra futuras privações, que podem não ser voluntárias. Agora experimentamos uma pontada de dor, mas muito menor mais tarde.

Percebo que pratico uma versão da Privação Voluntária há anos, embora a chame por um nome mais alegre: luxo intermitente. O hábito começou quando eu era um correspondente estrangeiro da NPR. Fiz várias viagens de reportagem ao Iraque durante o reinado de Saddam

Hussein. Devido a sanções da ONU, os voos foram proibidos. Isso significou uma longa jornada terrestre de Amã, na Jordânia, para Bagdá.

Havia rotina. Passava alguns dias em Amã, solicitando um visto iraquiano e estocando provisões (chocolate, roupas químicas, malte). O hotel jordaniano era bom. Não o melhor do mundo, mas agradável. Bom o suficiente, como diria Epicuro. Depois de credenciado e guarnecido, contrataria um motorista para a viagem de doze horas pelo deserto de Badia. Meu hotel em Bagdá, um lugar assustador chamado Al-Rashid, era menos agradável. Os quartos cheiravam a mofo, e suspeito que foram revirados pelos agentes de Saddam.

Quando voltei a Amã, várias semanas depois, o hotel "bom o suficiente" parecia um palácio. A cama, mais alta, a comida, mais saborosa — até a pressão da água parecia mais forte. O hotel não mudou. Fui eu.

Anos depois, quando morava em Miami, desligava periodicamente o ar-condicionado do carro, mesmo no verão. Em segundos, o interior ficava quente, minha pele suada grudava no assento de couro do VW. Mesmo assim, eu gostava, pois me lembrava do calor e, assim, renovava minha profunda e permanente gratidão por Willis Carrier, inventor do moderno ar-condicionado. Privação Voluntária? Suponho, mas prefiro pensar nisso como luxo intermitente — a atualização inesperada para a primeira classe, ir ao restaurante de que todo mundo está falando, o banho quente depois de uma semana de acampamento.

Então decidi parar de choramingar (mesmo sem externalizar ainda é choramingar) sobre as condições difíceis. O que eu esperava de um lugar que continha as palavras "estoico" e "acampamento", tão próximas? Saiba no que você está se metendo, aconselhou Epiteto. Se for a uma piscina pública, lembre-se de que "há pessoas que pulam, que empurram, que insultam, que roubam". Não se surpreenda se você se molhar ou for roubado. Ele tem razão. Por que eu deveria me surpreender que as acomodações no Stoic Camp pareçam com as de um hotel de Bagdá? Não é o alojamento que deve mudar, mas minha atitude. Além disso, os estoicos lembram que sempre pode piorar.

Isso nos leva a outro ponto no dispensário estoico: *premeditatio malorum*, ou "premeditação da adversidade". Antecipe as flechas da

Fortuna, diz Sêneca. Imagine os piores cenários e "ensine-os à sua mente: exílio, tortura, guerra, naufrágio".

Imaginar a adversidade não é o mesmo que se preocupar com ela, dizem os estoicos. Preocupar-se é vago, incipiente. A adversidade premeditada é específica — quanto mais específica, melhor. Não "imagino sofrer um revés financeiro", mas "imagino perder minha casa, carro, minha coleção inteira de bolsas e sou forçado a voltar a morar com minha mãe". Ah, sugere Epiteto, também: imagine que você perdeu a capacidade de falar, ouvir, andar, respirar e engolir.

Ao imaginar o pior cenário, roubamos as dificuldades de seu bote no futuro e apreciamos o que temos. Quando a catástrofe ocorre, como inevitavelmente ocorrerá, o estoico não fica mais surpreso do que quando uma figueira produz figos ou um timoneiro encontra um vento de frente, diz Epiteto. A antecipação prevista é a adversidade diminuída. Medos articulados se reduzem. Pelo menos, em teoria.

Minha filha não tem tanta certeza. Quando conto a ela sobre a noção estoica de adversidade premeditada, ela a declara "estúpida", possivelmente até mais do que acha do Eterno Retorno, de Nietzsche. A contemplação não só é deprimente, diz, como também desnecessária. "Você já se preocupa com coisas ruins acontecendo de qualquer maneira. Por que se forçaria a fazer mais?" Ela tem razão. Por outro lado, tem apenas 13 anos, não é exatamente o alvo demográfico do estoicismo, a filosofia das grandes porradas. Dê tempo a ela, digo a mim mesmo.

No terceiro dia do acampamento estoico, caímos em uma rotina. Dedicamos as manhãs a Epiteto e a seu *Manual*. À tarde, dividimo-nos em grupos menores e discutimos Marco Aurélio. Os pós-graduandos lutam com o filósofo-imperador. Ele é muito mole. Não há nada para agarrar, para dissecar. Marco não tenta provar ou refutar nada. Não postula. É um homem lutando em voz alta com uma insegurança endêmica, trabalhando no que significa ser um ser humano.

Estamos isolados aqui. Não há distrações. Sem TV. Sem Wi-Fi. Um sinal de celular fraco e irregular. No entanto, uma alegria tranquila prevalece. Em parte, é a alegria dos espíritos afins, unindo forças contra os elementos, mas também é a rara alegria dos seres humanos que lutam em voz alta com perguntas importantes e urgentes. Imagino que é assim que os alunos de Epiteto devem ter se sentido, longe de casa, apenas um com o outro e com sua filosofia.

Nós, estoicos, assamos marshmallows no fogo, enfrentando o frio estoicamente. Fazemos piadas estoicas patetas. Uma troca típica é assim:

"Ei, estou indo para a cidade comprar um pacote de seis canecas de indiferentes preferidos. Alguém quer alguma coisa?"

"Não, obrigado. Estou praticando a Privação Voluntária."

"Ok, voltarei em breve. Que o destino o permita."

Essa última frase, "que o destino o permita", expressa algo chamado "cláusula de reserva estoica". Quando Rob mencionou isso pela primeira vez, achei que havia algo por trás — um aviso a ser assinado, talvez —, mas meus medos foram eliminados. A cláusula de reserva não é legal, mas terapêutica. Outra técnica estoica para lidar com a incerteza da vida.

No coração do estoicismo há um profundo fatalismo. O Universo segue um roteiro não escrito por você. E, por mais que deseje um dia ser o diretor, esqueça. Você é um ator. Aceite seu papel. "Se eu fosse um rouxinol, faria papel de rouxinol; se fosse um cisne, de cisne", diz Epiteto.

Cismar com um papel diferente é inútil e só fará com que você sofra desnecessariamente, como o cachorro arrastado pelo carrinho. Devemos aprender, dizem os estoicos, "a desejar o que temos". Isso parece estranho, percebo. O desejo, por definição, não anseia algo que falta? Como podemos desejar o que já temos? Nietzsche, acho, responde melhor à pergunta. Não se resigne ao destino. Não o aceite. Adore. Deseje.

A "cláusula de reserva" serve como um lembrete de que estamos seguindo um script que não escrevemos. Os eventos se desenrolam, "se o destino permitir". Se um estoico está prestes a embarcar em um trem para Chicago, diz para si: "Estarei em Chicago amanhã de manhã, se o destino permitir." Se quer uma promoção, diz para si que vai conseguir, se o destino permitir. A cláusula de reserva é semelhante à *inshallah* muçulmana, a vontade de Deus, ou ao *b'ezrat hashem* judeu, apenas desprovida de teologia.

Nem todo mundo no campo abraça o determinismo estoico. Os pós-graduados, rigorosos defensores da lógica, são particularmente céticos. Se tudo está fadado, onde entra a ação humana? Por que se preocupar em fazer alguma coisa? Por que levantar da cama cedo? Partilho essas preocupações e noto que Rob acaricia seu cavanhaque. Fico ansioso para ouvir sua refutação.

Vem na forma de uma analogia. (Os estoicos as adoram.) As pessoas são como cilindros rolando ladeira abaixo, diz, olhos brilhando. Todos os cilindros chegarão ao fundo da colina. Isso é um dado. Se a jornada é difícil ou tranquila, depende deles. São cilindros polidos, de formato perfeito ou ásperos e irregulares? Em outras palavras, são virtuosos? Não controlamos a colina ou a força da gravidade, mas o tipo de cilindro que somos, e isso importa.

———

Meu beliche treme. Violentamente. Meio dormindo, penso, *Terremoto!*, uma adversidade que eu não previra e agora gostaria. Não, não é um terremoto. A agitação é metódica, parece induzida por seres humanos.

"Hora de viver de acordo com a natureza", diz uma voz. Abro os olhos e olho o relógio: 5h. O que está acontecendo?

Ah, sim, o bom e velho Marco. Tinha o lirismo de acordar ao amanhecer para observar as estrelas e cumprimentar o sol. "Pense na beleza da vida. Observe as estrelas, veja-se correndo com elas. Marco, tenho certeza, nunca acordou de madrugada nem viu uma única estrela, mas Rob aceitou a palavra do filósofo-imperador e decidiu que acordar antes do nascer do sol é o tônico de que os aspirantes a estoicos precisam.

Tropeço até o banheiro, espirro água fria no rosto e me junto aos meus colegas campistas. Subo uma colina, quase tropeçando várias vezes, o tempo todo tremendo. Fiz as malas para a primavera em Maryland, não em Wyoming.

Nossa manobra antes da madrugada tem uma base racional. Havia uma fisicalidade na filosofia estoica. O fundador da escola, Zenão, tinha boa forma, sem dúvida resultado de todo o ritmo vigoroso na colunata. Seu sucessor, Cleanthes, era ex-boxeador e seu sucessor, Crisippo, corredor de longa distância. O objetivo de todo esse atletismo não era ganhar medalhas nem condicionamento físico. Era, como todo o resto com os estoicos, uma maneira de praticar a virtude — especificamente da autodisciplina, da coragem e da resistência.

O vento me atravessa. Choramingo. Externalizo. Há apenas três de nós subindo a colina. Onde estão os outros?, pergunto-me.

Então eu os encontro, já posicionados na cordilheira. "Ei", digo a Rob, "o que aconteceu com 'nenhum estoico fica para trás'?".

"Não há nada no *Manual* sobre isso", diz ele.

Mudo o rumo e pergunto o que Marco diria sobre esse frio cortante.

"Ele diria: 'Avante'", responde Rob.

O estoicismo é exigente. Não é fácil, e eles não fingem que é. Contém pouco da moderação grega. É uma filosofia de tudo ou nada. Alguém é virtuoso ou não é. Alguém vive de acordo com a natureza ou não.

Como os epicuristas, os estoicos viam a filosofia como remédio para a alma. Remédio amargo. A certa altura, Epiteto compara a escola do filósofo ao consultório médico, acrescentando que "você não deve deixá-la com prazer, mas com dor". O objetivo, acrescenta, não é depender do médico, mas curar-se, tornar-se seu próprio médico.

Essa ênfase na autoconfiança ajuda a explicar por que o estoicismo atraiu os Pais Fundadores dos EUA e os soldados de todos os lugares hoje. Fica responsável por sua felicidade, diretamente em seus próprios ombros. Quando um jovem estudante se queixa de corrimento nasal, Epiteto responde: "Você não tem mãos? Limpe seu próprio nariz, então, e não culpe a Deus."

Cada um de nós possui um pouco do *logos*, "a inteligência divina infiltrada no Universo", dizem os estoicos. A razão é a nossa maior bênção, a única fonte verdadeira de felicidade. O cosmos é infundido com uma inteligência divina, mas totalmente racional. Toda vez que agimos racionalmente, cumprimentamos essa inteligência. Para os estoicos, agir "racionalmente" não significa agir com frieza, mas em harmonia com o cosmos, e não há nada de frio nisso. "Somos agentes da providência divina", diz Rob, e posso dizer que ele fala sério.

Portanto, viver de acordo com a natureza é alinhar-se com o reino da razão, e você pode fazer isso em qualquer lugar. "Você pode facilmente estar de acordo com a natureza em Manhattan", diz Rob, fazendo-me pensar no que estou fazendo na natureza de Wyoming, malvestido, na escuridão.

Então o céu clareia, à medida que o sol espreita acima do horizonte, e é lindo e esqueço o frio e o alojamento áspero, e não me pergunto por que estou aqui. Quando olho para o céu brilhante, algo que Rob havia dito vem à mente: "O mundo é um lugar muito grande, eu não."

Ele articulava a noção estoica de "a vista de cima". Imagine-se pairando no alto da terra, olhando para seu mundo insignificante: o trânsito inconsequente, os pratos sujos, as discussões mesquinhas e os cadernos perdidos. Indiferentes, todos eles. Você é nada. Você é tudo.

Outra palavra para adversidade é perda, e aqui os estoicos têm muito a dizer. Estou feliz. Posso ajudar nesse departamento. Epiteto sugere lidar com pequenas perdas e mudar para as maiores. Você perdeu seu casaco? Bem, sim, é porque você tinha um casaco.

Só que, na visão estoica do mundo, você realmente não perdeu o casaco. Você o devolveu. Você não deve ficar mais traumatizado do que quando devolve um livro da biblioteca ou sai de um hotel. Meu amado caderno que levei para a Inglaterra? Não está perdido. Devolvido. Como Epiteto diz: "E quando algo é removido, desista fácil e imediatamente, grato pelos momentos em que o usou — a menos que prefira chorar por sua enfermeira e sua múmia!" Avante.

Muitas vezes confundimos o que é nosso e o que não é. Não há necessidade dessa confusão, dizem os estoicos. É simples. Nada é nosso, nem mesmo nossos corpos. Sempre alugamos, nunca possuímos. Isso é libertador. Se não há nada a perder, não há nada a temer perder.

Perdi um chapéu recentemente. Acabei de comprá-lo alguns dias antes e sofri com a perda. Quando mencionei isso para minha filha, decidi articular totalmente minha reação: "Esse chapéu me fez feliz; então, quando o perdi, perdi minha felicidade." Em voz alta, parecia infantil e absurdo. Não perdi o chapéu, devolvi-o e, além disso, era um mero indiferente. Como os japoneses, os estoicos sabem que "todas as coisas em todos os lugares são possíveis". Eles não veem esse fato como causa de tristeza, como muitos de nós, nem de celebração, como os japoneses, mas apenas um fato da vida. Racionalmente, não há nada que possamos fazer sobre isso, então é melhor não se preocupar. Marco lembra que tudo que estimamos um dia desaparecerá como folhas de uma árvore, por isso devemos "tomar cuidado para que o deleite não leve a apreciá-lo ternamente a ponto de sua perda destruir sua paz de espírito".

E quanto a perdas maiores? Certamente não há nada além da morte de um ente querido. O luto é natural, e os estoicos o encorajam, certo? Errado. Os estoicos reconhecem a necessidade do luto, mas não muito. "Deixe suas lágrimas fluírem, mas deixe-as também cessarem", escreveu Sêneca a um amigo que perdera um ente querido. Em outra ocasião, advertiu uma mulher por deixar o luto por seu filho morto roubar-lhe o tempo que passaria com os netos. Quando recebidos com a notícia da morte de uma criança, a resposta adequada, dizem os estoicos, é: "Eu já sabia que havia gerado um mortal." Aqui discordo dos estoicos. Ao suprimir nossa dor, não suprimimos nossa alegria também? Não devemos nos abrir para todo o espectro da nossa humanidade, incluindo a dor?

Suspeito que Rob também lute com esse aspecto do estoicismo, uma suspeita confirmada quando, no final do Stoic Camp, ele nos conta uma história. A lareira está a todo vapor. Lá fora, ficou frio e nublado. A neve está chegando.

A filha de Rob teve suas orelhas perfuradas em tenra idade e acrescentou vários piercings depois. Uma vez, porém, quando estava com 13 anos, o sangramento não parava. Eles a levaram ao médico da família e descobriram que "os hemogramas estavam todos errados". Mais testes. Depois as más notícias. A filha de Rob tinha uma doença rara chamada anemia aplástica. Não produzia plaquetas, células que se aglutinam para ajudar a coagular o sangue.

É uma doença extremamente difícil de tratar. "O câncer é fácil comparado a isso", disse um médico a Rob. Eles viram um amigo que teve a doença morrer. Rob pesquisou a expectativa de vida no Google para aqueles com a doença: 16 anos.

"Então", continua Rob, com a voz calma e firme, "para mim esse é o valor do estoicismo, onde o calo aperta. Serei honesto. É difícil. É difícil dizer sobre minha filha: 'É apenas uma aparência', mas tenho que fazer isso". Rob se fez a pergunta estoica: que parte desta situação depende de mim? Sua resposta: ser o melhor pai que puder. "Todas as análises e provas não importam se eu não puder ser um pai melhor. O que isso significa? Significa que sou eu quem a leva ao hospital e quem administra seus remédios. Significa que sou eu quem *não* enlouquece." Ser estoico faz de Rob um pai mais útil, melhor e, embora os estoicos raramente usem esta palavra, mais amoroso.

No último dia do Stoic Camp, acordo com a neve. Vários centímetros caíram, e há mais a caminho. Neve. No final de maio. A natureza não parece estar de acordo com ela mesma, mas o que eu sei?

Sei que a estrada para Denver está fechada e que tenho um voo para Paris para pegar. As pessoas estão preocupadas, e por pessoas quero dizer eu. Rob transmite calma.

"Eu gostaria que houvesse um aplicativo para isso", digo.

"Existe", ele responde. "Está na sua mão."

"Meu iPhone?"

"Não, na sua outra mão. O *Manual*. Epiteto."

Claro. Não aprendi nada no Stoic Camp? Todas essas grandes ideias sobre a retenção de cláusulas de consentimento e reserva e a adversidade premeditada evaporam quando confronto a adversidade real. Também não há muita publicidade. Minha viagem interrompida não é nada comparado ao susto de saúde de Rob na Nova Zelândia ou à doença de sua filha.

Respiro fundo, fecho os olhos e imagino a vista de cima. Essa vantagem ajuda um pouco, mas não muito: na minha mente, vejo o avião voando para Paris sem mim.

Dirijo-me a Sêneca, que não está nem aí com toda a minha situação imediata — tanto quanto com o trabalho da minha vida: viagens terapêuticas. "Você acha que a sabedoria, a maior de todas as habilidades, pode ser reunida em uma jornada? Acredite, não há jornada que a leve além das explosões de temperamento, além de seus medos." Bastardo romano.

Dirijo-me a Epiteto, que é mais encorajador. Ele vê o viajante como um "espectador cósmico inteligente". Muito melhor. Não oferece nenhum conselho direto sobre tempestades de neve em maio, então improviso. O que nesta situação está sob meu controle? Nem a neve, nem as estradas fechadas, nem, na verdade, minha jornada filosófica. Sou muito apegado a tudo isso. Epiteto diz que sou como os viajantes que encontram um bom hotel e não querem sair. "Você esqueceu sua intenção, cara? Não estava viajando para este lugar, mas apenas por ele."

Percebo que minha ansiedade é uma reação à perda percebida. Perderei meu voo e, portanto, tempo e, portanto perderei... o quê?

Não tenho certeza. Não tinha pensado nas ramificações. Agora, percebo o pouco que realmente está em jogo. Meu voo é indiferente. Minha felicidade não depende dele. Nem um pingo. Não tenho direito a ele. Não é meu, para eu perdê-lo. Sou um inquilino temporário aqui, apenas de passagem. Além disso, se vou para Paris ou não, está além do meu controle. Se a estrada estiver fechada, estará fechada.

Algumas mudanças de rótulo podem ser feitas, eu decido. Rotulo minha situação de miniférias, uma chance de passar mais tempo com meus colegas estoicos. Paris já existe há muitos séculos. Pode esperar um pouco mais. A neve não vai durar para sempre; nada dura. Logo irá parar e vou dirigir para o sul, passar pelo Snowy Range, sob o grande céu do Wyoming, a caminho de Denver International e, em algum momento, chegar às luzes brilhantes de Paris. Sim, estarei lá em breve. Que o destino permita.

13.

Como Envelhecer: Beauvoir

13h42. A bordo do TGV de alta velocidade, trem nº 8534, deixando Bordeaux, a caminho de Paris.

Um borrão verde — terras agrícolas, presumo — passa pela janela. No horizonte, gigantescos moinhos de vento brancos circulam preguiçosamente no ar quente e quieto. Sentada à minha frente está uma adolescente vestindo uma camiseta que diz "A Realidade É um Saco". Ah, mas o que é a realidade? Fico tentado a dizer, convocando os franceses.
 Olho em volta e descubro que sou a pessoa mais velha à vista. Isso vem acontecendo muito ultimamente. Acho desconcertante esta súbita abundância de jovens ao redor. Não consigo explicar. Estou certo de que não tem nada a ver comigo. Eu não sou velho.
 Algumas semanas atrás, decidi escrever em um café perto de uma universidade. Grande erro. Fui inundado pelo mar brilhante da juventude: espécimes perfeitos com dentes perfeitos, cabelos perfeitos e futuros perfeitos e amplos. Usavam calças de moletom e fones de ouvido caros, e se cumprimentavam com solavancos explosivos.
 Fodam-se, quase pensei, mas me impedi, pois este é exatamente o tipo de pensamento que um velho amargo teria, e não sou velho. Quando a jovem barista alegre anunciou que meu Earl Grey estava pronto e não respondi porque estava pensando em existencialismo ou Platão, talvez, e ela teve que se repetir, fiquei preocupado que concluísse que sou velho, e não sou. Não é como aquele velhote que solicitou uma cópia do *The New York Times* — a versão em papel! — que a barista retirou de baixo do balcão, como pornografia; ou como aquele triste arremedo

de homem com uma calculadora — uma calculadora! — sobre a mesa, como um artefato antigo. Não, este não sou eu. Eu não sou velho.

Nosso trem está chegando atrasado a Paris. O condutor anuncia um atraso de vinte minutos, depois uma hora, depois duas. Os jovens ficam inquietos, olhando compulsivamente os relógios, como se isso apressasse a chegada. Os passageiros mais velhos não conferem os relógios. Quando o condutor anuncia, lamentavelmente, mais um atraso, torço o punho e olho propositalmente para o relógio, pois, veja bem, não sou velho.

A velhice é significativa, inclemente e mais próxima do que parece. Os encontros com ela nunca são gentis. Você não luta contra a velhice. Não a minimiza. Você colide com ela de frente.

Certa manhã, Simone de Beauvoir se olhou no espelho, como fazia todas as manhãs, e viu uma estranha a encarando. Quem era ela? Essa mulher com "as sobrancelhas escorregando em direção aos olhos, olheiras grossas, excesso de bochechas e aquele ar de tristeza ao redor da boca que as rugas trazem". Não poderia ser ela. No entanto, era. "Posso me tornar um ser diferente enquanto ainda permaneço?", questionava.

Beauvoir tinha 51 anos na época e era linda, mas a idade, como argumenta no livro sobre o assunto, está nos olhos de quem vê. Ela temia que esses olhos não aprovassem o que viam ou, pior, que não vissem nada. Para os jovens de 20 anos, supôs, ela já estava "morta e mumificada". O golpe final e penetrante ocorreu quando, pouco depois do episódio no espelho, uma jovem a parou na rua e disse: "Você lembra minha mãe."

Beauvoir se sentia confusa e traída. O tempo, uma vez amigo, agora planejava contra ela. Sempre viveu prospectivamente, "voltada para o futuro", planejando o próximo grande projeto ou expedição, mas agora ela corria atrás dele, olhando por cima do ombro no passado. Beauvoir colidira com a idade dela.

Você acha que ela viu a colisão chegando? Era obcecada com a ideia de envelhecer desde jovem. Temia a velhice ainda mais que a morte. A morte é "o nada absoluto" e, portanto, estranhamente reconfortante, argumentou. Mas a velhice? A velhice é "a paródia da vida".

A velhice é o que seu parceiro de longa data, o filósofo Jean-Paul Sartre, chamou de "irrealizável". Um irrealizável é um estado de ser que habitamos, mas sem interiorizar completamente; somente outros o fazem. Podemos parecer velhos, agir como velhos e, por qualquer medida objetiva, ser, mas não nos sentimos velhos. Nunca percebemos nossa velhice. Assim, anos depois que colidiu com a idade, Beauvoir observa: "Tenho 63, e essa verdade permanece alheia a mim."

Há poucos mapas para a velhice e ainda menos modelos. Certamente, há muitos idosos se passando por jovens, mas são modelos para pessoas idosas se passando por jovens. Não são modelos para envelhecer.

Simone de Beauvoir, romancista, filósofa e heroína feminista, é uma candidata improvável, admito. Seus escritos sobre a velhice são uma leitura sombria. Ela não envelheceu graciosamente. Envelheceu com relutância, de forma combativa. Ela se enfureceu, enfureceu-se contra a morte da luz e contra aqueles que negaram essa raiva também. No entanto, no final, fez as pazes com a velhice, chegou a aceitá-la e, embora provavelmente negasse isso, passou a amá-la.

Eu poderia ser o modelo, pois sinto minha colisão chegando. Os sinais de alerta estão lá. Ainda nessa manhã, uma pequena mancha marrom se materializou na minha bochecha esquerda, unindo sua irmã gêmea na outra bochecha, seus irmãos na minha cabeça e seus primos distantes no meu pescoço. Não estava lá ontem. Não acho que estivesse. Para ser sincero, não me olho no espelho com frequência. Quando faço, é mais um olhar superficial do que perscrutador. Apenas dados visuais são importados do espelho para o cérebro para confirmar minha existência continuada no universo físico, mas não há dados suficientes para registrar verdades inconvenientes, como esse local recém-nascido. Agora que penso nisso, não me vejo há anos.

Você me culpa? Não sou um homem de certa idade, mas uma pessoa incerta. Mais velho, ainda não velho. Como chamar esse intervalo estranho? "Meia-idade tardia" não é o ideal, devido à palavra "tarde", mas é preferível à "velhice precoce", devido à "velhice". E não sou velho.

Quando vejo uma pessoa idosa de verdade, vejo o que Beauvoir chama de Outro: alguém tão estranho que o vemos como um "objeto, o não essencial". Ele é velho, digo a mim mesmo. Eu não. Implícito nessa afirmação está o *nunca serei*. É uma mentira, eu sei, mas útil, pois me permite levantar da cama todas as manhãs, como Marco, e continuar a luta.

É uma batalha perdida, eu sei. Meu retiro já começou. Quando minha barba ficou cinza, eu a pintava toda semana, para não ficar grisalha. Agora, uma semana desliza para duas, depois para três. Prevejo o dia em que me renderei ao cinza. Vejo minha colisão chegando. Mas agora não. Ainda não. Eu não sou velho.

Minha capacidade de autoengano não começou com os primeiros fios de cinza. Como observou o filósofo romano Cícero, muitas das deficiências que atribuímos à velhice são falhas de caráter. A velhice não produz novos traços de personalidade, mas amplia os existentes. À medida que envelhecemos, tornamo-nos mais intensamente nós mesmos. Geralmente, não de um jeito bom. O jovem fiscalmente prudente se transforma em um velho avarento resmungão. A jovem admiravelmente determinada se transforma em uma velha senhora irritantemente turrona. Essa amplificação de caráter deve sempre ter tendência negativa? Podemos reverter a trajetória à medida que envelhecemos? Podemos nos tornar versões mais antigas e *melhores* de nós mesmos?

A maioria dos filósofos fica curiosamente quieta sobre a velhice. Digo curiosamente não apenas por que o envelhecimento é uma parte importante da vida, mas também por que muitos filósofos viveram vidas longas e produtivas. Platão ainda trabalhava pesado quando morreu, aos 80 anos. Isócrates viveu até os 99 e escreveu seu trabalho mais famoso aos 94. Górgias fazia todos parecerem jovens estúpidos; ele viveu até 107 e trabalhou até o fim.

Bom para eles, você diz, mas será que realmente precisamos de uma filosofia do envelhecimento? Afinal, não faltam pesquisas científicas sobre "envelhecimento bem-sucedido". (Um termo tão ridículo. *Ah, agora também tenho que envelhecer com sucesso? Ótimo. Outra coisa para me fazer sentir inadequado.*) Não faltam livros sobre dieta, exercícios, medicina preventiva e nada divulgando uma boa vida em "comunidades de idosos". Como a filosofia pode contribuir para essa conversa?

Muito. A filosofia não nos ensina no que pensar, mas como pensar, e precisamos de uma nova maneira de pensar sobre a velhice. A verdade é que realmente não pensamos em envelhecer. Pensamos em permanecer jovens. Não temos uma cultura do envelhecimento. Temos uma cultura da juventude à qual um grupo de idosos se apega desesperadamente.

A velhice não é uma doença. Não é uma patologia. Não é anormal. Não é um problema. É um *continuum*, e estamos todos nela. Todos envelhecemos o tempo todo. Você está envelhecendo agora mesmo ao ler estas palavras — e não mais rápido ou mais lento que um bebê ou idoso.

A filosofia nos ajuda a definir nossos termos, *à la* Sócrates. O que queremos dizer com "velho"? A idade cronológica erra o alvo. Isso não tem sentido. Não nos diz nada sobre uma pessoa, diz Jan Baars, filósofo do envelhecimento. "A idade cronológica não é a causa de nada."

Os gregos antigos tinham duas palavras para o tempo: *cronos* e *kairos*. *Cronos* é a hora cronológica: os minutos no relógio, os meses no calendário. *Kairos* é o tempo oportuno ou apropriado. Tempo maduro. Quando você diz "é agora ou nunca" ou "agora não é a hora", está falando de *kairos*.

Esse parecia o momento certo para uma jornada de pai e filha. Minha filha não acha mais minhas piadas engraçadas (insiste em que nunca achou) e não me abraça mais, mas ainda nos falamos. Em um universo incerto, quem sabe quanto tempo isso vai durar?

Nossos filhos são como aqueles anéis que os arboristas usam para datar árvores. Evidência empírica de anos se passando. Eles crescem e mudam, e sabemos que também mudamos, mesmo que isso seja menos óbvio. Como pai mais velho, os anéis importam mais. Sinto a acumulação concêntrica mais aguda que a maioria. Resisto à tentação de adiar a alegria. Por que não Paris? Por que não agora — antes que as corredeiras da adolescência a varram? A questão é que Sonya, diferente de mim, fala francês. Se isso não é *kairos*, não sei o que é.

Eu já havia descoberto tudo de antemão, e, como Sócrates alertou, isso é sempre perigoso. Em minha opinião, seria uma emocionante jornada de pai e filha em Paris. Imaginei-nos explorando as assombrações de Beauvoir. Imaginei-nos discutindo os preceitos do existencialismo saboreando Chardonnay e Sprite em um café da Margem Esquerda. Imaginei a mim e a minha filha de 13 anos nos conhecendo melhor.

Essa viagem foi meu "projeto", um termo existencialista favorito. Os projetos nos permitem transcender as circunstâncias de nossas vidas e ir além de nós mesmos. Mas, adverte Beauvoir, nossos projetos estão sempre esbarrando nos dos outros. Nossa liberdade está entrelaçada com a deles. Somos apenas tão livres quanto eles. Meu projeto — viagem de pai e filha para a França — colidiu com o de Sonya: comer no McDonald's e enviar mensagens de texto para os amigos.

Tenho problemas com a bilheteria na estação de metrô. Não é uma questão linguística, mas digital. Não consigo pressionar os botões certos na sequência certa.

"Deixa eu fazer isso, velhote", diz ela. Sonya começou a me chamar de velhote. Ela fala brincando. Não sou velho. Seus dedos voam pelo teclado e, pá pum, nossas passagens saem e passamos pelas catracas em um piscar de olhos.

Chegamos ao nosso destino: Sorbonne. O existencialismo é uma filosofia difusa, mais do que a maioria. Preciso de algo sólido para agarrar, então eu, uma criatura ligada a lugares, concentrei-me na universidade de elite na qual Simone de Beauvoir estudou.

Sonya dá uma olhada e se declara impressionada com "o prediozão bege". Pior, descobrimos que visitas não são permitidas. Ficamos alguns minutos na garoa fria, olhando para dentro como crianças esperando uma loja de doces abrir. Pelo menos eu. Sonya já é de dar os ombros.

Pego minha mochila e uns papéis. Um guia para a Paris de Simone de Beauvoir. É um guia fino. Beauvoir recebe muito menos atenção do que Sartre, o herói filósofo da França. Há, no entanto, uma ponte de pedestres sobre o Sena em homenagem a ela. Isso parece promissor. Pontes, na minha experiência, refrescam o corpo e agitam o intelecto. Além disso, são excelentes metáforas.

"Estamos indo para a ponte Simone de Beauvoir!", anuncio, como se fosse De Gaulle declarando Paris libertada. A resposta da Sonya é não verbal, um rolar de olhos tão cortante quanto sutil.

Caminhamos ao longo do Sena, protegendo-nos do frio fora de estação no ar da primavera.

"Pai", diz Sonya. "Tenho uma pergunta."

Uma pergunta! A semente da filosofia. A raiz da maravilha. Talvez ela se pergunte se o mundo é uma ilusão ou como levar uma vida autêntica em uma época não autêntica. Ou talvez seja o imperativo categórico de Kant — a noção de que a pessoa íntegra age de forma ética, independentemente de circunstâncias ou motivos — que a intriga. De qualquer forma, estou encantado e preparado para transmitir a sabedoria dos pais.

"Sim, Sonya. Qual é a sua pergunta?"

"Quando seu cabelo começou a diminuir?"

"Quando eu tinha uns 24 anos, acho."

"Por que você não raspou completamente?"

"Acho que estava com esperança."

"Não é assim que funciona, você sabe."

"Sim, eu sei."

Ok, não é lá um diálogo platônico. Mas um começo, suponho.

Enquanto caminhamos, tomo a iniciativa e desço a verborragia típica dos pais sobre o existencialismo. Explico que é uma filosofia, como o nome indica, focada na existência e, portanto, representa um retorno à missão terapêutica original da filosofia. Não um quê, mas um como. Como podemos levar uma vida mais autêntica e significativa?

A boa notícia, dizem os existencialistas, é que a resposta depende inteiramente de nós. Não de Deus ou da natureza humana. Não existe natureza humana, apenas *naturezas* possíveis. Ou, como Beauvoir disse: "A natureza do homem é não ter natureza."

Isso é incrivelmente fortalecedor — e aterrorizante. Somos, nas famosas palavras de Sartre, "condenados à liberdade". Ansiamos por liberdade, mas também a tememos, pois, se somos livres, não temos ninguém a não ser nós mesmos para culpar por nossa infelicidade.

Para os existencialistas, somos o que fazemos. Ponto-final. Não somos mais nem menos do que nossos projetos realizados. Não há amor em abstrato, apenas atos de amor; nenhum gênio, apenas atos de gênio. Em nossas ações, desenhamos nosso autorretrato, uma pincelada por vez. Somos esse retrato "e nada além dele", disse Sartre. Pare de tentar se encontrar. Comece a pintar a si mesmo.

Podemos nos tornar o que quisermos, explico. Só porque você é garçom, para usar o exemplo mais famoso de Sartre, não significa que deve permanecer um. Você tem escolhas, e é por meio delas que criamos nossa essência.

Quando termino a explicação de pai, me volto para Sonya. Ela ouviu em silêncio. Entendo isso como um bom sinal — a explicação do pai funciona! —, mas o olhar dela diz que ela discorda.

"Posso ser qualquer coisa, só escolher?"

"Isso mesmo."

"E se eu quiser ser uma galinha? Não posso ser uma galinha só porque escolhi ser uma. Posso sentar em ovos o dia todo e cacarejar como uma galinha, mas não posso ser uma. Você vê minhas penas crescendo?"

"Ah, não, porque não está em sua facticidade ser uma galinha."

"Facticidade?"

Facticidade é outro termo existencialista. Refere-se a elementos de nossa vida que não escolhemos. Você não escolheu nascer neste país neste momento com estes pais. Não tem controle sobre a facticidade. A boa notícia, eu sei, é que você pode transcendê-la e ir além de sua facticidade e até além de si mesma.

"Facticidade? Sério, cara? Essa Simone de Beauvoir é superestimada. E Shakespeare?"

"O que tem ele?"

"Ele inventou uma penca de palavras. Como 'globo ocular' e 'incrível'. Você não poderia dizer 'incrível globo ocular, cara', se não fosse por Shakespeare. Pense nisso."

"Bem colocado."

"Veja, eu poderia ser a próxima Simone de Beauvoir."

"Você poderia. Só precisa de alguns termos filosóficos. Todos os verdadeiros filósofos os têm. Vamos ver. Que tal 'incrividade'?"

"O que isso significa?"

"Bem, é o estado de ser incrível. É a noção de que todos têm um pouco de grandiosidade neles."

"Algumas pessoas têm mais grandiosidade do que outras?"

"Não. Algumas pessoas, porém, estão mais sintonizadas com sua grandiosidade do que outras. Quando você entra em seu reservatório de grandiosidade, há uma incrividade."

Sonya não diz nada nem revira os olhos. Grande elogio.

Enquanto caminhamos, a luz do sol atravessando as nuvens, ocorre-me que estávamos apenas fazendo filosofia. Não lendo ou estudando, mas *fazendo*. Lutamos em voz alta com um aspecto importante de nossa humanidade compartilhada — experimentando grandiosidade — e inventamos uma terminologia projetada para iluminá-la. Sei que a incrividade não chega nem perto da Teoria das Formas de Platão ou do Imperativo Categórico de Kant, mas é um começo. Quem sabe aonde isso leva?

Por fim, chegamos à ponte Simone de Beauvoir. Penso que é uma ponte extremamente filosófica. Você entra na ponte de uma das três rampas e, depois de atravessar o Sena, sai da ponte de uma das três rampas adicionais. Você não precisa entrar e sair no mesmo nível; pode mudar de nível a qualquer momento.

Explico que a vida, como a ponte, consiste em uma série de infinitas opções. Selecionamos uma direção, mas sempre podemos mudar de rumo. Nunca paramos de escolher nossas rampas, nossa essência e fingir que o contrário é uma abdicação de nossa capacidade de ação. A ponte é existencialismo em aço.

"Pai?"

"Sim."

"Você sabe o que é uma gravidez histérica?"

"Hum, não", respondo, sem saber aonde ela quer chegar.

"É quando você tem todos os sintomas físicos da gravidez, só que não está grávida. Você acabou de se convencer de que está.

"Isso é interessante, Sonya, mas não acho que tenha a ver com..."

"Você está tendo um pensamento histérico. Você acha que essa ponte legal é uma metáfora para uma grande ideia, mas tenho certeza de que é apenas uma ponte de aparência legal."

Filósofos são propensos a exagerar. Ansiosos por profundidade, correm o risco de alucinação intelectual; às vezes, a luz cintilante não é um oásis, mas os olhos de sua mente pregando peças em você, e às vezes a explicação mais simples é a melhor. É por isso que Sócrates acreditava que a filosofia é melhor praticada em pares. O sistema de amigos. Você precisa de outra pessoa, outra mente, para mantê-lo no caminho certo. Sonya é meu Sócrates. Questiona minhas suposições. Semeia a dúvida.

Simone de Beauvoir, amante de cafés, nasceu em cima de um. O apartamento da família tinha uma varanda com vista para o Café de la Rotonde, na margem esquerda. Um dia, quando seus pais estavam fora, Beauvoir convenceu a irmã mais nova de irem às escondidas tomar um *café crème*. "A maior ousadia! Audácia!", lembra sua irmã, Helene.

Beauvoir era, segundo ela, uma "garotinha mandona". Curiosa também. Devorava livros — todos os tipos, mas especialmente histórias de viagens, provocando um desejo de viajar que ficaria com ela. Então, um dia, uma professora sugeriu que estudasse filosofia, e foi isso. Viciou.

Em tenra idade, antes de ser existencialista, antes de o termo existir, Beauvoir disse: "Minha vida seria uma linda história que se tornaria realidade, uma história que eu inventaria ao longo do caminho". Isso é existencialismo. Não há roteiro a seguir nem rubricas cênicas. Somos autores, diretores e atores de nossa própria história de vida.

Beauvoir passou no exigente exame de *agrégation* em filosofia aos 21 anos, a pessoa mais jovem a fazê-lo, terminando em segundo, atrás de Sartre. Beauvoir era tão diligente e sem senso de humor que uma colega de classe a apelidou de *Castor* [beaver, trocadilho com Beauvoir]. O apelido saiu pela culatra. Usava como distintivo de honra. A palavra "trabalho", dizem seus biógrafos franceses, "parece ter alguma mágica, soa com um brilho especial, um tom especial. Era a senha dela para a vida".

Beauvoir estava sempre trabalhando em alguma coisa, muitas vezes, em várias ao mesmo tempo. Quando sofreu um grave acidente de carro, trabalhou enquanto se recuperava, no hospital. Durante a longa doença de Sartre, trabalhou em seu livro sobre envelhecimento. "Minha defesa é o trabalho", disse ela. "Quase nada pode me impedir de trabalhar."

A filosofia, como eu disse, ignorou o assunto da velhice, mas com uma exceção notável: Cícero. Ele tinha 62 anos e estava com dores terríveis quando escreveu seu ensaio tenso e otimista "Sobre a velhice".

"Todo mundo espera atingir a velhice, mas quando chega, a maioria de nós reclama", diz ele. Por quê? A velhice não é tão ruim. O avanço dos anos torna nossa voz mais melodiosa, nossas conversas mais agradáveis. "Não há maior satisfação na vida do que uma velhice devotada ao conhecimento e ao aprendizado", conclui.

Bobagem, diz Beauvoir. Ela não tinha paciência para a alegre avaliação de Cícero. Estava determinada a encarar a velhice sem piscar. O resultado: *A Velhice*, um tomo de 585 páginas, pesado. Eis uma amostra:

> Um futuro limitado e um passado congelado: é essa a situação que os idosos têm de enfrentar. Em muitos casos, paralisa-os. Todos os seus planos foram cumpridos ou abandonados, e sua vida se encerrou; nada requer a presença deles; eles não têm mais nada a fazer.

Fica pior. Os idosos, diz ela, são "cadáveres ambulantes [...] condenados à pobreza, decrepitude, miséria e desespero". Beauvoir inscreve a antropologia em sua causa sombria, observando que o povo Nambikwara tem uma única palavra para "jovem e bonito" e outra para "velho e feio". Tem motivo. Os idosos são ridicularizados há tanto tempo quanto existem e há jovens para ridicularizá-los.

Um experimento mental: imagine uma mulher envelhecendo em um deserto completamente sozinha. Ela envelhece? Ela desenvolverá rugas e, inevitavelmente, problemas de saúde. Ela vai desacelerar. Mas envelhece? Beauvoir achava que não. Para ela, o envelhecimento era cultural, um veredito social dado pelos outros. Se não houver júri, não há veredito. A mulher da ilha experimentará senescência, deterioração biológica, mas não envelhecerá.

O tratado sombrio de Beauvoir sobre o envelhecimento foi certamente influenciado por suas circunstâncias. Escreveu o livro aos 60 anos, quando sua saúde, até então "embaraçosamente excelente", começou a sinalizar o amarelo. Seu ritmo diminuiu. Estava frequentemente sem fôlego. Zombava quando alguém mencionava "os anos dourados da vida". Estava determinada a escrever sobre a velhice "sem a encobrir".

Beauvoir caiu em uma armadilha cognitiva, eu acho, uma versão da Guilhotina de Hume. Não é um problema do tipo "é-deveria", mas o que chamo de problema pode-deve. Só porque *posso* expor minha retaguarda em público, como Rousseau, não significa que *devo*. Só porque as pessoas mais velhas *podem* cair em desespero não significa que *devem*. Elas têm escolhas, algo que uma existencialista como Beauvoir reconheceria.

Não é de admirar que pessoas como a filósofa contemporânea Martha Nussbaum rejeitem o fatalismo sombrio de Beauvoir. "Não reconheço minha própria experiência nem a de meus amigos da mesma idade", escreve Nussbaum em seu próprio livro sobre envelhecimento.

Beauvoir, eu acho, supercompensou a solidão de Cícero. Trocou as lentes cor-de-rosa do romano por óculos escuros. Eles a protegeram dos raios nocivos, mas também bloquearam a luz. E há luz. A velhice não precisa ser a triste morte em câmera lenta que Beauvoir fazia parecer. Pode ser um momento de grande alegria e produção criativa. E a melhor pessoa para esse exemplo? Simone de Beauvoir.

Uma noite, durante uma refeição no Le Nuggets, abordo o assunto com Sonya. Conversar com uma garota de 13 anos sobre envelhecer é como conversar com uma sereia sobre montanhismo.

"Não me interessa", diz ela, como se envelhecer fosse opcional, como jogar pachinko ou ir ao balé. Algo que pode fazer se o clima melhorar, mas ela simplesmente não consegue ver isso.

Lembro a Sonya que ela também estava ficando velha, como eu.

"Sim, mas você está ficando velho de um jeito ruim e eu, bom."

"Jeito bom?"

"Sim, em breve entrarei no ensino médio e poderei dirigir."

"Então, qual é exatamente a diferença entre o jeito de ficar velho ruim e bom?"

"Ficar velho bom se aproxima da liberdade. Ficar velho ruim, da morte."

Sigo uma linha diferente de questionamento. Explico que quero encontrar um lado positivo no envelhecimento. Há uma vantagem, certo?

"Não, na verdade não existe", diz ela.

"E o conhecimento? Os idosos sabem coisas."

"Não necessariamente. Na verdade, os jovens sabem mais porque têm o conhecimento dos idosos, junto com o novo."

Mudo de rumo, novamente. "E as memórias? Os idosos têm mais lembranças que os jovens. É como ter uma seleção maior de filmes Netflix para escolher. Certamente isso é bom."

"Nem tudo vale a pena assistir, velhote." Então, sentindo meu desespero, ela me joga um osso. "É um pouco difícil, percebo. Você está escrevendo sobre como envelhecer graciosamente, mas não sabe como. Por que não muda e escreve um capítulo diferente: *Como não envelhecer*? Não fisicamente, mas mentalmente."

Não é fácil, ela admite. Quando os jovens usam calças quadriculadas ou ouvem discos de vinil, isso é chamado de "retro", mas se uma pessoa idosa se veste como uma adolescente, isso é chamado de "patético".

Então, pergunto, se envelhecer é uma chatice e a sociedade não me permite agir como jovem, pelo menos não sem ser brutalmente zombado, onde isso me deixa?

"Isso deixa você em aceitação."

"Aceitação?"

"Sim, você deve escrever: *Como aceitar ser velho*, ou algo assim."

A garota pode estar interessada em alguma coisa.

"Então, como alguém aceita ser velho? O que você recomendaria?"

"Você apenas segue o fluxo, não interrompe as ondas cerebrais."

"Ondas cerebrais?"

"Ondas cerebrais figurativas, velhote, figurativas. Se o cérebro lhe diz: 'Ei, mano, somos velhos, vamos relaxar', você deve relaxar."

O que Sonya sugere é muito estoico. Se o coração da sabedoria distingue, como acreditam os estoicos, o que está sob nosso controle do que não está, mudando o primeiro e aceitando o segundo, a velhice é um excelente campo de treinamento para a sabedoria estoica. À medida que envelhecemos, o equilíbrio muda, do controle para a aceitação. Aceitação não é o mesmo que renúncia. Renúncia é resistência disfarçada de aceitação. Fingir aceitar algo é como fingir amar alguém.

"Aceitação" aparece com pouca frequência no trabalho de Beauvoir. A *Castor* estava tão ocupada escolhendo, tornando-se e trabalhando em seus projetos que raramente tinha tempo para simplesmente *ser*. Projetos podem assumir várias formas, no entanto. Às vezes, exigem um trabalho de castor, mas nem sempre. Aceitar a aprendizagem — não resignação, mas genuína aceitação de coração aberto — é em si um projeto, talvez o mais importante de todos.

―――

Estou no Café de Flore, na margem esquerda. Duas razões convincentes me trazem aqui. Um, estou farto de Le McDonald's. Não aguento mais. (Deixei Sonya com seus dispositivos no hotel.) Dois, era um dos cafés favoritos de Beauvoir e Sartre. Eles conversaram aqui, beberam aqui, pensaram aqui.

Eles também escreveram seus livros aqui — a princípio, porque o café, diferentemente de seus apartamentos no pós-guerra, era aquecido e depois porque, bem, eles gostavam de escrever em cafés. O existencialismo é uma filosofia fundamentada na experiência vivida e em nenhum lugar a experiência é vivida mais do que em um café parisiense. Você não poderia pedir um laboratório melhor de falhas e possibilidades humanas. Isso era verdade no tempo de Beauvoir e é verdade hoje. Um olhar para os transeuntes no café revela a vida em todas as suas manifestações. O jovem casal envolto em mútua admiração, bebericando um espresso; os homens mais velhos envolvidos em conflitos intelectuais; a mulher elegantemente vestida, sozinha com seu Chardonnay e seus pensamentos.

Inevitavelmente, a vida no café penetrou na filosofia de Beauvoir e Sartre. Considere o garçom, diz Sartre, em uma passagem sobre a importância da autenticidade.

Um garçom não é um garçom da mesma maneira que um copo é um copo ou uma caneta é uma caneta. Não há nada em sua natureza que faça dele um garçom. Ele simplesmente não acordou um dia e disse: "Sou garçom em um café." Ele escolheu essa vida e voluntariamente sucumbe a seus costumes. Ele não *precisa* acordar às 5h todo dia. Ele poderia ficar na cama, mesmo que isso significasse ser demitido. Ver o trabalho dele como outra coisa que não uma escolha é enganar a si mesmo — agir de "má-fé".

Sartre observa o garçom mais de perto. Ele é um bom garçom, um pouco bom demais, um pouco "demais", diria minha filha. "O movimento dele é rápido e avançado, um pouco preciso demais, um pouco rápido demais", diria Sartre. "Ele se inclina um tanto avidamente; sua voz, seus olhos expressam um interesse pouco solícito pelo pedido do cliente." Ele não é garçom em um café, conclui Sartre. Está brincando de ser garçom em um café.

Muitos de nós sonhamos com uma vida como essa. Confundimos nossos papéis sociais com nossa essência. Somos "apanhados pelos outros", diz Sartre, e nos vemos apenas como eles. Perdemos nossa liberdade e não temos autenticidade (uma palavra derivada do grego *authentes*, que significa alguém que age de forma independente).

Essa abdicação é particularmente verdadeira, acredito, para os idosos. Outros os veem como desamparados e descartáveis, e logo começam a se ver assim também. Brincam de ser idosos. Encomendam o especial para madrugadores, pegam cruzeiros no Caribe e dirigem por 5km com o indicador de sinal de curva à esquerda aceso porque, bem, é isso que idosos *supostamente* fazem. Espere, diz Sartre. Você realmente gosta do especial para madrugadores? É uma escolha que fez conscientemente, propositalmente, ou que simplesmente fez?

Não precisa ser assim. Considere a aposentadoria. Depois de uma vida inteira desempenhando um certo papel — banqueiro, jornalista, garçom —, de repente somos despojados dessa identidade. Quem somos então? Talvez, como Ivan Ilyich, no romance de Tolstói, chegamos à conclusão de que nossa vida tem sido uma mentira — e, pior, uma que nos dizemos. Confrontados com a finitude, estamos mais dispostos a descartar nossos papéis, como um ator que sai do personagem assim que o programa termina. Podemos, como Ivan, experimentar um momento de libertação, mesmo que seja tarde demais.

———

Decido reler *A Velhice*, de Beauvoir. Talvez não seja tão sombrio, afinal. Desta vez, marquei passagens com um "C", para chatice, ou um "V", para vislumbre, como um vislumbre de esperança. Depois, reviso minhas marcações. Os "C" superam os "V" por uma ampla margem. Caso encerrado, certo? Não tão rápido. Sou um ser livre e autêntico, agindo de boa-fé. Posso escolher o que focar. Não posso deixar de escolher. Então escolho focar os "V".

Juntos, formam um livro muito mais curto, mas consideravelmente mais alegre. Também li as memórias de Beauvoir, todas as quatro, além de várias biografias.

O que descobri foi uma história dentro de uma história, como uma daquelas mensagens escritas em tinta invisível, que se pode ler apenas quando você a segura contra um certo tipo de luz. Quando seguro Beauvoir contra a luz, vejo alguém que envelheceu extremamente bem. Seu medo da velhice desapareceu, substituído por uma aceitação e até alegria.

Beauvoir, orgulhosa intelectual francesa que era, nunca se dignaria a compilar uma lista das "Dez Melhores Maneiras de Envelhecer". Eu, nem orgulhoso, nem francês, não tenho tais escrúpulos.

1: Apodere-se de Seu Passado

O que fazer com o nosso passado? Esta é uma pergunta complicada para pessoas de qualquer idade, mas principalmente aos idosos. Eles têm mais passado que o resto de nós. Em todos os lugares para os quais se voltam, esbarram no passado, tropeçam nele. Ocupa um espaço precioso no armário. Eles podem ser tentados a descartar seu passado ou doá-lo para caridade. Isso seria um erro. O passado é valioso de duas maneiras distintas: uma terapêutica e outra criativa.

"Existe um tipo de magia na memória, uma mágica que se sente em todas as idades", diz Beauvoir. A magia traça suas raízes no passado, mas floresce no presente. Sempre experimentamos nosso passado, não importa o quanto distante esteja, no agora.

Nosso passado anima nosso presente. Beauvoir não imaginava um presente sem um passado rico. "Se o mundo atrás de nós estivesse vazio, dificilmente conseguiríamos ver algo além de um deserto sombrio."

A memória não volta. A memória é seletiva. Requer não apenas retenção, mas esquecimento, para que não sejamos como o pobre Funes, personagem de Borges que, após ser jogado de um cavalo, lembra tudo em grande detalhe e sofre terrivelmente.

Somos, lembram os existencialistas, livres para escolher que memórias ativar. Por que não lembrar o bem? Por que não ser como os gregos antigos, que tinham uma categoria para palavras que expressam alegria retrospectiva, sem contraparte negativa: culpa e arrependimento?

Há outro tipo de lembrança, mais criativa. Chamo de Grande Sumário. O idoso, próximo ao cume da vida, pode ver mais. Discerne contornos ocultos de seu passado, arcos narrativos que iludiam seus eus mais jovens e veem sua vida inteira. Também começam a notar coincidências boas — "o encontro de muitas linhas convergentes", diz Beauvoir.

Quando começo a traçar meu próprio arco narrativo, também percebo acasos. O novo amigo que se materializou quando mais precisava. O emprego dos sonhos que apareceu precisamente na hora certa e a demissão subsequente, que não era tão sonhada, afinal. Lembro-me do que certa vez o compositor islandês Hilmar me disse: "Conheci todos que precisava conhecer quando precisava conhecê-los." Essa é uma observação sábia, acessível apenas a quem viveu algum tempo.

No Grande Sumário, não apenas traçamos nosso arco narrativo. Nós o construímos, uma memória por vez. Beauvoir descreve-o em termos táteis, empregando a linguagem do artesão. "No momento, estou preocupada em recuperar minha vida — revivendo memórias esquecidas, relendo, revendo, completando conhecimentos incompletos, preenchendo lacunas, esclarecendo dúvidas, reunindo elementos dispersos."

Muita lembrança não é bom. Corremos o risco de ficar algemados ao nosso passado: para sempre o soldado heroico ou a bela jovem. Esse tipo de passado é congelado, e um passado congelado é um passado morto.

Outro risco da lembrança — que esbarra em Beauvoir — é a "armadilha da hipótese". Olhando para trás, ela pensa em escolhas não feitas, caminhos não tomados. E se tivesse nascido em uma era ou em uma família diferente? Ela poderia ter ficado doente e nunca completado os estudos. Nunca ter conhecido Sartre. Tais pensamentos, finalmente percebe, não levam a lugar algum. Então os deixa ir. "Estou satisfeita com meu destino e não desejo que mude de forma alguma", diz, respondendo ao demônio de Nietzsche com um sonoro *Da capo*. De novo.

2: Faça Amigos

A pesquisa mais recente confirma o que Epicuro observou há dois milênios: a amizade é uma das maiores fontes de felicidade. A qualidade de nossos relacionamentos é a principal variável na equação da felicidade. Beauvoir sabia disso intuitivamente. "Minhas relações com os outros — meus afetos, minhas amizades — ocupam o lugar mais importante da minha vida", escreve em suas memórias, *Balanço Final*.

Amigos são importantes quando se é jovem. E importam mais quando você é velho. Além dos benefícios usuais — interesses compartilhados, ombro para chorar —, os amigos vinculam seu eu presente ao passado. É por isso que perder um amigo é mais doloroso quando se é mais velho. Você perde também um pedaço de seu passado. De si mesmo.

A amizade de Beauvoir com Sartre, que durou meio século, foi a mais importante, mas outra, iniciada muito mais tarde em sua vida, atingiu o segundo lugar.

Beauvoir regulava ao máximo seu tempo, mas era uma louca por pedidos de alunos. Então, quando chegou uma carta de Sylvie Le Bon, uma estudante de filosofia de 17 anos da Bretanha, Beauvoir prontamente concordou em se encontrar com ela.

Elas se conectaram instantaneamente e logo ficaram inseparáveis. Elas se viam quase todos os dias. Liam os mesmos livros, assistiam aos mesmos shows e, nos fins de semana, faziam longas viagens pelo interior da França. Assinavam as temporadas de ópera e tiravam férias na Europa e além.

Beauvoir se sentia rejuvenescida pela amizade com essa mulher quarenta anos mais jovem. "Nossa conexão é tão forte que perco a noção da minha idade: ela me atrai para o futuro, e há momentos em que o presente recupera uma dimensão que se tinha perdido." (Beauvoir se irritava com as sugestões de que elas eram amantes. "Somos *muito, muito, muito* amigas", disse.)

Foi Sylvie quem despertou o ânimo de Beauvoir quando ela se deparou com uma crítica negativa. Foi Sylvie quem a ajudou a navegar no mundo do jovem feminismo. E foi Sylvie quem resgatou Beauvoir da depressão após a morte de Sartre.

Ela e Sylvie fizeram um cruzeiro pelos fiordes noruegueses. Ela voltou a escrever. Sylvie diz: "Era como se ela tivesse deixado tudo para trás. Dizia que nosso relacionamento lhe dava gosto pela vida, uma razão para viver. Ela disse: 'Eu não vivo *por* você, mas *graças* a você, *através* de você.' Era esse o tipo de relacionamento que tínhamos."

3: Pare de Se Preocupar com o que os Outros Pensam

Algo curioso e maravilhoso acontece quando envelhecemos. Não nos importamos mais com o que os outros pensam. Mais precisamente, percebemos que eles nem estavam se importando conosco.

E assim foi com Simone de Beauvoir. Ela ficou mais segura de si, aceitou mais suas idiossincrasias. Mais humilde também. Teve seu momento copernicano, perdendo "a ilusão infantil de estar no meio do mundo".

Isso foi um tremendo alívio. Somos planetas, cada um de nós, não sóis. Absorvemos a luz e a refletimos. Não a criamos.

Esse tipo de desatenção ajuda a explicar por que a velhice pode ser intelectualmente libertadora. "Por um curioso paradoxo", diz Beauvoir, "é muitas vezes no exato momento em que o idoso, envelhecido, tem dúvidas sobre o valor de todo seu trabalho que o leva à máxima perfeição". Isso se aplicou a Rembrandt, Michelangelo, Verdi, Monet e outros. Não mais buscando elogios, estavam livres para duvidar do próprio trabalho, e assim, como Beauvoir coloca: "Foram além de si mesmos."

Considere o destino de um dos últimos livros de Beauvoir. Uma coleção de contos, *A Mulher Desiludida*, foi publicada em seu sexagésimo aniversário, com difusão universal. Os críticos o consideraram "a expressão amarga de uma velha que ninguém mais queria, nem na vida, nem na literatura". Beauvoir, imperturbável, continuou a escrever.

4: Cultive a Curiosidade

O problema com os idosos não é que não sejam jovens demais, mas que não sejam jovens o suficiente. Agem como crianças de 27 anos quando deveriam imitar as de 7 anos. A velhice é um tempo para se reconectar com a curiosidade ou, melhor ainda, com a admiração. Afinal, o que é um filósofo, se não uma criança de 7 anos com um cérebro maior?

"Ninguém é tão velho quanto aqueles que superaram o entusiasmo", disse Thoreau. Beauvoir nunca superou o entusiasmo. Nunca parou de se perguntar. Falava sobre cinema e ópera como uma crítica profissional. Lia jornais regularmente e discutia eventos mundiais com autoridade e paixão genuínas. Desenvolveu um interesse nas Américas. Desprezava Ronald Reagan. (Nada detém a decrepitude como um ódio saudável e vigoroso.) Ela se reunia com estudiosos e jornalistas, dispensava favores e via amigos, geralmente em seu roupão vermelho, a marca registrada.

As perseguições que abandonara uma década antes a interessaram novamente. Aos 52 anos, alegou não ter interesse em ver um mundo "esvaziado de suas maravilhas", mas uma década depois estava de novo na estrada, confiante de que "viajar é uma das poucas coisas que podem recuperar a novidade na vida". Ela assinou a fórmula do dramaturgo Eugène Ionesco: dois dias em um novo país valem trinta em um ambiente familiar. As viagens permitiram que permanecesse aberta ao mundo, receptiva à sua beleza. Na estrada, estava em paz. "Vivo em um momento de abraçar a eternidade", disse ela. "Esqueço minha existência."

5: Tenha Projetos

A velhice, acreditava Beauvoir, deveria despertar paixão, não passividade, e essa paixão deveria ser direcionada para o exterior. Ter projetos, não passatempos. Projetos dão propósito. Como diz: "Só existe uma solução para a velhice não ser uma paródia absurda de nossa vida anterior e continuar com objetivos que dão sentido à nossa existência — devoção a indivíduos, grupos ou causas, trabalho social, político, intelectual ou criativo."

Beauvoir era mais politicamente ativa aos 70 do que aos 20. Depois de décadas de hesitação, emprestou seu nome a muitas causas. Protestou contra as guerras francesas na Indochina e na Argélia, a norte-americana no Vietnã. Interveio em nome de rebeldes encarcerados, artistas centralizados, inquilinos despejados.

Seguiu uma longa tradição de ativismo de idosos. Voltaire, tão ousado quanto, só pôs tal ousadia em ação no final da vida. O filósofo britânico Bertrand Russell, aos 89 anos, foi preso por sete dias por participar de uma demonstração antinuclear. (O magistrado se ofereceu para isentar Russell da prisão se prometesse se comportar. "Não, não vou", respondeu.) Benjamin Spock, o renomado pediatra norte-americano, foi condenado em 1968 por acusações relacionadas a seu protesto devido à Guerra do Vietnã. Tinha 80 anos. "Na minha idade, por que devo ter medo de fazer protestos públicos?", disse. Esta é uma das vantagens da velhice: você tem mais a dar e menos a perder. "Uma paixão ardente e destemida no corpo frágil de um homem velho é uma visão em movimento", diz Beauvoir.

6: Seja o Poeta do Hábito

Pensamos nos idosos como criaturas de hábitos, e sentimos pena deles. Mas deveríamos? Beauvoir não achava. O hábito não é necessariamente ruim e tem uma beleza própria.

Precisamos de hábitos. Sem eles, nossas vidas ameaçam se dividir em milhões de pedaços sem sentido. Os hábitos nos amarram a este mundo, ao nosso mundo. Os hábitos são úteis, desde que lembremos por que os formamos e continuamente questionemos seu valor para nós. Devemos dominar o hábito, não o contrário.

Beauvoir dá o exemplo de um homem que joga cartas toda tarde. Ele escolhe livremente jogar cartas neste café neste momento. O hábito tem um significado. Mas se ele fica com raiva porque, digamos, a mesa "dele" está ocupada um dia, o hábito se erode em uma demanda "sem vida", que restringe sua liberdade em vez de expandi-la.

Um hábito não é uma rotina. Pense nele como uma forma — ou, se preferir, uma bolsa. Uma bolsa nos permite carregar os pedaços de nossas vidas. Isso a torna útil. Enfrentamos problemas quando a confundimos com seu conteúdo, hábitos com seu significado.

Na casa dos 70, Beauvoir abraçou a poesia do hábito. Fazia o de sempre: escrevia, lia, ouvia música. Mas ela não lia os mesmos livros, não ouvia as mesmas músicas. "No ritmo deles, na maneira como os preencho, e nas pessoas que vejo, meus dias se assemelham. Contudo, minha vida não me parece estagnada." Beauvoir dominava seus hábitos.

7: Não Faça Nada

Há um tempo para a atividade e um tempo para a ociosidade. *Kairos*. Como cultura, valorizamos o primeiro, mas não o segundo. Beauvoir e Sartre eram certamente prolíficos, mas ocasionalmente podiam parar de fazer e simplesmente ser. Seus verões em Roma eram um tempo nada produtivo. Beauvoir deixou de lado seus projetos e seus esforços intermináveis e se "banhou" em Roma. O Castor em repouso.

E embora "aceitação" não fosse uma palavra que usasse, Beauvoir conseguiu algo parecido com isso. Na véspera de seu aniversário de 35 anos, disse: "Afinal, há algo nessa idade." Como Nietzsche, ela não se arrependia. "Gostei de tudo tanto quanto pude e conforme pude."

8: Abrace o Absurdo

Quando eu era criança, um único desenho adornava nossa geladeira. Não lembro quando minha mãe o colocou lá. Na minha cabeça, sempre esteve. O desenho mostrava um cientista louco em uma sala povoada por monstros de todas as formas e cores. Sentado desanimado ao lado de sua gigantesca máquina a laser, o cientista diz a seu assistente: "Vinte e sete anos produzindo monstros e com o que isso me deixa? Uma sala cheia de monstros."

Albert Camus ria do desenho. O escritor franco-argelino foi um dos principais defensores de uma filosofia chamada absurdismo. O mundo é irracional. Não faz sentido. Todas as nossas realizações desmoronam sob a bota implacável do tempo. Ainda persistimos. Isso é absurdo. Esta é a vida. Uma elaborada produção teatral realizada com entusiasmo e repetidamente em um teatro vazio. Beauvoir estava errada, diriam os absurdos. A velhice não é paródia da vida. A vida é a paródia da vida. A velhice é simplesmente seu ponto final.

Como responder a esse absurdo? Podemos ignorá-lo por um tempo. Nossos Fitbits e planos de previdência dão a ilusão de progresso, de significado. Monitoramos as calorias queimadas, os juros auferidos e assumimos que estamos chegando a algum lugar. *Minha vida tem sentido. Posso vê-la piscando intensamente nesta pequena tela.* Mas Sísifo usando um Fitbit é tão absurdo quanto Sísifo sem um. Mais absurdo, de fato, pois é seduzido pela ilusão de progresso, enquanto o Sísifo livre de Fitbit não o é. O absurdo quantificado é mais, não menos absurdo. Interessante, mas o que isso tem a ver com o envelhecimento? A vida não é tão absurda aos 25 anos quanto aos 75? Sim, mas aos 75 estamos mais conscientes disso. Reunimos elogios suficientes, economizamos dinheiro suficiente para saber que não há sentido. Sísifo, aos 25 anos, ainda tem esperança de que talvez, talvez desta vez, a rocha não desça a colina. Sísifo aos 75 anos não tem tais ilusões.

A tarefa de Sísifo, e a nossa também, é aceitar "a certeza de um destino esmagador, sem a resignação que deveria acompanhá-lo", diz Camus. Devemos imaginar Sísifo feliz. Mas como? Como um ser consciente e inteligente pode encontrar a felicidade em uma tarefa tão monótona e sem sentido?

Jogando-se em sua tarefa, apesar de sua inutilidade, *por causa* de sua inutilidade. "O destino dele pertence a ele", diz Camus. "A pedra dele é problema dele... Cada átomo dessa pedra, cada floco mineral daquela montanha cheia de noite forma em si um mundo. A própria luta em direção às alturas é suficiente para encher o coração de um homem."

Beauvoir não adotou totalmente o absurdismo de Camus, mas abraçou um "heroísmo apaixonado", como chamava, deliciando-se com a magia do trabalho por si só. De pé em uma sala cheia de monstros, ela continuou, até o final, a criar mais deles.

9: Desapegue-se de Forma Construtiva

À medida que envelhecemos, apegamo-nos mais firmemente à vida. Devemos aprender a deixar ir. Precisamos praticar o que chamo de desapego construtivo. Não é apatia, um afastamento do mundo. É um retrocesso suave. Você ainda é um passageiro no trem, ainda se preocupa com os outros passageiros, mas fica menos nervoso com cada solavanco e tremor, menos preocupado em chegar a seu destino.

Bertrand Russell, que viveu até os 97 anos, sugere expandir o círculo de seus interesses, tornando-os "mais amplos e mais impessoais, até que, pouco a pouco, as paredes do ego retrocedam e sua vida se torne cada vez mais universal".

Pense que a vida é única como um rio. No início, é contido entre suas estreitas margens, corre em meio às pedras, passa sob pontes e sobre cachoeiras. "Gradualmente, o rio fica mais largo, as margens se alargam, as águas fluem mais silenciosamente e, no final, sem nenhuma ruptura visível, fundem-se no mar e perdem sem dor a individualidade."

Penso que esta é a tarefa final da velhice: não um estreitamento de nossas águas, mas um alargamento. Não se enfurecer contra a morte da luz, mas confiar que a luz vive nos outros. A sabedoria do *kairos*. Tudo tem seu tempo. Até ele mesmo.

10: Passe a Vez

O que o crítico francês Paul Valéry disse sobre poemas se aplica igualmente a nossas vidas. Eles nunca terminam, apenas se abandonam. Negócios inacabados não são um sinal de fracasso. São o oposto. Quem parte deste mundo sem negócios inacabados não viveu completamente.

À medida que nosso futuro se reduz, outros futuros crescem. Nossos negócios inacabados serão finalizados por outros. Esse pensamento, talvez mais do que qualquer outro, tira o aguilhão da velhice. Como Beauvoir disse: "Amo os jovens e, nos esquemas deles, reconheço os meus, então sinto que minha vida será prolongada depois que eu estiver em meu túmulo."

Não há garantias, é claro. A geração jovem pode atrapalhar nossos projetos, assim como fizemos na geração anterior. Não contestamos nenhuma reivindicação. Somos como viajantes em uma pousada, apenas de passagem, observando o sinal de "Não Fumar" saindo da sala do jeito que a encontramos e talvez colocando uma nota ou duas na caixa de sugestões.

Não estou pronto para passar a vez. Ainda não. Eu não sou velho. Mas se — não, quando — eu colidir com a velhice, que nota deixaria para minha filha? Viajando com ela em outro trem, olho para essa garota à beira da feminilidade. Fones de ouvido firmemente inseridos, dedos voando pelo smartphone, ela não percebe quando pego meu caderno e minha caneta de velhote e escrevo:

Querida Sonya,
Questione tudo, especialmente suas perguntas. Olhe para o mundo com admiração. Fale com reverência. Ouça com amor. Nunca pare de aprender. Faça tudo, mas reserve tempo para o nada também. Atravesse pontes em qualquer nível que quiser. Não amaldiçoe sua rocha sísifa. Domine. Adore. Ah, e reduza o McDonald's.
Ou não. A escolha é sua.

14.

Como Morrer: Montaigne

11h27. A bordo do TGV, trem nº 8433, deixando Paris, a caminho de Bordeaux.

Lá fora, um céu cinzento envolve o interior da França como um cobertor. Aqui dentro, a incerteza reina. Entramos a bordo sem um assento reservado. Devemos trocar de lugar em todas as estações, à medida que mais passageiros embarcam. A jornada é instável. Assim que me familiarizo com meu lugar, sou despejado e preciso recomeçar.

Esta é a maneira legítima de viajar de trem e também de filosofar. Assim como nos sentimos à vontade com uma certa posição — todo conhecimento é derivado dos sentidos, por exemplo —, algo aumenta nossa certeza e precisamos começar de novo. Essa constante fuga do conforto e da certeza é exaustiva, mas necessária.

Olho para Sonya, conectada a seu mundo digital, imperturbável por nossos deslocamentos. *Por que não posso ser igual a ela?*, pergunto-me.

Revolvo esse pensamento, acostumando-me, quando minha cogitação é abafada por outro afluxo de passageiros. Pego meus livros e canetas de velhote e ando pelo corredor em busca de um novo lar.

———

Imagine uma enorme piscina: grande o suficiente para acomodar 7 bilhões de pessoas. Ninguém nunca a viu, mas não há como negar sua existência. Em algum momento, todo mundo é jogado nela. A maioria, quando é mais velha, mas alguns são jogados na meia-idade e até mais jovens. Apenas o momento é incerto. Ninguém escapa de ser jogado na piscina. Ninguém nunca retornou.

Diante desses fatos, você pensa que há um interesse público enorme na piscina. Questões. Qual é sua profundidade? A água é quente ou fria? Como posso me preparar para ser jogado nela? Eu deveria temê-la?

No entanto, as pessoas raramente discutem sobre a piscina e, quando o fazem, é indiretamente. Algumas pessoas nem pronunciam a palavra "piscina". Dizem "corpo de água" ou, mais obliquamente, "grande você sabe o quê". Os professores não discutem sobre ela com os alunos. Os pais (com poucas exceções) não discutem com os filhos. Considera-se indelicado levantá-la em jantares ou em outras ocasiões sociais. As pessoas evitam firmemente até pensar nela. Melhor, concluem, deixar a piscina para os profissionais que lidam com ela.

Por mais que tentem afastá-la, contudo, a piscina gigante está sempre lá, pairando no fundo de suas mentes como um monstro aquático invisível. Enquanto bebem o café com leite, arquivam seus relatórios de despesas, colocam os filhos na cama, uma pergunta fraca, mas inegável, borbulha na consciência: serei jogado na piscina hoje?

Todos os filósofos que encontrei na minha jornada falaram comigo. Alguns mais alto do que outros. Ninguém falou tão alto e claramente quanto Michel de Montaigne. O francês do século XVI é o filósofo com quem mais queria tomar uma cerveja. Vejo-me em Montaigne e tenho certeza de que ele se veria em mim. Não são as ideias dele, mas a maneira como chega a elas — tortuosa e hesitante — que me atrai. Montaigne me entende. Ele é minha alma gêmea filosófica.

Como eu, Montaigne é inquieto em mente e corpo. Como eu, gostava de viajar, mas também de voltar para casa. Como eu, foi um sublinhador e anotador compulsivo. Como eu, tinha uma caligrafia atroz e lutava para decifrar o que escrevera. Como eu, era péssimo com dinheiro e extraordinariamente incompetente no mundo dos negócios. ("Prefiro fazer qualquer coisa do que ler um contrato".) Como eu, não sabia cozinhar. ("Se você me der uma cozinha toda equipada, ainda assim vou morrer de fome.") Como eu, envolveu-se com o mundo, mas periodicamente tinha uma forte necessidade, quase irresistível, de fugir dele. Como eu, era temperamental. Como eu, sentia-se desconfortável escrevendo sobre si mesmo, mas o fazia de qualquer maneira. Como eu, tinha duas, e apenas duas, velocidades: rápida e lenta. Como eu, Montaigne temia a morte. Ao contrário de mim, enfrentava seu medo.

A morte faz de todos nós filósofos. Até a pessoa menos contemplativa se pergunta em algum momento: o que acontece quando morremos? A morte é realmente algo a se temer? Como resolver esse impasse? A morte é o verdadeiro teste da filosofia. Se a filosofia não nos ajudar a lidar com o evento mais importante e aterrador da vida, de que serve? Como Montaigne diz: "Toda a sabedoria e raciocínio do mundo se resumem finalmente a este ponto: ensinar-nos a não ter medo de morrer."

No entanto, a maioria dos filósofos aborda a morte como todos nós: ignorando-a ou temendo-a. Marco Aurélio ficava no fundo do poço sempre que pensava na morte. Schopenhauer se preocupava se os historiadores modificariam suas ideias depois que ele se fosse.

Melhor não pensar na morte, conclui Epicuro. "A morte não é nada para nós." Você não acorda todas as manhãs se preocupando com a hora em que nasceu, então por que se preocupar com a hora em que vai morrer? Você estava ausente então e estará ausente de novo. "Quando existimos, a morte está presente, e quando está presente, não existimos."

Não abraço essa ideia. O nada que eu era antes de nascer não é o mesmo que será depois que eu me for. Um é um nada que sempre foi nada, enquanto o outro é um nada que já foi algo, e isso faz toda a diferença. O vazio do espaço e um buraco na terra não são a mesma coisa. O nada é definido por sua proximidade com o que era e o que ainda é.

Montaigne leu Epicuro e outros sobre a morte e também não ficou satisfeito. Eles tocaram o assunto superficialmente, "mal arranhando a superfície", diz ele. Estava determinado a mergulhar mais fundo — e o fez. Nenhum filósofo escreve sobre a morte e sobre morrer de maneira mais honesta e corajosa do que Michel de Montaigne.

Assim como Beauvoir era obcecada pela ideia de envelhecer, Montaigne era obcecado pela da morte ou, para ser mais preciso, por morrer. "Não é a morte, é morrer que me assusta", disse. Ele ocupava sua mente quando estava doente e quando estava bem, mesmo "nas estações mais licenciosas da minha vida [...] em meio a mulheres e jogos".

Não posso culpá-lo. Na época, no século XVI, a morte estava no ar. "Segurando-nos pela garganta", diz Montaigne. Católicos e protestantes se matavam a um ritmo alarmante. A guerra era apenas uma maneira de morrer. A praga matou quase metade dos moradores de Bordeaux. Apenas um dos cinco irmãos de Montaigne sobreviveu à infância. Seu irmão Arnaud tinha apenas 23 anos quando morreu em um estranho acidente envolvendo uma bola de tênis. Morto por uma bola de tênis! A morte é absurda. Se não fosse tão derradeira, riríamos dela.

A morte que mais lhe doeu foi a de seu amigo próximo, Étienne de La Boétie. Quando foi ceifado pela peste, aos 32 anos, Montaigne sentiu "como se eu tivesse sido cortado pela metade".

A morte pode não projetar uma sombra tão longa sobre nossos dias como fez com Montaigne, mas isso é um pequeno conforto. Uma sombra mais curta não é menos escura. E as chances de um ser humano morrer são de precisamente 100%, com uma margem de erro zero. Todo mundo é jogado na piscina.

O luto destrói. O luto paralisa. O luto também motiva. Foi o luto que levou o imperador de Mughal, de coração partido, Shah Jahan a construir o Taj Mahal em memória de sua amada esposa. Foi o luto — pela perda de sua esposa, filha e visão — que inspirou Milton a escrever *Paraíso Perdido*. E foi o luto que levou Michel de Montaigne a subir três lances sinuosos de escadas até o último andar de uma torre de telhado vermelho, empoleirado no alto de uma colina e exposto aos ventos, onde escreveria seus *Ensaios*. Do grande sofrimento surge uma grande beleza.

Sonya e eu subimos uma escada circular, a mesma que Montaigne subiu cerca de 450 anos atrás. Foi aqui que ele saboreou sua solidão. Suspeito que Montaigne era, como eu, um introvertido capaz de forjar extroversão quando as circunstâncias exigiam. Podemos enganar o mundo, nós ambivertidos, mas a um custo pessoal. Fingir extroversão nos esgota. Exaure.

A torre permanece praticamente inalterada desde os dias de Montaigne. As três janelas estreitas com vista para o interior da Aquitânia ainda estão aqui. O mesmo acontece com a escrivaninha de Montaigne e as selas. Ele amava tudo em sua torre. Adorava o modo como negligenciava a vinha da família. Amava o silêncio. Adorava como, para onde quer que olhasse, seus olhos repousassem sobre livros.

Sua preciosa biblioteca começou com um presente de La Boétie, que insistia que Montaigne aceitasse os livros como "uma lembrança de seu amigo". Montaigne, com relutância a princípio, carregou os livros pelas escadas em espiral e os organizou cuidadosamente nas prateleiras. Passou a amar sua biblioteca, e ela cresceu. Na época de sua morte, Montaigne já havia acumulado mil volumes.

Ele passava horas, dias, em sua torre, sozinho com seus livros e pensamentos. A distância importava para Montaigne. Sozinho em sua torre, separou-se do mundo *lá fora* e, de certa forma, também de si mesmo. Afastou-se, a fim de se ver com mais clareza, do jeito que alguém dá um passinho atrás para mirar-se no espelho. Estamos muito perto de nós mesmos para nos vermos. "Estamos todos amontoados e concentrados em nós mesmos, e nossa visão é reduzida ao comprimento do nariz", escreve. Então, mexa seu nariz. Aqui e acolá. A distância externa viabiliza a proximidade interior.

Foi aqui, em sua amada torre, que Montaigne terminou sua conversa com o mundo e começou uma consigo mesmo. "É hora de dar as costas à companhia", disse, "e me retirar para meu casco como uma tartaruga".

Olho para cima e vejo a sabedoria me encarando: umas cinquenta citações esculpidas nas vigas. Entre os ditados antigos, um de Montaigne: *Que sais-je?* "O que sei eu?" Essas quatro palavras resumem perfeitamente sua filosofia e seu modo de vida.

Montaigne era um cético, no sentido primário da palavra: não um pessimista que perfura as ideias dos outros por esporte, mas um cético em busca da verdade. Montaigne duvidava para ter certeza. Construiu sua torre de certeza, uma dúvida por vez.

Os seres humanos, pensava, não podem conhecer a verdade absoluta. O melhor que podem é capturar verdades provisórias e contingentes. Pepitas dela, que não são fixas, mas fluidas. "Tremulações", as chamava. Você pode tremular por um longo caminho, porém, e Montaigne o fez.

Montaigne, como Thoreau, tinha visão angular. Sustentava uma ideia e a observava de várias perspectivas. Fazia isso com tudo, até com seu gato. Ele brincava com o gato, ou o gato com ele?, perguntava-se. Essa noção é a essência de Montaigne. Pegue algo que todo mundo sabe — *pensa* que sabe — e teste. Brinque com isso. Você acha que sabe o que é a morte, diz Montaigne, mas sabe? Brinque com isso.

Sócrates o fez. Talvez a morte não seja tão ruim, questionou em voz alta após sua sentença ser proferida. Talvez seja um agradável "sono sem sonhos" ou talvez realmente existisse uma vida após ela. Não seria ótimo, disse o moscão de Atenas, imaginando-se feliz passando a eternidade filosofando e irritando as pessoas com suas perguntas traquinas.

Como Sócrates, Montaigne era, dizia-se, "filósofo acidental". Pessoal também. Divertia-se, irritava-se e se surpreendia. O que admiro nele é como, em vez de tratar esses pensamentos como fantasias irracionais, os examinava. Levava-se a sério, mas não sua filosofia. "Conheça a si mesmo", imploram os gregos, mas não dizem como. Montaigne o fez. Você se conhece arriscando-se, errando e recomeçando, como Sísifo.

Montaigne precisava de uma forma literária para sua filosofia acidental. Nada existia, então inventou: o ensaio. Do francês, significa "tentar". Um *ensaio* é uma tentativa. Seus ensaios são uma tentativa gigantesca. De quê? Conhecer a si mesmo. Ele não poderia morrer bem até que vivesse bem nem até que se conhecesse.

Montaigne não é mais linear escrevendo do que vivendo. Como Sei Shōnagon, pratica *zuihitsu*: segue a pena. Escreve sobre canibais e castidade, ociosidade e embriaguez, flatulência e polegares. Carnes salgadas também. Escreve sobre sua urticária nas orelhas e suas dolorosas pedras nos rins. Escreve sobre seu pênis. Escreve sobre sono e tristeza, cheiros, amizade, filhos. Escreve sobre sexo e sobre a morte. Mas o verdadeiro assunto do livro de Montaigne é Montaigne. "Eu me expus", diz ele, chamando de "plano selvagem e monstruoso". Os seres humanos se destacam em negar verdades inconvenientes, e nenhuma o é mais que a morte. Olho para ela como olho para minha imagem envelhecida no espelho. Lateralmente, quando muito. Uma tentativa desesperada e fútil de recuperar a mim mesmo.

Montaigne achava que a prevenção tinha um alto preço. Quando evitamos a morte, "todos os outros prazeres são eliminados". Não podemos viver plenamente, diz, sem enfrentar a morte, a *nossa*, plenamente. "Vamos nos livrar de sua estranheza, conhecê-la, nos acostumar. Não tenhamos nada em mente tão frequentemente quanto a morte. A todo momento, imagine-a em todos os seus aspectos. No tropeço de um cavalo, na queda de um azulejo, na menor picada de alfinete. Vamos ruminar: bem, e se fosse a nossa própria morte?

Montaigne lembra que a morte pode chegar a qualquer momento, observando que o dramaturgo grego Ésquilo foi supostamente morto por uma concha de tartaruga que caiu de uma águia. "Devemos sempre estar preparados e prontos para ir."

Alterno entre a torre de Montaigne e Saint-Émilion, uma daquelas pequenas cidades francesas perfeitas que fazem você se perguntar por que todo mundo não é francês. Somos apenas eu e Montaigne. Sonya se retirou para o Mundo Adolescente, raramente emergindo do hotel. Todas as manhãs, pego minha cópia de *Os Ensaios*, de Montaigne, estendendo-me para as quase 850 páginas, e peço um espresso duplo em um café local. É um pulgueiro, infestado de fumantes que colocam suas cervejas matinais em mesas bambas. O café também comercializa vinhos baratos e bilhetes de loteria. Sou atraído por esse tipo de lugar desleixado. Exige pouco. Consigo pensar mais claramente.

Montaigne, descubro, é um filósofo totalmente corporificado. Caminha. Monta seu cavalo. Come. Transa. O que Henry Miller disse sobre o filósofo Hermann von Keyserling vale para Montaigne. "É um pensador que ataca com todo o corpo, que surge no final de um livro sangrando por todos os poros."

Montaigne diz que tem uma caminhada rápida e firme, e que é baixo e atarracado. Tem cabelos castanhos e um rosto "não gordo, mas cheio".

Orgulha-se de seus dentes, retos e brancos. Adora poesia, odeia o calor do verão. Não suporta o cheiro de seu suor. Não cortava o cabelo depois do jantar. Gosta de dormir. Demora para defecar e odeia ser interrompido. É um péssimo atleta, exceto pelo passeio a cavalo, no qual se destaca. Não gosta de conversa fiada. Adora xadrez e damas, mas é inepto em ambos. Sonha que sonha. Tem memória fraca. Come rápido, ávido, mordendo ocasionalmente a língua ou até um dedo. Dilui o vinho com água, como os gregos antigos.

A filosofia de Montaigne é uma colcha de retalhos, uma colcha de ideias emprestadas. Coloca seu selo nelas, torna-as suas. Montaigne confia na própria experiência de uma maneira que nós — eu — não faço.

Precisou de tempo. Os ensaios anteriores "cheiravam a propriedade alheia", diz, mas a cada página fica mais confiante, mais ousado. Eu me pego torcendo por ele. Faço isso mesmo quando reclama por eu cochilar durante em suas longas digressões. ("É o leitor desatento que perde meu assunto, não eu.") Aplaudo quando encontra sua voz. Embora treinados para pedir e implorar, diz, somos "mais ricos que pensamos".

Montaigne não tem medo de se contradizer. Inverte sua posição em questões grandes e pequenas. Rabanetes, por exemplo. Primeiro discordam dele, depois concordam e depois discordam.

Em nada ele é mais inconsistente do que no tema da morte. Em seus ensaios anteriores, Montaigne acredita que o estudo e a contemplação libertam o homem dos horrores da morte. "Filosofar é aprender a morrer" é o título de um ensaio. No final, reverteu o curso. Filosofar, conclui, é aprender a viver. A morte é o fim, mas não o objetivo, da vida.

Montaigne não tinha desejo de morrer. Tinha de viver. No entanto, sabia que esse desejo não poderia ser plenamente realizado sem que aceitasse a morte. Podemos pensar que a vida e a morte são estritamente sequenciais: vivemos, depois morremos. A verdade, diz Montaigne, é que "a morte se mistura e se funde com nossas vidas por toda parte". Não morremos por uma doença. Morremos porque estamos vivos.

Montaigne pensa na morte de maneiras que eu não acreditava serem possíveis. Não só a contempla, mas brinca e até — sei que soa estranho — faz amizade com ela. "Quero que a morte participe da facilidade e do conforto da minha vida. É uma parte grande e importante."

Luto com essa ideia. Não tenho certeza se quero que a morte faça parte da minha vida, sendo boa ou não. Como, pergunto-me, posso chegar a um acordo com a morte, mantendo-a a uma distância segura?

Você não pode, diz Montaigne. Você deve, se não for amigo dela, pelo menos descaracterizá-la da condição de espantalho. Você pensa na morte como inimiga, algo *lá fora*. Errado. "A morte é a condição da sua criação. É uma parte de você. Você está fugindo de si mesmo. Devemos nos reorientar para a morte. Não é um 'aquilo', e você não é vítima dela."

Montaigne, um experimentador, como Gandhi, acreditava em tentar qualquer coisa uma vez. "Precisamos empurrar uma porta para saber se está fechada para nós", disse. Nenhuma porta está mais fechada que a morte. Ainda assim, devemos pressioná-la. Não zombe até tentar, diz.

Do que você está falando, Michel? Podemos ensaiar para muitos eventos — casamentos, bar mitzvahs, entrevistas de emprego —, mas não para a morte. Há especialistas em morte, mas nenhum "morredor profissional". (Não no sentido do dicionário.) Não podemos praticar a morte. Ou podemos? Montaigne o fez.

O ano é 1569. Montaigne está cavalgando, não muito longe de sua casa. Escolheu um cavalo gentil e tolerante. Fez essa jornada muitas vezes e acha que está perfeitamente seguro quando outro cavaleiro, montado em um esplêndido animal, tenta ultrapassá-lo a toda velocidade. "[Ele] nos atingiu como um raio com toda sua força e peso, fazendo-nos ficar de ponta-cabeça", lembra Montaigne.

Montaigne, jogado do cavalo, está deitado no chão, machucado e sangrando, com "nenhum movimento ou sentimento, como um tronco". Os transeuntes estavam convencidos de que ele estava morto. Mas então detectaram um leve movimento.

Levantaram Montaigne e ele prontamente "vomitou um balde inteiro de coágulos de sangue puro".

"Pareceu-me que minha vida estava pendurada apenas pelas pontas dos meus lábios", lembra. Estranhamente, não sentiu dor nem medo.

Fechou os olhos e teve prazer em se deixar ir, como se deslizasse para o sono. Se isso é a morte, pensou, não é tão ruim, nem um pouco.

Amigos o levaram para casa. Viu sua casa, mas não a reconheceu. As pessoas lhe ofereceram vários remédios. Recusou todos, convencido de que estava mortalmente ferido. Ainda assim, não sentia dor nem medo — apenas "ternura infinita". Teria sido, lembrou, "uma morte muito Feliz". Ele se deixara escapar gradualmente, sem esforço.

Então começou a se recuperar e, com seu reavivamento, veio a dor. "Pareceu-me que um relâmpago atingira minha alma com um choque violento e que eu estava voltando de outro mundo."

O acidente teve um efeito profundo em Montaigne. Questionava sua suposição de que a morte é algo que não podemos praticar. Talvez possamos. Talvez possamos tentar, um ensaio. Não podemos ver a própria morte, mas podemos "vislumbrá-la e explorar suas abordagens".

A morte não é algo que dominamos, como xadrez ou vinificação. Não é uma habilidade. É uma orientação alinhada com a natureza. "Não há nada de inútil na natureza, nem a inutilidade", diz Montaigne. A morte não é um fracasso da vida, mas seu resultado natural.

Lentamente, Montaigne começa a encarar a morte "não como uma catástrofe, mas como algo belo e inevitável", como uma folha de outono caindo de uma árvore. A folha não se preocupa em como cair, e nem nós devemos. "Se não sabe morrer, não se preocupe; A natureza dirá o que fazer no local, de forma completa e adequada. Fará o trabalho perfeitamente para você; não se incomode com isso."

Ela fará isso, Michel? Espero que sim. Ela é terrivelmente mercurial. Em um momento, floresce; no outro, desencadeia um furacão de categoria 5. Não abraço a teoria do "se é natural, é bom". Baratas são naturais. Terremotos são naturais. Pelos nasais são naturais.

Como é uma boa morte? Geralmente (mas nem sempre) chega ao fim de uma vida boa. A atmosfera também é importante. Quanto menos drama, melhor. Com frequência, nos dias de Montaigne, uma pessoa que estava morrendo era cercada por "um número de servos pálidos e chorosos, um quarto escuro, velas acesas; a cabeceira sitiada por médicos e pregadores; em suma, horror e medo em volta". Hoje, os quartos de hospital são iluminados por lâmpadas fluorescentes, não por velas.

Mas os médicos e pregadores ainda estão lá, assim como o horror e o medo.

Minha experiência mais íntima com a morte foi ver meu sogro morrer. Ele morreu de dois modos: devagar e, depois, rápido. A demência frontotemporal explicava a paranoia e a raiva. Um derrame o levou ao hospital, depois a um lar de idosos e, quando seus rins se fecharam, de volta ao hospital. Sabíamos que era o fim. Os médicos também. Entretanto, ninguém reconheceu. Uma conspiração de silêncio envolveu o quarto do hospital, e todos éramos coconspiradores, não acusados. É a charada da ignorância fingida que define a morte em nossa era.

Assisti ao peito do meu sogro subir e descer, seus olhos vidrados pela morfina, enquanto as máquinas de um cockpit apitavam. Fixei uma tela, que monitorava seus níveis de oxigenação. Quarenta e cinco, 75, 40. Assisti ao número flutuar, como se isso o mantivesse vivo. A tecnologia médica nos conforta ao nos entorpecer e nos entorpece ao nos distrair. Enquanto as máquinas emitem o bipe e as telas piscam, tudo está bem.

Montaigne não aprovaria. Não são os cuidados paliativos que o perturbariam, mas a negação. A tecnologia nos distancia da realidade da morte, que nada mais é que a natureza. Como somos parte da natureza, estamos apenas nos distanciando de nós mesmos. Fugindo de nós mesmos. Um sinal sonoro de cada vez. Ele olhava para os monitores piscantes, para o cardiógrafo pingando e para os gotejamentos intravenosos medidos e veria claramente o que faltava na sala: aceitação.

O remédio para a morte não é mais vida — assim como o remédio para o desespero não é a esperança. Ambos os estados pedem o mesmo medicamento: aceitação. É aí que Montaigne, como Beauvoir, encerra-se. Não é uma aceitação indiferente, mas plena e generosa. Aceitação da morte, sim, mas também da vida e de si mesmo. Aceitação de seus traços positivos ("Dizer menos de si mesmo do que é verdade é estupidez, não modéstia") e aceitação de suas falhas, também. Como a ociosidade. Montaigne frequentemente se punia por perder tempo. Eventualmente, percebeu o quão tolo isso era. "Somos grandes tolos: 'Ele passou a vida ocioso', dizemos: 'Eu não fiz nada hoje.' O quê, você não viveu?"

É um truísmo que os homens são péssimos pacientes. É um truísmo verdadeiro. Eu sou um bebezão quando estou doente. Montaigne também era. Diferente de mim, sofria de uma doença real: pedras nos rins dolorosas que o atormentaram por grande parte da vida adulta. Montaigne amaldiçoou "a pedra", que matara o pai e ameaçava levá-lo.

A doença é a maneira da natureza de nos preparar para a morte, acostumando-nos. Assim como um dente cai, sem dor, afastamo-nos de nós mesmos. Passar de saudável para morto é demais para suportarmos, mas "o salto de uma vida dolorosa para nenhuma não é tão cruel", diz.

Montaigne está sugerindo uma versão radicalmente diferente da "boa morte". Consideramos uma boa morte aquela que segue uma doença breve ou nenhuma doença. Não, diz Montaigne. Um salto grande demais. Melhor fugir gradualmente do que cair repentinamente.

Por um lado, a teoria de derrapagem de Montaigne faz sentido. Melhor uma queda pequena do que uma grande. Mas tente dizer isso a alguém no meio do outono. Nos últimos anos, vi minha sogra cair, enquanto o Parkinson a levava, peça por peça. Primeiro, levou sua firmeza para andar, depois a capacidade de andar. Não satisfeita com essa pilhagem, passou por sua mente, privando-a da capacidade de ler um livro e de conduzir uma conversa. Quando a queda final chegar, sim, será pequena, mas apenas porque já está caindo há muito tempo. A doença pode ser a maneira natural de nos preparar para a morte, mas, como eu sei, por falar em público, é possível superestimar. Às vezes, é melhor nos atrapalharmos em uma situação, ignorando os riscos. E, às vezes, uma grande queda é melhor do que uma pequena.

Como Montaigne, também estou começando a me afastar de mim. Meu cabelo já o fez várias décadas atrás, junto com meu abdômen e a pele sem manchas. Para mim, isso é escorregamento suficiente. Podemos parar agora? Eu não quero morrer, amaldiçoada seja a natureza. Eu poderia me acostumar com a imortalidade. Ou não?

Simone de Beauvoir brinca com essa pergunta em seu romance *Todos os Homens São Mortais*. O protagonista é um nobre italiano chamado Raymond Fosca. Ele é imortal, graças a uma poção que bebeu no século XIV. A princípio, considera a imortalidade uma bênção incrível e se esforça para utilizá-la. Quer melhorar a vida de seu povo. No entanto, passa a ver sua imortalidade como uma maldição. Todo mundo que ele ama morre. Fica entediado. (Até seus sonhos são chatos.) Ele não tem generosidade, pois, como imortal, não tem nada a sacrificar. Sua vida carece de urgência e vitalidade. Podemos ter medo da morte, mas a alternativa, a imortalidade, é muito pior.

A consciência da morte nos permite viver mais plenamente. Os antigos egípcios sabiam disso. No meio de festas, carregavam esqueletos para lembrar os convidados de seu destino. Os gregos e os romanos antigos sabiam disso. "Convença-se de que cada novo dia que amanhecer será seu último", diz o poeta Horácio, "então você receberá cada hora inesperada com gratidão".

———

Montaigne morreu em seu *château* em 13 de setembro de 1592, aos 59 anos. Não era velho. A causa da morte foi amigdalite, um abscesso doloroso na garganta causado por uma infecção. Em seus últimos dias, não conseguiu falar, uma aflição especialmente cruel para um homem que considerava a conversa "mais doce do que qualquer outra ação na vida".

Nas horas finais, convocou a equipe da casa e lhe entregou a herança. Um amigo relata que "experimentou e morreu com doçura". Não sabemos muito mais. Essa doçura era da variedade "infinita" que relatou após o acidente de equitação — ou algo mais? Montaigne, no final, sentiu-se enganado por mais alguns anos?

Lidar com nosso medo da morte não é apenas algo assustador, mas ganancioso. Queremos mais dias, mais anos e quando, contra todas as probabilidades, recebemos, queremos mais ainda. Por quê?, perguntou Montaigne. Se você viveu um dia, viveu todos. "Não há outra luz, nenhuma outra noite. Este sol, esta lua, estas estrelas, a maneira como estão dispostas, todas são exatamente as de que seus antepassados desfrutaram e as que divertirão seus netos." Quando chegar minha hora, espero poder internalizar as palavras de Montaigne. Não, repreende Michel. *Não são minhas palavras. São suas.* Não existe uma visão impessoal. As verdades emprestadas se encaixam tão bem quanto a roupa emprestada e são igualmente nojentas. Você conhece alguma coisa em seu coração ou não sabe nada. Viva sua vida não como um exame padronizado, mas, como Gandhi, como um grande experimento. Nesse tipo de filosofia pessoal vivida, o objetivo não é o conhecimento abstrato, mas as verdades pessoais: não *saber disso*, mas simplesmente saber. Há uma enorme diferença. Eu *sei que* o amor é uma emoção humana importante e tem muitos benefícios para a saúde.

Eu *sei* que amo minha filha.

A filosofia de Montaigne se resume a isto: confie em si mesmo. Confie em suas experiências. Confie em suas dúvidas também. Deixe-as guiá-lo pela vida e até o limiar da morte. Cultive a capacidade de ser surpreendido pelos outros e por si mesmo. Agrade-se. Permaneça aberto à possibilidade da possibilidade. E, pelo amor de Deus, diz Montaigne, dando as mãos à compatriota Simone Weil, preste atenção.

Quando volto ao hotel, depois de uma visita à torre de Montaigne, pego um caderno e uma caneta e ensaio descrever o que vi. Desenho um espaço em branco. Nada. Eu não estava prestando atenção. "Droga", digo em voz alta.

"Me dá um pedaço de papel?", pede uma voz.

Quem disse isso? A voz vem do outro lado da sala. Parece familiar.

"Sonya?"

"Me dá um pedaço de papel, pai."

Ela despertou da hibernação. Entrego a ela um pedaço de papel e um lápis. Ela começa a escrever, a desenhar. Depois de cinco minutos, me entrega o papel.

Estou chocado. Ela desenhou uma renderização notavelmente precisa da torre de Montreal, em grandes detalhes e completa, com etiquetas como "Janela Número Dois" e "Sela Velha de Cavalo Número Três". Eu tinha assumido que o passeio pela torre de Montaigne a entediava e que estava no piloto automático. Não é a primeira ou a última vez que me lembro de sempre questionar suposições.

Alguns dias depois, Sonya me entrega outro pedaço de papel: traduções dos ditos esculpidos nas vigas da torre de Montaigne. Olhando para o jornal, uma pequena citação se destaca. Do filósofo grego Sexto Empírico: "É possível e não é possível."

Encaro para a citação por um longo tempo. É uma daquelas ridículas filosofias que são extremamente sábias ou extremamente absurdas. Possivelmente ambas. Decido experimentar, ensaiar, no estilo Montaigne. Caneta de velhote na mão, escrevo em meu caderno de velhote:

Não é possível que um francês flatulento do século XVI, com coceira, nos ensine qualquer coisa. É possível.

Não é possível viajar para a França com uma adolescente temperamental de 13 anos e manter a sanidade — até aprender uma coisa ou duas sobre a vida e a morte. É possível.

Não é possível enfrentar a morte — e, sim, a vida — sem medo e com intimidade. É possível.

Pelo menos, eu acho que é. O que sei eu?

EPÍLOGO

Desembarque

17h42. A bordo da Linha Vermelha do Metrorail, deixando Union Station, Washington, D.C., a caminho de Silver Spring, Maryland. Indo para casa.

Familiaridade não gera desprezo. Produz dormência. Não conseguimos ver a beleza do próximo nem ouvir a música do lar.

É tentador culpar o ambiente. Eu faço isso. O Metrorail não é legal na Suíça. Sem vista para os Alpes ou qualquer coisa que os valha. Apenas as costas suadas do viajante de pé muito perto. Estou cercado pelos porcos-espinhos de Schopenhauer, agulhas estendidas, aproximando-se e recuando, aproximando-se e recuando.

No entanto, se minha jornada me ensinou alguma coisa, é que a percepção é uma escolha. O mundo é minha representação. Por que não ser boa?

Saio do trem e ando alguns quarteirões. Não ando como Rousseau nem passeio como Thoreau. A minha marcha é apressada, de viajante.

Fico na esquina, esperando a placa de caminhada. Não aguento vinte segundos sem estímulos externos, então pego meu smartphone. Eu me atrapalho (eu não estava prestando atenção) e ele escapa das minhas mãos, estatelando-se na calçada, a tela primeiro. Isso não é bom.

Com certeza, a tela quebrou. Uma teia de aranha de fissuras irradia do canto superior esquerdo. Fragmentos de vidro se projetam. Tento mandar uma mensagem para minha esposa, mas desisto depois de algumas letras, sangrando profusamente.

Há pessoas que lidam com pequenos contratempos da vida com calma. Como você já deve imaginar, não sou uma dessas pessoas. A tela quebrada é um sinal, concluo, nada favorável. Calculo que havia 50% de chance de o aparelho cair de frente, e mesmo assim aconteceu. Caso encerrado. O Universo está pronto para me pegar. Como uma locomotiva, o telefone quebrado puxa vagões de melancolia e angústia. O telefone quebrado significa uma vida quebrada. É a Vontade de Schopenhauer a serviço, devorando tudo em seu caminho, inclusive a mim. Onde está minha "porção do infinito", como Thoreau a chamava?

Passo minutos fazendo beicinho, xingando e pesquisando "tela quebrada" no celular quebrado. Devo ter perdido um litro de sangue.

Então me surpreendo. Eu paro. Não é uma pausa socrática poderosa — mais uma minipausa —, mas um começo. A pausa convida a perguntas e admiração. Pergunto-me por que, depois de passar os últimos anos absorvendo a poesia que melhorava a vida de quatorze dos maiores pensadores da história, não me ocorreu consultá-los. Se a filosofia não pode me ajudar a superar essa minicrise, de que serve?

Ouço vozes. Reconfortantes. Tirânicas. Sábias. Sócrates pede que eu pare e questione minhas suposições. Presumo que meu smartphone seja necessário para minha felicidade, minha *eudaimonia*, mas é? Como muitos, esforço-me para ter cada vez mais conectividade, em velocidades cada vez maiores, mas raramente paro para questionar a suposição de que conectividade e velocidade são boas. Não sei se é verdade, lembra Sócrates. Perder meu smartphone é catastrófico? Talvez não.

Epicuro cospe na minha pretensa crise. Meu telefone não era um prazer natural nem necessário. Boa viagem. Sei Shōnagon lembra que o telefone, como a flor de cerejeira, é impermanente. Aceite esse fato. *Celebre-o*. Os estoicos, naturalmente, não dispensam piedade. Se eu praticasse a adversidade premeditada, teria previsto. Não consigo controlar os eventos que levaram ao meu celular quebrado, mas posso controlar minha reação. Posso concordar com a minha "pré-emoção" ou não. Posso ficar de mau humor ou não. A escolha é minha.

Avante!

EPÍLOGO

Tantas vozes. Ameaçam dominar a minha. Vou a uma cafeteria: nada de especial, mas bom o suficiente. Busco alguns dos "momentos fugitivos" de Thoreau, como ele chamava esses pedaços de tempo perdidos, deixo meus olhos permanecerem na tela quebrada. Não olho mais de perto nem exatamente. Estou diferente. Primeiro desse ângulo, depois daquele. Não olho mais meu telefone quebrado, converso com ele. Ver é um diálogo — geralmente monótono, mas ocasionalmente o discurso assume uma qualidade poética. Para alguém como Thoreau, fluente na linguagem dos olhos, a vida era um poema contínuo.

Depois de alguns minutos, vejo — e sei que isso soa estranho — arte. Não arte MoMA, mas arte, no entanto. A maneira como os fragmentos criam formas e padrões: triângulos, retângulos e romboides também. Pelo jeito, vista como um todo, a tela se assemelha a um vitral que vi em uma igreja florentina. Beleza colateral, bem diante dos meus olhos.

Enfio meu telefone — bonito e quebrado — no bolso e vou para casa, agradecido pelo verso visual que acabei de experimentar. Meu poema é incompleto. Uma estrofe, talvez, mas eu aceito. Minha parte do infinito, finalmente.

O que havia mudado? Não foi meu telefone. Ainda está quebrado. Não foram as leis da natureza. São imutáveis. Minha conversa comigo mesmo mudou. Pensei o contrário, então vi o contrário. Foi a menor mudança de perspectiva; minúscula, realmente, mas, como Sei Shōnagon me lembra, há um grande poder e beleza nas pequenas coisas.

Enquanto caminho, uma última voz se eleva acima do resto. Não está falando comigo. Está gritando! Nietzsche. Ele lembra que andarei nesta mesma rua várias vezes. Vou mexer no meu telefone e ele cairá — com a face para baixo, toda vez. Para sempre. Sangrarei e me preocuparei novamente e por toda a eternidade. *Você pode conviver com isso?*, pergunta. *Você pode* amar *isso?*

Enquanto caminho, minha resposta se materializa. Duas palavras curtas: estrangeiras, porém familiares, absurdas, mas plausíveis, mais verdadeira do que o real. *Da capo.*

De novo, e de novo.

Notas

A fim de manter as notas finais relativamente breves, citei apenas fontes secundárias, além de esclarecer algumas controvérsias. Fontes primárias — as palavras dos próprios filósofos — estão na bibliografia.

INTRODUÇÃO: EMBARQUE

xvii "Conhecimento é reconhecer o tomate como uma fruta": Citado em Gyles Brandreth, ed., Oxford Dictionary of Humorous Quotations (Oxford, UK: Oxford University Press, 2013), 84.
xviii "desperdiçando nossas vidas": William Irvine, A Guide to the Good Life: The Ancient Art of Stoic Joy (Nova York: Oxford University Press, 2009), 13.
xx "reflexão radical": Maurice Merleau-Ponty, The Phenomenology of Perception, trad. Donald Landes (Nova York: Routledge, 2012), xxxv.
xxi "lirismo transformador": Daniel Klein, Foreword to Epicurus: The Art of Happiness (Nova York: Penguin, 2012), viii–ix.
xxiii "Mais cedo ou mais tarde": Citado em Robert Solomon, The Joy of Philosophy: Thinking Thin versus the Passionate Life (Nova York: Oxford University Press, 1999), 10.

1: COMO SAIR DA CAMA: MARCO AURÉLIO

29 Temos um inimigo em comum: Marco e eu seguimos os passos do poeta português Fernando Pessoa. "A essência do meu desejo é simplesmente esta: dormir a vida", disse. The Book of Disquiet, trad. Richard Zenith (Nova York: Penguin, 2002), 428.

30	O suicídio, disse o existencialista francês: Albert Camus, *The Myth of Sisyphus and Other Essays*, trad. Justin O'Brien (Nova York: Vintage, 1983), 3.
30	O filósofo escocês: David Hume, *A Treatise of Human Nature* (Nova York: Penguin, 1985), Livro III, Parte I.
32	Mais tarde, apaixonado: Frank McLynn, *Marcus Aurelius: A Life* (Cambridge, MA: Da Capo Press, 2009), 21.
33	"os constantes esforços": Ibid. 251.
33	possivelmente, com ópio: Muita controvérsia envolve a questão de Marco ingerir e ser viciado em ópio. Veja Thomas Africa, "The Opium Addiction of Marcus Aurelius", *Journal of the History of Ideas* 22, n° 1 (1961): 97–102.
33	Marco não tinha intenção: "A Mim" seria uma tradução mais fiel do título.
34	"um livro de autoajuda": Gregory Hays, Introduction to Marcus Aurelius, *Meditations* (Nova York: Penguin, 2002), xxxvii.
34	"alguém em processo": Pierre Hadot, *Philosophy as a Way of Life* (Oxford, UK: Blackwell), 251.

2: COMO PENSAR: SÓCRATES

39	Linha de pensamento: Assumi que, como "fora dos trilhos", a expressão "linha de pensamento" nasceu da era das ferrovias. Não foi. A frase foi cunhada pelo filósofo inglês Thomas Hobbes em 1651 — mais de um século antes da primeira ferrovia.
40	"Nossa cultura geralmente resolve": Jacob Needleman, *The Heart of Philosophy* (São Francisco: Harper & Row, 1982), 7.
41	"Ele parece ter chegado": Peter Kreeft, *Philosophy 101 by Socrates* (São Francisco: Ignatius Press, 2002), 25.
42	Sócrates era adepto: Drukpa Kunley, um monge budista do século XV, foi talvez o adepto mais famoso da Sabedoria Disparatada. Chamava seu pênis de "O Raio da Sabedoria Flamejante" e é creditado por ter iniciado a prática no Butão (ainda em voga hoje) de pintar falos em edifícios para afastar os maus espíritos.
42	"com um rosto grande": Needleman, *The Heart of Philosophy*, 153.
43	"testa grande e lisa": Ibid, 153.
43	"admirável nova ingenuidade": Karl Jaspers, *The Great Philosophers* (Nova York: Harcourt, Brace, 1957), 31.
44	"Toda pergunta é um clamor": Carl Sagan, *The Demon-Haunted World: Science as a Cradle in the Dark* (Nova York: Ballantine, 1996), 323.
44	"Sócrates foi o primeiro": Citado em Paul Johnson, *Socrates: A Man for Our Times* (Nova York: Penguin, 2002), 81–82.
45	"genialidade bisbilhoteira": Solomon, *The Joy of Philosophy*, 14.

NOTAS

47 "Toda a filosofia começa": Séculos depois, Ralph Waldo Emerson acrescentou, corretamente, que "o pensamento é a semente da ciência".

48 "Ele às vezes para": Citado em James Miller, Examined Lives: From Socrates to Nietzsche (Nova York: Farrar, Straus & Giroux, 2011), 42.

54 "Se você não incomoda ninguém": Kreeft, Philosophy 101 by Socrates, 63.

54 "plantar um quebra-cabeça": Ibid., 37.

55 "Alguns homens esmurravam": Diogenes Laertius, Lives of the Eminent Philosophers, trad. Pamela Mensch (Nova York: Oxford University Press, 2018), 71.

57 "O momento da percepção": Karen Armstrong, The Great Transformation: The Beginning of Our Religious Traditions (Nova York: Random House, 2006), 307.

58 "como a sensação": Leo Tolstoy, The Death of Ivan Ilyich, trad. Louise and Aylmer Maude (Bulgaria: Demetra, 1886), 88.

58 Entro em um vagão: Michel de Certeau, The Practice of Everyday Life (Berkeley: University of California Press, 1984), 115.

60 "A generosidade simplesmente": Solomon, The Joy of Philosophy, 76.

60 "Pergunte a si mesmo": John Stuart Mill, Autobiography (CreateSpace, 2018), 49.

3: COMO CAMINHAR: ROUSSEAU

63 "As flores ao lado": Citado em Wolfgang Schivelbusch, The Railway Journey: The Industrialization of Time and Space in the 19th Century (Oakland: University of California Press, 2014), 55.

63 "Todas as viagens são monótonas": Citado em Schivelbusch, The Railway Journey, 58.

64 "Siga este ou aquele caminho": Robert Louis Stevenson, Robert Louis Stevenson's Thoughts on Walking (Londres: Read Books, 2013), 5.

65 "Um amigo difícil": Leo Damrosch, Jean-Jacques Rousseau: Restless Genius (Nova York: Houghton Mifflin, 2005), 4.

66 O Pentágono desenvolveu: Joseph Amato, On Foot: A History of Walking (Nova York: New York University Press, 2004), 257.

70 "Eu não conseguiria imaginar": Maurice Merleau-Ponty, The World of Perception, trad. Oliver Davis (Nova York: Routledge, 2004), 63.

71 "um livro que é e não é": Rebecca Solnit, Wanderlust: A History of Walking (Nova York: Penguin, 2000), 20.

72 "rolar, lançar": John Ayto, Word Origins: The Secret History of English Words from A to Z (Londres: A. & C. Black, 1990), 539.

73 Há cerca de 6 milhões: esta é uma estimativa. Os antropólogos não sabem exatamente quando ou por que os primatas ficaram sobre dois pés pela primeira vez. Para uma visão geral da pesquisa. Veja Erin Wayman, "On Becoming Human:

The Evolution of Walking Upright", Smithsonian, August 6, 2012. https://www.smithsonianmag.com/science-nature/becoming-human-the-evolution-of-walking-upright-13837658/

73 "*Mais da metade do tempo*": Amato, *On Foot*, 3.
75 "*essencialmente igual desde*": Solnit, *Wanderlust*, 18.
76 "*a carruagem de um nobre*": Damrosch, *Jean-Jacques Rousseau*, 485.
77 "*A imaginação é mais importante*": Albert Einstein, em uma entrevista ao *Saturday Evening Post*, 26 de outubro de 1929.
78 "*santuário do tempo*": Abraham Heschel, *The Sabbath* (Nova York: Farrar, Straus & Giroux, 1951), 17.

4: COMO VER: THOREAU

80 *esbarrei com um artigo*: Kathryn Schulz, "Pond Scum", *New Yorker*, 12 de outubro de 2015.
80 *conforme o comboio chega*: Estou andando na linha Fitchburg. Ela chegou a Concord em junho de 1844, apenas treze meses antes de Thoreau se mudar para sua cabana, em Walden Pond.
81 "*O maior lugarzinho*": Henry James, *Collected Travel Writings: Great Britain and America* (Nova York: Library of America, 1993), 565.
81 *o tiro que ecoou no mundo*: A maioria dos historiadores concorda que a frase se refere ao conflito na ponte norte de Concord em 19 de abril de 1775. Foi onde os primeiros soldados britânicos sucumbiram nas batalhas de Lexington e Concord. No entanto, tiros foram disparados no início daquele dia em Lexington, e as duas cidades continuam disputando o local exato em que a Guerra Revolucionária começou.
83 "*uma cabeça dura*": Citado em Sandra Petrulionis, ed., *Thoreau in His Own Time: A Biographical Chronicle of His Life, Drawn from Recollections, Interviews, and Memoirs by Family, Friends, and Associates* (Iowa City: University of Iowa Press, 2012), xxiv.
86 *A visão distanciada*: A frase "a visão do nada" foi cunhada pelo filósofo contemporâneo Thomas Nagel e é o título de seu livro de 1986. Thoreau, no entanto, estava certamente ciente do conceito de observação científica distanciada, bem como de suas críticas.
86 "*O mundo que abre espaço*": Roger Scruton, *Beauty: A Very Short Introduction* (Nova York: Oxford University Press, 2011), 55.
87 "*autoanálise sem medo*": H. H. Salt, defensor dos direitos dos animais e primeiro biógrafo de Thoreau, citado em Arthur Versluis, *American Transcendentalism and Asian Religions* (Nova York: Oxford University Press, 1993), 135.

NOTAS

87 "Se sentar sem se mover": Concord native Joseph Hammer, Citado em Versluis, American Transcendentalism and Asian Religions, 102.
89 "Ele andava como se muita especulação": Citado em Petrulionis, Thoreau in His Own Time, 57.
90 "inocência do olho": A frase é de John Ruskin. Thoreau leu Ruskin e ficou muito afetado por seus pensamentos sobre ver. Veja John Ruskin, The Elements of Drawing (Mineola, NY: Dover, 1971), 27.
91 ignorância consciente: A frase vem do físico escocês James Maxwell do século XIX. "A ignorância completamente consciente é um prelúdio para todo avanço real no conhecimento." Citado em Stuart Friedman, "What Science Wants to Know", Scientific American, 1º de abril 2012.
91 "Parei e olhei para ele": Citado em Walter Harding, "The Adventures of a Literary Detective in Search of Thoreau", Virginia Quarterly Review, primavera, 1992.
94 Tem uma base fisiológica: Isto se deve ao fato de a luz atingir a periferia mais sensível das hastes.
94 truques óticos divertidos: Thoreau, o grande vidente, não se importava com a visão. Quando um fazendeiro o convidou para ver um bezerro de duas cabeças, Thoreau reclamou. "Não vivemos por diversão", disse ele.
96 fina camada, mas muito ampla: Como Wittgenstein disse: "A profundidade está na superfície."
96 Olham de relance: Nem todos os filósofos foram fundo no olhar. Kant o ignorou, brincando, "tateando aleatoriamente".
99 sedento por questões espirituais: Não deve ser confundido com o poeta inglês William Blake.

5: COMO OUVIR: SCHOPENHAUER

105 "Não podemos sair": Nigel Warburton, Philosophy: The Basics (Londres: Routledge, 1992), 100.
108 "É como se o tempo tivesse parado": Bryan Magee, The Philosophy of Schopenhauer (Nova York: Oxford University Press, 1983), 164.
109 Somente nos últimos anos: No final da vida de Schopenhauer, um jornal britânico publicou uma resenha favorável de sua coleção de ensaios, o que logo se tornou um item obrigatório para todas as mesas de café de classe média da Europa. Sua fama, porém, chegou tarde demais e, como uma refeição que demorou muito para chegar, ele não conseguiu aproveitá-la completamente.
109 "brincar de boneco": Citado em Julian Young, Schopenhauer (Nova York: Routledge, 2005), 1.

109	"Sua mãe espera": Citado em David Cartwright, *Schopenhauer: A Biography* (Nova York: Cambridge University Press, 2010), 43-44.
110	"Eu gostaria que você aprendesse": Citado em Rüdiger Safranski, *Schopenhauer and the Wild Years of Philosophy* (Cambridge, MA: Harvard University Press, 1989), 53.
112	"O som, que como toda música": William Styron, *Darkness Visible: A Memoir of Madness* (Nova York: Random House, 1990), 66.
112	O som, que como toda música: Kil-Byung Lim et al., "The Therapeutic Effect of Neurologic Music Therapy and Speech Language Therapy in Post-Stroke Aphasic Patients", *Annals of Rehabilitation Medicine 74*, n° 4 (2016): 556-62.
112	Pacientes em estado minimamente consciente: Helen Thomson, "Familiar Music Could Help People with Brain Damage", *New Scientist*, 29 de agosto de 2012, https://www.newscientist.com/article/dn22221-familiar-music-could-help-people-with-brain-damage/.117
117	uma alegria de ler: a escrita filosófica, Schopenhauer disse: "Deve parecer não uma torrente turva e impetuosa, mas um lago suíço que, por sua calma, combina grande profundidade com grande nitidez, a profundidade se revelando precisamente através da nitidez."
118	está "mais com você": Magee, *The Philosophy of Schopenhauer*, 7.
118	"um trabalho desagradável": Paul Strathern, *Schopenhauer in 90 Minutes* (Lanham, MD: Ivan R. Dee, 1999), 11.
119	À noite, se assustava: Schopenhauer, o filósofo de orelhas grandes, perderia muito de sua audição no final da vida. Primeiro um ouvido, depois o outro. O barulho que tanto odiava desapareceu, mas isso proporcionou pouco consolo, pois também se foi a música.
119	De acordo com um estudo: Lisa Goines and Louis Hagler, "Noise Pollution: A Modern Plague", *Southern Medical Journal 100*, n° 3 (2007): 287-94.
119	Outro estudo constatou: Stephen Stansfeld and Mark Matheson, "Noise Pollution: Non-Auditory Effects on Health", *British Journal of Medicine 8*, n° 1 (2003): 244.

6: COMO APROVEITAR: EPICURO

125	Um correspondente do: Citado em Jeri Quinzio, *Food on the Rails: The Golden Era of Railroad Dining* (Londres: Rowan & Littlefield, 2014), 30.
126	É bom, sim: A Amtrak anunciou recentemente que reduzirá seu serviço de vagão-restaurante. Luz Lazo, "The End of an American Tradition: The Amtrak Dining Car", *Washington Post*, 21 de setembro de 2019.
126	"o ar e o gênio dos jardins": Citado em David Cooper, *A Philosophy of Gardens* (Nova York: Oxford University Press, 2008), 6.

NOTAS

129   *"por muitos anos ficou"*: Citado em Klein, *The Art of Happiness*, 82. Diógenes descartou esses rumores, no entanto. "Os críticos são todos loucos", escreveu.

129   *"a cura em quatro partes"*: O Filodemo Epicurista resume a cura em quatro partes da seguinte maneira: "Nada a temer a Deus, nada a se preocupar na morte. O bem é fácil de obter, e o mal, de suportar." Tim O'Keefe, *Epicureanism* (Nova York: Routledge, 2010), 6.

131   *Ele era um "tranquilista"*: O'Keefe, *Epicureanism*, 120.

131   *"A felicidade é definitivamente"*: Ad Bergsma et al., "Happiness in the Garden of Epicurus", *Journal of Happiness Studies* 9, nº 3 (2008): 397–423.

131   *"puro prazer de existir"*: Hadot, *What Is Ancient Philosophy*, 115.

135   *"Também sou epicurista"*: Citado em James Warren, ed., *The Cambridge Companion to Epicureanism* (Cambridge, UK: Cambridge University Press, 2009), 1.

136   *Duas das influencias iniciais*: Klein, *The Art of Happiness*, ix.

7: COMO PRESTAR ATENÇÃO: SIMONE WEIL

144   *Se eu tivesse mais tempo, leria*: Antes do advento das viagens de trem, quase ninguém lia enquanto viajava por terra. A novidade de ler em movimento rapidamente capta a imaginação de um público inquieto e alfabetizado e, na década de 1840, os livreiros ingleses estabeleceram bancas nas estações ferroviárias. Um deles divulgou sua "Literatura para o Trilho — trabalha para obter informações sólidas e diversão inocente."

145   *"em sua presença todas as 'mentiras'"*: O poeta Jean Tortel. Citado em Francine du Plessix Gray, *Simone Weil* (Nova York: Viking Penguin, 2001), 168.

146   *"No momento, o que atendemos"*: William James, *The Principles of Psychology* (Cambridge, MA: Harvard University Press, 1983), 428.

146   *Como muitos estudos revelam*: O mais famoso deles é o chamado estudo dos gorilas invisíveis. Os psicólogos Daniel Simons e Christopher Chabris pediram aos participantes para assistir a um vídeo de pessoas passando uma bola de basquete e contar o número de passes. No meio do vídeo, uma mulher vestida com uma roupa de gorila entra em cena, bate no peito e depois se afasta. Depois, metade dos participantes não se lembrou de nada incomum durante o vídeo. Os psicólogos chamam esse fenômeno de "cegueira desatenciosa". Só vemos o que esperamos ver. Veja Christopher Chabris e Daniel Simons, *The Invisible Gorilla: How Our Intuitions Deceive Us* (Nova York: Crown, 2009).

146   *"uma condição tão gratificante"*: Mihaly Csikszentmihalyi et al., *The Art of Seeing: An Interpretation of the Aesthetic Encounter* (Los Angeles: J. Paul Getty Museum, 1990), 19.

146 "Um esquecer-se": Citado em Mihaly Csikszentmihalyi et al., eds., *Optimal Experience: Psychological Studies of Flow in Consciousness* (Nova York: Cambridge University Press, 1998), 220.

147 "Não há um ato primário": Francis Bradley, "Is There a Special Activity of Attention?" *Mind* 11, n° 43 (1886): 305-23.

147 "Todo mundo sabe": James, *The Principles of Psychology*, 170.

147 superestimamos rotineiramente nossa capacidade: Como exemplo, veja David Sanbonmatsu et al., "Who Multi-Tasks and Why? Multi-Tasking Ability, Perceived Multi-Tasking Ability, Impulsivity, and Sensation Seeking", *PLOS One*, 23 de janeiro de 2013.

148 "Nenhum limite superior": Alan Allport, "Attention and Integration", in *Attention: Philosophical and Psychological Essays*, ed. Christopher Mole et al. (Nova York: Oxford University Press, 2011), 29.

149 "Eu a invejava por ter um coração": Simone de Beauvoir, *Memoirs of a Dutiful Daughter* (Nova York: HarperCollins, 1958), 239.

150 "Mi-usine, mi-palais": Alfred Meyer, Citado em Schivelbusch, *The Railway Journey*, 189.

152 "o único grande espírito": Citado em John Hellman, *Simone Weil: An Introduction to Her Thought* (Eugene, OR: Wipf & Stock, 1982), 1.

153 "desleixada, quase descuidada": Simone Pétrement, *Simone Weil: A Life* (Nova York: Pantheon, 1976), 39.

154 Os pacientes são mais felizes: Sarah Schnitker, "An Examination of Patience and Well-Being", *Journal of Positive Psychology* 7, n° 4 (2012): 263-80.

156 "Em um momento, tudo está alterado": Iris Murdoch, *The Sovereignty of Good* (Nova York: Routledge & Kegan Paul, 1970), 82.

158 "filósofa das margens": A. Rebecca Rozelle-Stone and Benjamin David, "Simone Weil", *Stanford Encyclopedia of Philosophy*, 10 de março de 2018.

158 "Ela fervia de ideias": Pétrement, *Simone Weil*, 492.

159 "Mas ela é louca!": Citado em ibid., 514.

159 "A firmeza de sua escrita": Ibid., 521.

163 "coração indomável, movido a tequila": Mary Karr, Twitter: @marykarrlit, 8 de julho de 2019.

165 Ele se afundou: Desanimado, Hemingway escreveu a seu amigo Ezra Pound: "Tudo o que resta de meus trabalhos completos são três rascunhos a lápis de um poema de vagabundo [...] alguma correspondência [...] e alguns carbonos jornalísticos."

8: COMO LUTAR: GANDHI

168 inventou o conceito de zero: Alguns estudiosos acreditam que outras culturas, incluindo sumérios e babilônios, podem ter inventado o conceito de zero antes. Para um resumo dos vários argumentos, veja: Jessica Szalay, "Who

NOTAS

Invented Zero", Live Science, 28 de setembro de 2017, https://www.livescience.com/27853-who-invented-zero.html

176 se surpreendeu com: Louis Fischer, *Gandhi: His Life and Message for the World* (Nova York: New American Library, 1954), 149.

176 Gandhi considerava "não masculino": Até os adversários de Gandhi admiravam sua coragem. "Uma lição de verdadeira masculinidade", dizia a manchete de um jornal sul-africano, depois que Gandhi forçou o governo do Transvaal a desistir de uma de suas demandas.

177 "Você não tem vergonha?": Citado em Fischer, *Gandhi*, 28.

179 "Você tem o direito de trabalhar": *The Bhagavad Gita*, trad. Eknath Easwaran (Tomales, CA: Nilgiri Press, 1985), 53.

181 "nas mãos de Gandhi": Rajmohan Gandhi, *Why Gandhi Still Matters: An Appraisal of the Mahatma's Legacy* (New Delhi: Aleph, 2017), 133.

182 Gandhi instituiu: Gandhi teve alguma ajuda para criar um novo nome para sua forma de resistência não-violenta. Enquanto estava na África do Sul, ele realizou um concurso no jornal *Indian Opinion*. Gandhi alterou a entrada vencedora para chegar a satyagraha.

183 "Os oficiais ordenaram": Citado em Homer Jack, ed., *The Gandhi Reader: A Sourcebook of His Life and Writings* (Nova York: Grove Press, 1956), 250–51.

184 Em um estudo abrangente: Erica Chenoweth and Maria Stephan, *Why Civil Resistance Works: The Strategic Logic of Nonviolent Resistance* (Nova York: Columbia University Press, 2011), 9.

186 com a linha de Euclides: Isto é o que Gandhi tinha a dizer sobre a conexão entre suas ideias e a geometria de Euclides: "A linha de Euclides é uma sem largura, mas ninguém até agora conseguiu desenhá-la e nunca o fará [...] se o argumento de Euclides, considerado incapaz de ser atraído pela ação humana, tem um valor imperecível, minha imagem tem a sua própria para a humanidade viver."

188 "O que parece ser o fim": Mark Juergensmeyer, *Gandhi's Way: A Handbook of Conflict Resolution* (Los Angeles: University of California Press, 1984), 4.

190 as palavras Hey Ram: Ultimamente, alguns têm questionado se essas foram, de fato, as últimas palavras de Gandhi. Seu assistente pessoal, Venkita Kalyanam, afirmou faz uma década que Gandhi nunca pronunciou as palavras. Mais recentemente, ele disse ao Press Trust of India: "Eu nunca disse que Gandhiji não disse 'Hey Ram'. O que eu disse foi que não o ouvi dizer 'Hey Ram'." "Never said 'Hey Ram' Weren't Bapu's Last Words: Gandhi's PA", *Times of India*, 30 de janeiro de 2018.

191 "Viver com Gandhi": Um homem identificado como Chandwani, citado em Manuben Gandhi, *Last Glimpses of Bapu*, trad. Moli Jain (Agra: Shiva Lal Agarwala, 1962), 253.

9: COMO SER GENTIL: CONFÚCIO

194 Ele não escreveu: Alguma incerteza envolve a questão do que Confúcio fez e não escreveu. A maioria dos estudiosos acredita que Os Analectos foi compilado pelos discípulos de Confúcio logo após sua morte.

195 "Espadas e escudos": Michael Schuman, Confucius: And the World He Created (Nova York: Basic Books, 2015), 27.

196 "um antiquado cabeça-dura": Ibid., 18.

197 "transforme o mundo todo": Citado em Philip Ivanhoe e Bryan Van Norden, eds., Readings in Classical Chinese Philosophy (Indianapolis: Hackett, 2003), 121.

197 "Não enrole o arroz": Citado em Daniel Gardner, Confucianism: A Very Short Introduction (Nova York: Oxford University Press, 2014), 27.

199 "uma ilha de gentileza": Adam Phillips and Barbara Taylor, On Kindness (Nova York: Farrar, Straus & Giroux, 2009), 105.

201 "O coração de nenhuma pessoa": Citado em Paul Goldin, Confucianism (Nova York: Routledge, 2014), 46.

201 "Dado o alimento certo": Citado em Armstrong, The Great Transformation, 304.

202 "Todo espetacular incidente": Stephen Jay Gould, "A Time of Gifts", New York Times, 26 de setembro de 2001.

202 Observar atos de gentileza: Lara Aknin, Elizabeth Dunn e Michael Norton, "Happiness Runs in Circular Motion: Evidence for a Positive Feedback Loop Between Prosocial Spending and Happiness", Journal of Happiness Studies 13, nº 2 (2012): 347–55.

10: COMO APRECIAR AS PEQUENAS COISAS: SEI SHÔNAGON

208 criava camadas de categorias: Uma das obras mais famosas de Aristóteles é chamada "Categorias", parte de uma coleção maior conhecida como Organon.

208 "Percebo valor": Susan Sontag, As Consciousness Is Harnessed to Flesh: Journals and Notebooks, 1964–1980, ed. David Rieff (Nova York: Farrar, Straus & Giroux, 2012), 217.

208 "As listas são a origem": Umberto Eco, em entrevista com Der Spiegel, 11 de novembro de 2009, https://www.spiegel.de/international/zeitgeist/spiegel-interview-with-umberto-eco-we-like-lists-because-we-don-t-want-to-die-a-659577.html

210 "uma colcha de opiniões": Meredith McKinney, Introduction to The Pillow Book (Nova York: Penguin, 1997), ix.

212 okashii, ou deleite: Hoje, a palavra japonesa significa "divertido" ou "estranho", mas na época de Shonagon significava "deleite".

NOTAS

214   "A coisa mais preciosa da vida: Yoshida Kenkō, Essays in Idleness, trad. Donald Keene (Nova York: Columbia University Press, 1998), 3.

214   "A beleza está em seu": Donald Richie, A Tractate on Japanese Aesthetics (Berkeley, CA: Stone Bridge Press, 2007), 4.

214   "Ele presta atenção às coisas": Russell Goodman, "Thoreau and the Body", in Thoreau's Importance for Philosophy, ed. Rick Furtak et al. (Nova York: Fordham University Press, 2012),33.

216   "o culto da beleza": Ivan Morris, The World of the Shining Prince: Court Life in Ancient Japan (Nova York: Vintage, 1964), 170.

216   "espessura, tamanho, design": Ibid.,187.

216   "um mensageiro inteligente e bonito": Ibid., 188.

217   "demonstrar que as coisas": Ullrich Haase, Starting with Nietzsche (Nova York: Continuum, 2008), 25.

218   "O homem que, pela primeira": Hermann Hesse, My Belief: Essays on Life and Art (Nova York: Farrar, Straus & Giroux, 1974).

11: COMO NÃO SE ARREPENDER: NIETZSCHE

230   "não tinham nada": Citado em Curtis Cate, Friedrich Nietzsche (Nova York: Overlook Press, 2005), 328.

234   "pedaço de mistificação": Friedrich Ritschl, Citado em Miller, Examined Lives, 326.

234   "Talvez ninguém": Stefan Zweig, Nietzsche, trad. William Stone (Londres: Hes- perus), 54.

236   "no qual crescem dúvidas": Robert Solomon e Kathleen Higgins, eds., Reading Nietzsche (Nova York: Oxford University Press, 1988), 4.

238   há muitas mais: Às vezes, um número mais alto, 255.168, é citado, mas isso se refere ao número de sequências possíveis, não jogos em si. Veja Steve Schaefer, "MathRec Solution (Tic-Tac-Toe): Mathematical Recreations (2002)", http://www.mathrec.org/old/2002jan/solutions.html

238   No xadrez: Para uma explicação de como esse número foi alcançado, veja David Shenk's The Immortal Game: A History of Chess (Nova York: Anchor, 2007), 69–70.

240   o que um estudioso chama: Maudemarie Clark, Nietzsche on Truth and Philosophy (Nova York: Cambridge University Press, 1990), 270.

241   um caloroso Da capo!: Termo musical italiano, Da capo significa "desde o começo" (literalmente, "a partir da cabeça").

242   Um Sísifo feliz: "Devemos imaginar Sísifo feliz", Albert Camus disse em seu ensaio "O Mito de Sísifo".

242   *provavelmente devido à sífilis*: Possivelmente contraído durante uma ida a um bordel quando jovem.

242   *"um experimento em"*: R. J. Hollingdale, ed., *A Nietzsche Reader* (Nova York: Penguin, 1977), 11–12.

12: COMO LIDAR: EPITETO

248   *incluindo George Washington e John Adams*: Carl Richard, "The Classical Founding of American Roots", in Daniel Robinson and Richard Williams, eds., *The American Founding: Its Intellectual and Moral Framework* (Nova York: Continuum, 2012), 47.

249   *"Fiz uma boa viagem"*: Laertius, *Lives of the Eminent Philosophers*, 314.

249   *"Nenhuma árvore fica enraizada"*: Citado em Donald Robertson, *Stoicism and the Art of Happiness: Practical Wisdom for Everyday Life* (Nova York: McGraw-Hill, 2013), vii.

252   *James Stockdale, um piloto norte-americano*: Veja James Stockdale, *Thoughts of a Philosophical Fighter Pilot* (Stanford, CA: Hoover Institution Press, 1995).

254   *"Normalmente não ficamos zangados"*: A. A. Long, *From Epicurus to Epictetus* (Nova York: Oxford University Press, 2006), 379.

257   *Renunciar ao prazer*: Como William Irvine disse: "Deixe os estoicos perceberem que o ato de renunciar ao prazer pode ser agradável." Irvine, *A Guide to the Good Life*, 117.

259   *"ensine-os à sua mente"*: Seneca, Citado em Antonia Macaro, "What Can the Stoic Do for Us", in Patrick Ussher, ed., *Stoicism Today: Selected Writing I* (Stoicism Today, 2014), 54.

264   *"Deixe suas lágrimas fluírem"*: Citado em Irvine, *A Guide to the Good Life*, 154.

265   *"Você acha que a sabedoria"*: Citado em William Stephens, "A Stoic Approach to Travel and Tourism", *Modern Stoicism*, 24 de novembro de 2018, https://modernstoicism.com/a-stoic-approach-to-travel-and-tourism-by-william-o-stephens/

266   *Dirijo-me a Epiteto*: Epiteto morreu em 135 d.C. Os enlutados o anunciaram como um "amigo dos imortais". Ele inspirou um imperador romano. Ele inspiraria Shakespeare e nasceria uma forma de psicoterapia, terapia cognitivo-comportamental, que ainda hoje é praticada. Nada mal para um ex-escravo.

13: COMO ENVELHECER: BEAUVOIR

271   *"A idade cronológica não é"*: Jan Baars, *Aging and the Art of Living* (Baltimore: Johns Hopkins University Press, 2012), 52.

276   *"A maior ousadia!"*: Citado em Claude Francis e Fernande Gontier, *Simone de Beauvoir: A Life, a Love Story* (Paris: Librairie Académique Perrin, 1985), 359.

NOTAS

276 *A palavra "trabalho"*: Francis and Gontier, *Simone de Beauvoir*, 198.
277 *"Todo mundo espera atingir"*: Marcus Cicero, *How to Grow Old: Ancient Wisdom for the Second Half of Life*, trad. Philip Freeman (Princeton, NJ: Princeton University Press, 2016), 11.
278 *"Não reconheço minha"*: Martha Nussbaum e Saul Levmore, *Aging Thoughtfully: Conversations About Retirement, Romance, Wrinkles & Regret* (Nova York: Oxford University Press), 19.
281 *"O movimento dele é rápido"*: Jean-Paul Sartre, *Being and Nothingness*, trad. Hazel Barnes (Nova York: Washington Square Press, 1992), 101.
285 *E foi Sylvie quem resgatou*: Amigos, preocupados que Beauvoir pudesse cometer suicídio, não a deixariam em paz. Ela também ficou fisicamente doente. Passou um mês no hospital, sofrendo de pneumonia e cirrose hepática, resultado de uma vida inteira bebendo muito. Quando recebeu alta, Beauvoir concordou com um rigoroso regime de saúde e eliminou todos os seus vícios, exceto o uísque e a vodca. "Eu preciso disso", disse ela. Sylvie secretamente bebeu seu uísque, assim como Beauvoir fizera por Sartre.
285 *"Era como se ela tivesse deixado"*: Citado em Deirdre Bair, *Simone de Beauvoir: A Biography* (Nova York: Touchstone, 1990), 588.
287 *"Na minha idade"*: Citado em Wayne Booth, ed., *The Art of Growing Older: Writers on Living and Aging* (Chicago: University of Chicago Press, 1992), 159.
289 *"certeza de um destino"*: Camus, *The Myth of Sisyphus and Other Essays*, 54.
290 *"mais amplos e mais impessoais"*: Bertrand Russell, "How to Grow Old", in *Portraits from Memory and Other Essays* (Nottingham: Spokesman Books, 1995), 52.
290 *Quem parte deste*: Muitos dos filósofos que encontrei são bons exemplos nesse sentido, especialmente Thoreau. Diz o autor William Cain: "Ele persistiu com o diário até a doença grave atrapalhar e, no leito de morte, ainda estava escrevendo: acrescentando a seu calendário de flores e arbustos, compilando listas de pássaros, fazendo seleções de seus diários e preparando artigos de seu diário." William Cain, ed., *A Historical Guide to Henry David Thoreau* (Nova York: Oxford University Press, 2000), 4.

14: COMO MORRER: MONTAIGNE

296 *a um ritmo alarmante*: Foi um desses massacres, em que 10 mil protestantes foram mortos, que deu ao mundo uma nova palavra, massacre, do francês antigo para açougue.
296 *Morto por uma bola de tênis!*: Ele estava jogando um jogo chamado courte-paume, ou tênis de quadra, um precursor do jogo moderno, que usava uma bola mais pesada. Mas, ainda: morto por uma bola de tênis!

297 *Que sais-je:* Que sçay-je, no francês central de Montaigne.
299 "É um pensador que ataca": Henry Miller, *The Wisdom of the Heart* (Nova York: New Directions, 1960), 77.
302 *não é tão ruim, nem um pouco:* O primeiro-ministro israelense Yitzhak Rabin, assassinado a bala, disse algo semelhante. "Não se preocupe. Isso não é ruim. Não, não é tão ruim", disse pouco antes de morrer. Patrick Cockburn, "Assassin 'Told Guards Bullets Were Fake,'" *The Independent*, 8 de novembro de 1995.
305 "Convença-se de que cada": Citado em Pierre Hadot, *What Is Ancient Philosophy?* (Cambridge, MA: Harvard University Press, 2002), 196.

BIBLIOGRAFIA SELECIONADA E LEITURAS RECOMENDADAS

TEXTOS GERAIS SOBRE FILOSOFIA

Craig, Edward. *Philosophy: A Brief Insight*. Nova York: Sterling, 2002.

Curnow, Trevor. *Ancient Philosophy and Everyday Life*. Newcastle, UK: Cambridge Scholars Press, 2006.

―――. *Wisdom: A History*. Londres: Reaktion, 2015.

Durant, Will. *The Story of Philosophy: The Lives and the Opinions of the Great Philosophers of the Western World*. Nova York: Simon & Schuster, 1926.

Hadot, Pierre. *Philosophy as a Way of Life*. Traduzido por Michael Chase. Oxford, UK: Blackwell, 1995.

―――. *What Is Ancient Philosophy?* Traduzido por Michael Chase. Londres: Belknap, 2002.

Jaspers, Karl. *The Great Philosophers: The Foundations*. Traduzido por Ralph Manheim. Nova York: Harcourt, Brace & World, 1962.

Lehrer, Keith, B. Jeannie Lum, Beverly A. Slichta e Nicholas D. Smith, eds. *Knowledge, Teaching and Wisdom*. Nova York: Springer, 1996.

Macfie, Alexander, ed. *Eastern Influences on Western Philosophy: A Reader*. Edinburgo, Escócia: Edinburgh University Press, 2003.

Magee, Bryan. *Confessions of a Philosopher: A Journey Through Western Philosophy*. Nova York: Random House, 1997.

―――. *The Great Philosophers*. Nova York: Oxford University Press, 1987.

―――. *Ultimate Questions*. Princeton, NJ: Princeton University Press, 2016.

Miller, James. *Examined Lives: From Socrates to Nietzsche*. Nova York: Farrar, Straus and Giroux, 2011.

Monk, Ray eFrederic Raphael, eds. *The Great Philosophers: From Socrates to Turing.* Londres: Orion, 2001.

Needleman, Jacob. *The Heart of Philosophy.* Nova York: Harper & Row, 1982.

Nozick, Robert. *The Examined Life: Philosophical Meditations.* Nova York: Simon & Schuster, 1989.

Rodgers, Nigel e Mel Thompson. *Philosophers Behaving Badly.* Londres: Peter Owen, 2005.

Solomon, Robert. *The Joy of Philosophy: Thinking Thin versus the Passionate Life.* Nova York: Oxford University Press, 1999.

Solomon, Robert e Kathleen Higgins. *A Short History of Philosophy.* Nova York: Oxford University Press, 1996.

Sternberg, Robert e Jennifer Jordan, eds. *A Handbook of Wisdom: Psychological Perspectives.* Nova York: Cambridge University Press, 2005.

Van Norden, Bryan e Jay Garfield. *Taking Back Philosophy: A Multicultural Manifesto.* Nova York: Columbia University Press, 2017.

Walker, Michelle. *Slow Philosophy: Reading Against the Institution.* Nova York: Bloomsbury, 2017.

Warburton, Nigel. *Philosophy: The Basics.* Londres: Routledge, 1992.

TEXTOS GERAIS SOBRE VIAGENS DE TREM

Nye, David. *American Technological Sublime.* Cambridge, MA: MIT Press, 1994.

Quinzio, Jeri. *Food on the Rails: The Golden Era of Railroad Dining.* Nova York: Rowan & Littlefield, 2014.

Revill, George. *Railway.* Londres: Reaktion, 2012.

Schivelbusch, Wolfgang. *The Railway Journey: The Industrialization of Time and Space in the Nineteenth Century.* Oakland: University of California Press, 1977.

Wolmar, Christian. *The Great Railroad Revolution: The History of Trains in America.* Nova York: Public Affairs, 2012.

Zoellner, Tom. *Train: Riding the Rails That Created the Modern World—from the Trans-Siberian to the Southwest Chief.* Nova York: Penguin, 2014.

1: COMO SAIR DA CAMA: MARCO AURÉLIO

Aurelius, Marcus. *Meditations.* Traduzido por Gregory Hays. Nova York: Modern Li- brary, 2002.

Briley, Anthony. *Marcus Aurelius: A Biography.* Nova York: Barnes & Noble, 1966.

BIBLIOGRAFIA SELECIONADA E LEITURAS RECOMENDADAS

Camus, Albert. *The Myth of Sisyphus and Other Essays*. Traduzido por Justin O'Brien. Nova York: Vintage International, 1991.

Hadot, Pierre. *The Inner Citadel: The Meditations of Marcus Aurelius*. Traduzido por Michael Chase. Cambridge, MA: Harvard University Press, 1998.

Kellogg, Michael. *The Roman Search for Wisdom*. Amherst, NY: Prometheus, 2014.

McLynn, Frank. *Marcus Aurelius: A Life*. Nova York: Da Capo, 2008.

Needleman, Jacob, ed. *The Essential Marcus Aurelius*. Traduzido por John Piazza. Nova York: Penguin, 2008.

2: COMO PENSAR: SÓCRATES

Gower, Barry e Michael Stokes, eds. *Socratic Questions: New Essays on the Philosophy of Socrates and Its Significance*. Nova York: Routledge, 1992.

Johnson, Paul. *Socrates: A Man for Our Times*. Nova York: Penguin, 2011.

Kreeft, Peter. *Philosophy 101 by Socrates: An Introduction to Philosophy via Plato's Apology*. São Francisco: Ignatius, 2002.

May, Hope. *On Socrates*. Belmont, CA: Wadsworth, 2000.

Morrison, Donald, ed. *The Cambridge Companion to Socrates*. Nova York: Cambridge University Press, 2011.

Platão. *Plato: Complete Works*. Indianapolis: Hackett, 1997.

Taylor, C. C. *Socrates: A Very Short Introduction*. Nova York: Oxford University Press, 1998.

3: COMO CAMINHAR: ROUSSEAU

Amato, Joseph. *On Foot: A History of Walking*. Nova York: New York University Press, 2004.

Damrosch, Leo. *Jean-Jacques Rousseau: Restless Genius*. Nova York: Houghton Mifflin, 2005.

Delaney, James. *Starting with Rousseau*. Nova York: Continuum, 2009.

Gros, Frederic. *A Philosophy of Walking*. Traduzido por John Howe. Nova York: Verso, 2015.

Rousseau, Jean-Jacques. *The Confessions*. Ware, Hertfordshire, UK: Wordsworth, 1996.

———. *Emile: or On Education*. Nova York: Basic Books, 1979.

———. *Reveries of the Solitary Walker*. Traduzido por Peter France. Nova York: Penguin, 1979.

———. *The Social Contract* and *Discourses*. Londres: Everyman's Library, 1973. Solnit, Rebecca. *Wanderlust: A History of Walking*. Nova York: Penguin, 2000.
Wokler, Robert. *Rousseau: A Very Short Introduction*. Nova York: Oxford, 1995.

4: COMO VER: THOREAU

Cameron, Sharon. *Writing Nature: Henry Thoreau's Journal*. Nova York: Oxford University Press, 1985.
Casey, Edward. *The World at a Glance*. Bloomington: Indiana University Press, 2007.
Cramer, Jeffrey S., ed. *The Quotable Thoreau*. Princeton, NJ: Princeton University Press, 2011.
Goto, Shoji. *The Philosophy of Emerson and Thoreau: Orientals Meet Occidentals*. Lewiston, NY: Edwin Mellen, 2007.
Harding, Walter. *The Days of Henry Thoreau: A Biography*. Nova York: Knopf, 1965.
Leddy, Thomas. *The Extraordinary in the Ordinary: The Aesthetics of Everyday Life*. Calgary, Alberta, Canada: Broadview Press, 2012.
Petrulionis, Sandra. *Thoreau in His Own Time: A Biographical Chronicle of His Life, Drawn from Recollections, Interviews, and Memoirs by Family, Friends, and Associates*. Iowa City: University of Iowa Press, 2012.
Richardson, Robert. *Henry Thoreau: A Life of the Mind*. Berkeley: University of California Press, 1986.
Sullivan, Robert. *The Thoreau You Don't Know*. Nova York: Harper Perennial, 2009.
Tauber, Alfred. *Henry David Thoreau and the Moral Agency of Knowing*. Berkeley: University of California Press, 2001.
Thoreau, Henry David. *A Year in Thoreau's Journal: 1851*. Nova York: Penguin, 1993.
———. *Letters to a Spiritual Seeker*. Editado por Bradley Dean. Nova York: W. W. Norton, 2004.
———. *The Major Essays of Henry David Thoreau*. Ipswich, MA: Whitston, 2000.
———. *Selected Journals of Henry David Thoreau*. Nova York: Signet, 1967.
———. *Walden* and *Civil Disobedience*. Nova York: Barnes & Noble, 2012.
———. *Walking*. Boston: Beacon Press, 1991.
———. *A Week on the Concord and Merrimack Rivers*. Mineola, NY: Dover, 2001.
Versluis, Arthur. *American Transcendentalism and Asian Religions*. Nova York: Oxford University Press, 1993.
Young. J. Z. *Philosophy and the Brain*. Nova York: Oxford University Press, 1987.

BIBLIOGRAFIA SELECIONADA E LEITURAS RECOMENDADAS

5: COMO OUVIR: SCHOPENHAUER

Cartwright, David. *Schopenhauer: A Biography*. Nova York: Cambridge University Press, 2010.
Janaway, Christopher, ed. *The Cambridge Companion to Schopenhauer*. Nova York: Cambridge University Press, 1999.
Lewis, Peter. *Arthur Schopenhauer*. Londres: Reaktion, 2012.
Magee, Bryan. *The Philosophy of Schopenhauer*. Nova York: Oxford University Press, 1983.
Odell, S. *On Schopenhauer*. Boston: Cengage Learning, 2001.
Safranski, Rudiger. *Schopenhauer and the Wild Years of Philosophy*. Traduzido por Ewald Osers. Cambridge, MA: Harvard University Press, 1991.
Schirmacher, Wolfgang. *The Essential Schopenhauer: Key Selections from* The World as Will and Representation *and Other Writings*. Nova York: HarperCollins, 2010.
Schopenhauer, Arthur. *Essays and Aphorisms*. Traduzido por R. J. Hollingdale. Nova York: Penguin, 1970.
———. *The World as Will and Representation*. Vol. 1. Traduzido por Judith Norman. Nova York: Cambridge University Press, 2010.
Sim, Stuart. *A Philosophy of Pessimism*. Londres: Reaktion, 2015.
Yalom, Irvin. *The Schopenhauer Cure: A Novel*. Nova York: HarperCollins, 2005.
Young, Julian. *Schopenhauer*. Nova York: Routledge, 2005.

6: COMO APROVEITAR: EPICURO

Cooper, David. *A Philosophy of Gardens*. Nova York: Oxford University Press, 2006.
Crespo, Hiram. *Tending the Epicurean Garden*. Washington, D.C.: Humanist Press, 2014.
Epicurus. *The Art of Happiness*. Traduzido por George Strodach. Nova York: Penguin, 2012.
———. *The Epicurus Reader: Selected Writings and Testimonia*. Traduzido por Brad Inwood e L. P. Gerson. Indianapolis: Hackett, 1994.
———. *The Essential Epicurus: Letters, Principal Doctrines, Vatican Sayings, and Fragments*. Traduzido por Eugene O'Connor. Buffalo, NY: Prometheus, 1993.
Klein, Daniel. *Travels with Epicurus: A Journey to a Greek Island in Search of a Ful-filled Life*. Nova York: Penguin, 2012.
Long, A. A. *From Epicurus to Epictetus: Studies in Hellenistic and Roman Philosophy*. Nova York: Oxford University Press, 2006.
Lucretius. *The Way Things Are*. Traduzido por Rolfe Humphries. Bloomington: Indiana University Press, 1969.

Nussbaum, Martha. *The Therapy of Desire: Theory and Practice in Hellenistic Ethics*. Princeton, NJ: Princeton University Press, 1994.

O'Keefe, Tim. *Epicureanism*. Berkeley: University of California Press, 2009.

Seneca. *Letters from a Stoic*. Traduzido por Robin Campbell. Nova York: Penguin, 1969.

Slattery, Luke. *Reclaiming Epicurus: Ancient Wisdom that Could Save the World*. Nova York: Penguin eBooks, 2012.

Warren, James. *The Companion to Epicureanism*. Cambridge, UK: Cambridge University Press, 2009.

7: COMO PRESTAR ATENÇÃO: SIMONE WEIL

Gray, Francine. *Simone Weil*. Nova York: Viking Penguin, 2001.

Hellman, John. *Simone Weil: An Introduction to Her Thought*. Eugene, OR: Wipf and Stock, 1982.

Mole, Christopher, Declan Smithies e Wayne Wu, eds. *Attention: Philosophical and Psychological Essays*. Nova York: Oxford University Press, 2011.

Murdoch, Iris. *The Sovereignty of Good*. Nova York: Routledge, 2001.

Pétrement, Simone. *Simone Weil: A Life*. Traduzido por Raymond Rosenthal. Nova York: Pantheon, 1976.

Seneca. *On the Shortness of Life*. Traduzido por C. Costa. Nova York: Penguin, 2004.

von der Ruhr, Mario. *Simone Weil: An Apprenticeship in Attention*. Nova York: Continuum, 2006.

Weil, Simone. *An Anthology*. Nova York: Grove, 1986.

———. *Formative Writings, 1929-1941*. Traduzido e editado por Dorothy McFarland e Wilhelmina Van Ness. Nova York: Routledge, 2010.

———. *Gravity and Grace*. Traduzido por Arthur Wills. Londres: Octagon Books, 1979.

———. *Late Philosophical Writings*. Traduzido por Eric Springsted e Lawrence Schmidt. Notre Dame, IN: Notre Dame University Press, 2015.

———. *Waiting for God*. Traduzido por Emma Craufurd. Nova York: HarperCollins, 2009.

8: COMO LUTAR: GANDHI

Dalton, Dennis. *Mahatma Gandhi: Nonviolent Power in Action*. Nova York: Columbia University Press, 1993.

Easwaran, Eknath, trad. *The Bhagavad Gita*. Tomales, CA: Nilgiri Press, 1985.

Fischer, Louis. *Gandhi: His Life and Message for the World*. Nova York: Penguin, 1954.

BIBLIOGRAFIA SELECIONADA E LEITURAS RECOMENDADAS

Gandhi, Manuben. *Last Glimpses of Bapu*. Traduzido por Moli Jain. Agra, India: Shiva Lal Agarwala, 1962.

Gandhi, Mohandas. *The Bhagavad Gita According to Gandhi*. Traduzido por Mahadev Desai. Floyd, VA: Sublime, 2014.

———. *Mahatma Gandhi & The Railways*. Ahmedabad, India: Navajivan, 2002.

———. *The Penguin Gandhi Reader*. Nova York: Penguin, 1996.

———. *The Story of My Experiments with Truth*. Nova York: Dover, 1983.

Gandhi, Rajmohan. *Why Gandhi Still Matters: An Appraisal of the Mahatma's Legacy*. New Delhi: Aleph, 2017.

Guha, Ramachandra. *Gandhi Before India*. Nova York: Knopf, 2014.

Homer, Jack, ed. *The Gandhi Reader: A Sourcebook of His Life and Writings*. Nova York: Grove, 1994.

Juergensmeyer, Mark. *Gandhi's Way: A Handbook of Conflict Resolution*. Los Angeles: University of California Press, 1984.

9: COMO SER GENTIL: CONFÚCIO

Armstrong, Karen. *The Great Transformation: The Beginning of Our Religious Traditions*. Nova York: Anchor, 2007.

Confucius. *The Analects*. Traduzido por D. C. Lau. Nova York: Penguin, 1979.

Dan, Yu. *Confucius from the Heart: Ancient Wisdom for Today's World*. Traduzido por Esther Tyldesley. Nova York: Atria, 2006.

Gardner, Daniel. *Confucianism: A Very Short Introduction*. Nova York: Oxford University Press, 2014.

Goldin, Paul. *Confucianism*. Berkeley: University of California Press, 2011.

Ivanhoe, Philip e Bryan Van Norden, eds. *Readings in Classical Chinese Philosophy*. Indianapolis: Hackett, 2005.

Mencius. *Mencius*. Traduzido por D. C. Lau. Nova York: Penguin, 1970.

Ni, Peimin. *On Confucius*. Belmont, CA: Wadsworth, 2002.

Phillips, Adam e Barbara Taylor. *On Kindness*. Nova York: Farrar, Straus e Giroux, 2009.

Puett, Michael e Christine Gross-Loh. *The Path: What Chinese Philosophers Can Teach Us About the Good Life*. Nova York: Simon & Schuster, 2016.

Schuman, Michael. *Confucius and the World He Created*. Nova York: Basic Books, 2015.

Tuan, Yi-fu. *Human Goodness*. Madison: University of Wisconsin Press, 2008.

Van Norden, Bryan. *Introduction to Classical Chinese Philosophy*. Indianapolis: Hackett, 2011.

10: COMO APRECIAR AS PEQUENAS COISAS: SEI SHŌNAGON

Hume, Nancy, ed. *Japanese Aesthetics and Culture: A Reader*. Albany: State University of New York, 1995.
Morris, Ivan. *The World of the Shining Prince: Court Life in Ancient Japan*. Nova York: Vintage, 2003.
Richie, Donald. *A Tractate on Japanese Aesthetics*. Berkeley: Stone Bridge Press, 2007.
Saito, Yuriko. *Everyday Aesthetics*. Nova York: Oxford University Press, 2007.
Shōnagon, Sei. *The Pillow Book*. Traduzido por Meredith McKinney. Nova York: Penguin, 2006.
Tanizaki, Junichiro. *In Praise of Shadows*. Traduzido por Thomas Harper. Nova York: Vintage, 2001.
Tuan, Yi-fu. *Passing Strange and Wonderful: Aesthetics, Nature, and Culture*. Washington, D.C.: Island, 1993.

11: COMO NÃO SE ARREPENDER: NIETZSCHE

Cate, Curtis. *Friedrich Nietzsche*. Nova York: Overlook, 2005.
Danto, Arthur. *Nietzsche as Philosopher*. Nova York: Columbia University Press, 2005.
Haase, Ullrich. *Starting with Nietzsche*. Nova York: Continuum, 2008.
Magnus, Bernd. *Nietzsche's Existential Imperative*. Bloomington: Indiana University Press, 1978.
Nietzsche, Friedrich. *Basic Writings of Nietzsche*. Traduzido por Walter Kaufmann. Nova York: Random House, 2000.
———. *Ecce Homo: How One Becomes What One Is*. Traduzido por R. J. Hollingdale. Nova York: Penguin, 1979.
———. *The Gay Science*. trad. Thomas Common. Nova York: Barnes & Noble, 2008.
———. *Human, All Too Human*. Traduzido por R. J. Hollingdale. Nova York: Cambridge University Press, 1986.
———. *A Nietzsche Reader*. Traduzido por R.J. Hollingdale. Nova York: Penguin, 1977.
———. *Thus Spoke Zarathustra: A Book for Everyone and No One*. Traduzido por R. J. Hollingdale. Nova York: Penguin, 1961.
Reginster, Bernard. *The Affirmation of Life: Nietzsche on Overcoming Nihilism*. Cambridge, MA: Harvard University Press, 2006.
Safranski, Rudiger. *Nietzsche: A Philosophical Biography*. Traduzido por Shelley Frisch. Nova York: Norton, 2003.
Solomon, Robert. *Living with Nietzsche: What the Great "Immoralist" Has to Teach Us*. Nova York: Oxford University Press, 2003.

Solomon, Robert e Kathleen Higgins. *What Nietzsche Really Said*. Nova York: Schocken, 2000.
Steinhart, Eric. *On Nietzsche*. Belmont, CA: Wadsworth, 2000.
Zweig, Stefan. *Nietzsche*. Traduzido por Will Stone. Londres: Hesperus, 2013.

12: COMO LIDAR: EPITETO

Graver, Margaret. *Stoicism and Emotion*. Chicago: University of Chicago Press, 2007.
Long, A. A. *Epictetus: A Stoic and Socratic Guide to Life*. Nova York: Oxford University Press, 2002.
———. *Hellenistic Philosophy: Stoics, Epicureans, Sceptics*. Berkeley: University of California Press, 1974.
Epictetus. *The Discourses*. Londres: Orion, 1995.
———. *The Handbook*. Traduzido por Nicholas White. Indianapolis: Hackett, 1983.
Irvine, William. *A Guide to the Good Life: The Ancient Art of Stoic Joy*. Nova York: Oxford University Press, 2009.
Robertson, Donald. *Stoicism and the Art of Happiness*. Londres: Hachette, 2013.

13: COMO ENVELHECER: BEAUVOIR

Baars, Jan. *Aging and the Art of Living*. Baltimore: Johns Hopkins University Press, 2012.
Bair, Deirdre. *Simone de Beauvoir: A Biography*. Nova York: Simon & Schuster, 1990.
Beauvoir, Simone de. *All Said and Done*. Traduzido por Patrick O'Brian. Nova York: Putnam, 1974.
———. *The Coming of Age*. Traduzido por Patrick O'Brian. Nova York: Norton, 1996.
———. *The Ethics of Ambiguity*. Traduzido por Bernard Frechtman. Nova York: Open Road, 1948.
———. *Force of Circumstance*. Traduzido por Richard Howard. Nova York: Harper & Row, 1977.
———. *Memoirs of a Dutiful Daughter*. Traduzido por James Kirkup. Nova York: Harper Perennial, 2005.
———. *A Very Easy Death*. Traduzido por Patrick O'Brian. Nova York: Pantheon, 1965.
Booth, Wayne, ed. *The Art of Growing Older: Writers on Living and Aging*. Chicago: University of Chicago Press, 1992.
Cicero, Marcus. *How to Grow Old: Wisdom for the Second Half of Life*. Traduzido por Philip Freeman. Princeton, NJ: Princeton University Press, 2016.
Cox, Gary. *How to Be an Existentialist: or How to Get Real, Get a Grip and Stop Making Excuses*. Nova York: Bloomsbury, 2009.

Nussbaum, Martha e Saul Levmore. *Aging Thoughtfully: Conversations About Retirement, Romance, Wrinkles, and Regret*. Nova York: Oxford University Press, 2017.

Sartre, Jean-Paul. *Existentialism Is a Humanism*. Traduzido por Carol Macomber. New Haven: Yale University Press, 2007.

Stoller, Silvia, ed. *Simone de Beauvoir's Philosophy of Age: Gender, Ethics, and Time*. Boston: De Gruyter, 2014.

Tidd, Ursula. *Simone de Beauvoir*. Londres: Reaktion, 2009.

Wartenberg, Thomas. *Existentialism: A Beginner's Guide*. Oxford, UK: Oneworld, 2008.

14: COMO MORRER: MONTAIGNE

Bakewell, Sarah. *How to Live: Or A Life of Montaigne in One Question and Twenty Attempts at an Answer*. Nova York: Other Press, 2010.

Beauvoir, Simone de. *All Men Are Mortal*. Traduzido por Leonard Friedman. Nova York: Norton, 1992.

Frame, Donald. *Montaigne: A Biography*. Nova York: North Point Press, 1984.

Frampton, Saul. *When I Am Playing with My Cat, How Do I Know She Is Not Playing with Me? Montaigne and Being in Touch with Life*. Nova York: Vintage, 2012.

Friedrich, Hugo. *Montaigne*. Traduzido por Dawn Eng. Berkeley: University of California Press, 1991.

Malpas, Jeff e Robert Solomon, eds. *Death and Philosophy*. Nova York: Routledge, 1999.

Montaigne, Michel. *The Complete Essays of Montaigne*. Traduzido por Donald Frame. Stanford: Stanford University Press, 1958.

Zweig, Stefan. *Montaigne*. Traduzido por Will Stone. Londres: Pushkin, 2015.